U0008565

Smalltalk
Die Kunst des stilvollen Mitredens

聊得有品味

Alexander von Schönburg
亞歷山大・封・笙堡
闕旭玲——譯

推薦序　一起說故事

褚士瑩

作為一個常住在海外的台灣人，我一直無法明白的是，為什麼「介紹台灣」會變成台灣人面對世界時，唯一重要的話題。

是的，台灣很有趣，但有沒有必要動不動就說「歡迎到台灣來玩」？

一講到青藏鐵路，就說：「你不懂啦！台灣的高鐵是全世界最安全、每公里單價最便宜的高速鐵路！」

有人說到夏威夷，就立刻衝上去：「夏威夷算什麼？你們都不知道，墾丁其實更讚啦！Taiwan Number One！」

話題說到吃的，非要把話題繞到「你知道嗎？珍珠奶茶是台灣發明的喔！」，否則不罷休。

很快的，就沒什麼人想跟這個台灣人聊天了。真無趣。

以打排球為比喻的話，就是只要接到球，每一球都打殺球的球員。無論球技好不好，跟這種人一起打球，沒辦法有來有往，一點都不好玩。

不會聊天，確實是一個台灣人走向世界時的大問題。如果閉上嘴，聽聽別人說什麼、怎麼說，就會發現其他國家的人身在異國，或是面對不同國籍的人士時，並不會動不動把推銷自己國家當成聊天的主要話題，而這並不是因為他們的國家很糟。

所以如果不說台灣，遇到外國人時要說什麼才會真誠而有趣？

我喜歡航海，所以總會藉著拿著水手證在郵輪上短期工作，交換我想要的航行，也因此認識了很多在船上工作、各行各業的朋友。

船上的娛樂部門，除了賭場跟餐廳之外，還有很多現場的表演，一天下來，包羅萬象，從大劇場的百老匯音樂劇到交誼廳的古典弦樂四重奏，爵士樂的big band到各種國際標準舞的樂團，游泳池畔的派對樂團到餐廳裡的情境音樂，歌劇美聲、各種演奏家到脫口秀、魔術表演，種類繁多。船上的樂手其實也都在一天不同的時段，不斷重新排列組合，扮演不同的角色，雖然每天的工作上限規定是五個小時，但是很有可能是五種完全不同的場地跟音樂類型。

「海上鋼琴師」這樣的工作，似乎勾起許多人美好的想像，而且每工作三個月就休假兩個月，工作時間短（每天不超過五小時）、薪水又很高（起薪每個星期一千元美金以上，而且不用扣稅，也不用付房租跟伙食費，搭五星級豪華郵輪前往許多不可思議的國度旅行，折合台幣至少有將近每個月二十萬元的價值），所以當我幫郵輪的娛樂部門同事，在我的私人臉書上公布這個職缺時，立刻收到許多來自台灣年輕人的詢問跟履歷表。但是我也立刻發現幾個問題，比如說基本功夫的準備不足、專業領域不夠專業、缺乏實務經驗、對於航海生活非常陌生、語言能力不足等等。另外還有一點，就是不擅社交、沒有聊天的能力，以至於無法勝任這份需要跟客人說話的工作。

因為亞洲年輕人大部分從小到大只是在很單純的家庭跟學校場景中長大，基本上沒有太多參加國際社交場合的經驗和能力，面對正式場合的晚宴服裝、打扮、應對進退，幾乎都手足無措。男生不會打領帶（更別說領結），不曾穿過燕尾服；女生不會穿高跟鞋走路，不會化宴會妝，不知道如何落落大方，得宜地保持員工與客人之間應有的專業距離，時常不是太嚴肅，就是太輕挑、太隨便。因為他們從來沒有被教導過，因此不知道什麼叫作「舉止得宜」。

在正式社交場合上，我時常看到亞洲人聚在自己的角落，與其他非亞洲人劃清界線，變成其他人口中的「安靜的亞洲人」（The Quiet Asian）。他們所面對的並不完全是語言問題，而是缺乏知道在什麼時候，適當加入別人也能夠參與、想要參與的話題，讓彼此都變成讓對方感到有興趣的、有故事的人。

在郵輪這種需要與陌生人接觸的環境工作，聊天時絕對不能只是一廂情願「告訴」別人自己多麼有趣，而是知道如何藉由說一個有趣的故事，鼓勵對方也可以從聽故事的聽眾角色變成參與者，並且在彼此的對話當中得到滿足感。

作為一個喜歡旅行的人，我在說旅行的故事時總會提醒自己，除了確定自己的故事精采，更重要的是在過程中讓對方知道，我非常想知道他的想法：「你也喜歡旅行嗎？覺得旅行迷人的地方在哪裡？」或是：「喔，不喜歡旅行？好妙啊！為什麼？」幫助對方透過自己的獨特視角，從聽故事的人變成說故事的人，有來有往。

故事就像毛線，話題是織布機的梭子，來來回回將彼此不同織紋、不同色彩的故事，紗線不會斷，織布機不會卡住，在經緯交錯編成嶄新、有趣的作品。

擁抱世界，其實沒有那麼困難，就從學習好好聊天、一起說故事開始。

（本文作者為知名作家，著有《美食魂》、《旅行魂》等書）

目錄
Contents

目錄

Contents

愚人自以為聰明，智者卻有自知愚蠢之明。

——英國文豪莎士比亞，《皆大歡喜》

如今但求一可靠意見而不可得。

——瑞士暢銷小說家克里斯提昂·克拉赫特（Cristian Kracht），《悲傷王室》（*Tristesse Royal*）

前言
無知也能很優雅

聊天嘛，不必上知天文下知地理吧！

你買這本書是為了社交時能和大家打成一片，聊得很投機嗎？你想知道怎樣才能順利和對方打開話匣子嗎？這些問題其實三言兩語就能交代完畢。社交時千萬別問：「去度假了嗎？」「你從事什麼行業？」這種問題基本上俗不可耐又小裡小氣。至於「你住哪兒？」這問題只適合柏林人。在柏林，甚至有人只願意聊這個話題；畢竟落腳城東、城西或城北，攸關一個人的世界觀（沒有提城南人是因為，基本你遇不到來自城南的人）。

除此之外，開口第一句話也請不要問：

1.「你什麼星座？」

2.「什麼時候生啊？」

3.「不好意思，我們是否上過床？」

4.「做完變性手術後想再變回來，可能嗎？」

5.「請問你身上有古柯鹼嗎？」

除此之外什麼都能聊，關鍵只在於說話的態度。

好啦，就這樣，有關社交建言的部分就交代到這裡。現在我要切入正題，開始認真介紹我寫這本書的目的。學術圈裡流傳著一則笑話，這笑話啟發了我：一名弦論（String theory）專家發現妻子和自己的教授同事有染，甚至抓姦在床。那名同事當場狡辯：「聽我說，這一切都能解釋！」

是啊，這正是問題所在：我們生活在一個大家都想竭盡所能解釋一切的時代，但其實我們越來越無知。你的願望是掌握一切且無所不知？奉勸你放棄吧！聊天時，除了本書這三百多頁的內容外，其實你沒必要知道更多。本書旨在為當今這個失焦的時代提供一份早就該出現的濃縮版社交主題，並一網打盡社交時你該知道且能跟著聊的所有話題。

如今，我們已因**知**而變得愈來愈**無知**。我們雖資訊過剩，卻常常一無所悉。問題不只出在我們接收到的資訊量過於龐大，連那些**有憑有據**的可靠知識，也已經多到變成一種負擔了。早些年，在火車站或機場買到一本熱騰騰、剛出爐的《經濟學人》可說意義非凡。但今天，各式各樣的App幾分鐘內就能把全球重量級機構的分析送到你的手機裡。這還不包括各種既聰明又便利的線上訂閱，例如「播客」（Podcast）或部落格發文。此外還有一大堆無聊的推特文，這些推文雖然無聊，卻又引你一再點閱。或者像現在，我的收音機裡正在播放有關查里曼大帝的專題，內容也精彩極了。每週出版的新書，你覺得非買不可的至少有五本。這些新書，只要你滑鼠一按就能從網上訂購，但什麼時候讀呢？我們已知太陽何時誕生，何時可能會熄滅，我們知道宇宙形成的歷史，知道大腦如何傳遞訊息，知道地中海東部亦即被我們稱為黎凡特（Levante）區域的政治詳情，知道南烏克蘭的政情，即便如此我們依舊無知。所以，我們必須正視這一點：人不可能無窮無盡的追求博學多聞，追求掌握自己感興趣的所有資訊。

「一如身體只能消化一定的食物量，我們的腦袋也只能容納一定的知識量。」這是芭黎絲·希爾頓（Paris Hilton）告訴我的，她想向我解釋何以躬逢資訊盛世，我們卻反而深受其累。不過，這想法並非源自於她，而是源自一位偉大思想家——尼采。尼采不只說過這句話，他還說了（或者這句是芭黎絲說的？）：「想了解人生的真諦，就得先擺脫知道太多的負累。」

有趣的是，這跟大腦科學最新的研究不謀而合。新生兒的腦神經細胞大約是成人的兩倍。大自然為什麼要在生命最初賦予新生兒如此龐大的突觸量（約從三歲起又開始有系統的減少）？對此，科學界也給出了答案：新生兒就是藉龐大的腦神經細胞得以在剛出生的頭幾年大量且迅速的進行學習。但之後，大約從四歲或五歲起，廣伸觸角且擁有太多的資訊反而會造成負擔。唯有停止對資訊廣伸觸角，我們才能真正看清事物的關聯性，並將它們編排就序。換言之，唯有當優先順序出現了，知識的範圍劃定了，我們才有能力開始思考。

我們一定要拋開「自己得一直接收新資訊」這種具強迫性的想法。害怕錯失重要訊息，此擔憂乃源自於「資訊既稀少又珍貴」的時代。今天，我們的目標反而該是：收起接收資訊的觸角，**少**知道一點。我們真正該努力的是：**多**去理解。瑞士當代暢銷小說家克里斯提昂・克拉赫特（Cristian Kracht, 1966-）說得好：這世界已錯綜複雜到但求一可靠意見而不可得。弔詭的是，這年頭我們又得對一切都有自己的意見——並委屈的面對：沒有權利主張自己的意見一定是對的。不過，這樣的態度其實正符合優質聊天者必備的特質。永遠不主張自己的看法是對的，卻又能提出獨樹一格的見解，並誘發如遊戲般一來一往的辯論，這就是聊天；一場精采絕倫的聊天常奠基於興致盎然的激辯。採取立場是一種簡化，但簡化卻可能是我們對付紊亂、複雜的人生唯一有效的方法。

一定要有良好的學識才能「很能聊」嗎？剛好相反，那其實是妨礙。比方說在英國，說一個人「聰明」（clever）通常代表對那個人的印象極差。雖說在歐洲大陸這邊不盡如此，但基本上我們同樣認為：愛賣弄聰明才智和學識並以此折磨人的傢伙，實在令人不敢領教。

不過，說到「聊」，無論是英美人士說的「小談一下」（Smalltalk）、「閒聊」（Chit-Chat），或法國人講的「桌邊閒嗑牙」（La petite conversation de la table），還是德文裡的「沒目的的閒扯淡」（das Zweckfreie Plaudern），基本上德國人對「聊」的評價都很差。這其實是因為沒能好好區分「正襟危坐的討論」和「社交閒聊」的差別。討論時我們常不是被彼此的無聊發言給悶死，就是被不厭其詳的追根究柢給煩死。但一場成功的社交閒聊（無論是在晚宴上、雞尾酒會上或接待會上），我們都可以很放心的拋出大膽話題，並藉此挑起活潑論戰。當然，也可視情況恰如其分的言之無物——但在此要特別聲明，這裡的言之無物是指王爾德《理想丈夫》裡高凌大人（Lord Goring）的那種言之無物：「我就愛言之無物。言之無物是我唯一還有點懂的事。」言之無物的重要性常被（不公平的）低估了。這其實是一項至關重要的本領。平常我們實在太高估人類溝通時，語言文字所能表達的意義。而這樣的真知灼見也是我前面提到過的那個人教我的，她真是我這輩子遇到過最有智慧的人，她就是——芭黎絲·希爾頓。

那天的遭遇大概是我這輩子最慘的一次聊天經驗。專跑社會新聞的我第一次到好萊塢朝聖，因為德文版的《浮華世界》（*Vanity Fair*）要我幫他們做奧斯卡金像獎的專題報導。在那裡我誰都不認識。我硬著頭皮出現在——其實一開始我還自以為這是天大的幸運——時裝女王黛安娜・馮・弗斯騰博格（Diane von Furstenberg）舉辦的號稱「奧斯卡會前會」的露天宴會上。我穿上最體面的夏季西裝，繫上心愛的領結，一雙皮鞋擦得晶亮，卻誰也不認識。

我越努力想找人攀談，越叫人看清：我正在**刻意**努力。那天媒體大亨梅鐸也在場。我先默默的挨過去，伺機開口，並針對當時正在尋找買家、準備易手的《洛杉磯時報》（*Los Angeles Times*）大發議論，最後更冒失的問他，你不關心這件事嗎？他很給面子的瞧了我一眼，然後冷冷的說：「現在只有白痴才買報紙！」接著轉身離去。這時我看見彼得・奧圖（Peter OToole），心想：得救了！這傢伙肯定比較友善。我湊過去跟他說：「我很喜歡《阿拉伯的勞倫斯》。」他回答：「那又怎樣？」目光掠過我，一臉不屑的望向別處，逕自走開。接下去，我只敢跟那些在電視上或電影裡沒見過的人攀談（但那場宴會上要找那樣的人真不容易）。可惜沒用，大家見了我不是閃，就是完全不假顏色。最後我挫敗到六神無主，只能反射動作的吐出白痴蠢話：「你今年去哪兒度假了啊？」我活脫脫一九六八年的賣座大片《狂歡》（*The Party*）裡的男主角彼得・謝勒（Peter Sellers）——那個不知所措的大白痴！幸好我沒像他製造出那麼多災難和驚險，只是徹底的陷入恐慌和不安中。我自覺舌頭打結，什麼生活智慧全派不上用場。但「不安」乃社交大忌，接下來誰都不想跟我接觸了——因為，每個人都深怕被我傳染「不安」惡疾。

那個下午拯救我的，是我意想不到、貨真價實的生活哲人：芭黎絲．希爾頓。她坐在一張長凳上，置身聒噪的辣妹中，我朝她們走過去，她一臉泰然自若，完全不受我的扭捏不安所影響。

當時我已自暴自棄到什麼都不在乎了。我走向這位全球最知名的金髮美女，祭出老套的爛招：「我一向對人過目不忘，但我怎麼想不起妳是誰啊！」她一臉打趣，故意嬌嗔：「我是芭黎絲．希爾頓呀！」「喔，喔——希爾頓？下週我要去紐約，訂的正是希爾頓旗下的酒店：華爾道夫（Waldorf Astoria）。有沒有哪間房我一定要避開？」她回答：「華爾道夫酒店嗎？我在那兒長大的呀！要我說的話，沒一間房能住！」我們就這麼聊開了，甚至延續成一場溫馨的交談。真正的聊天高手會不著痕跡的漠視以下事實：聊天的關鍵其實只在於「揭開序幕」。一旦破冰，要怎麼聊，聊些什麼就全都不是問題了。我敞開心胸的——因為如前所述，我已不在乎了——向芭黎絲坦承我的慌張和不安。沒想到，這個充滿魅力的女人竟毫不藏私的傳授我她的社交祕技。

她認為，第一步我其實已經做對了，就是我剛才對待她的方式（雖然我是在不自知且完全絕望的情況下做的）：「厚著臉皮走過去，別要求自己什麼都要做對！」她說：「聚會時，如果你覺得自己很緊張、不安，渾身不對勁，其實不是件壞事，甚至很好，你不但不該漠視這種感覺，反而該正視它。換句話說，接受它！接受之後，它就拿你沒轍了；現在起換你主動觀察它，甚至反過來嘲弄它。這是件有趣的事：因為每個人都會有慌張不安的時刻，即便以穩健著稱的蜜雪兒．歐巴馬也無法避免。因為人就是這樣啊！訣竅無他：首先讓自己成為旁觀者，然後靜觀其變，順勢而為。」

她的這番話簡直可媲美希臘哲學家第歐根尼（Diogenes）。我彷彿看見第歐根尼站在雅典廣場旁泰然自若或一臉嘲諷的——總之，肯定是興味盎然的——看著眼前的一幕幕，並了然於胸：自己正置身事外。此後，只要參加聚會時我覺得不自在，我就會叫自己依樣畫葫蘆，第一步先成為旁觀者。我再也不扭扭捏捏，不苦尋攀談機會，而是大大方方的祭出第歐根尼——芭黎絲．希爾頓的姿態。這招真的管用！

芭黎絲接著又提到：還有一點很重要，就是別倉促的露出蠢笑，那種笑容會讓人一眼就看出你正在不安。舉例來說，剛才我走過來，還沒開口就衝著她笑。「錯！」芭黎絲說，「笑要笑對時機、笑得巧妙！」迫不急待的露出笑容既愚蠢又不真誠，適時的拉開微笑才能畫龍點睛。笑要達到它的效果，就得先「忍」住，**然後**再笑。

第二項密技是：「靜下心來！」要自己安靜下來。不管任何情況，千萬別急（「只有侍者才需要急！」）。切記：整個人要顯得一派輕鬆！這點非常重要。要讓自己從脊柱開始放鬆，手勢要沉穩，目光要和緩：「只要你的目光不閃躲，就能看起來非常沉穩、有智慧，甚至性感，即便你的眼神接觸到的是某個沒在講話的人，切記，看他的目光同樣要沉穩。眼神的移動一定要慢，要緩緩、緩緩的從對方的臉上移開。」

年輕時，我恪守的是父母教我的行為準則，內容與芭黎絲的大相逕庭。我們這種貴族家庭講究的是，比方說，把「裝聽」的技巧練到出神入化：不管對方的獨白有多無聊、多催眠，都要裝出一副聽得很投入的模樣。家族代代相傳的活動不外打獵與沙龍聚會，所以最重要的社交技能便是不停的點頭、拉開贊同的微笑，或擺出一臉專注的模樣，這些能耐簡直就像刻在我們的基因上。其中不可或缺的當然還包括：要能忍受對方沒完沒了的一直講，並伺機「切換」話題。當對方終於不知道要講什麼時，一定要立刻把握時機切換成別的話題。沙龍社交的漫漫歲月教會了我們待人得真誠、得客氣，縱使那傢伙是如假包換的討厭鬼。沒錯，越討厭的傢伙甚至越得對他好——彷彿是為了補償他令人討厭的缺點。幾世紀來，我們發展出不少對抗無聊的法寶。比方說，幽默、妙語如珠及不著痕跡的溫和挑釁，這種軟調的唇槍舌戰在我們這個圈子裡非常盛行。父母不忘教我們的還有：別人犯錯時要當作沒看見、沒聽見，自己犯錯時則打死也不能不打自招。因為，通常只有你不打自招時別人才會發現你錯了（法國人說「道歉就是認錯」，這句話之於我們則是：道歉等於不打自招）。父母還諄諄教誨：聊天時某些話題絕不能碰。舉凡宗教、政治都別聊，「性」更是連提都不能提。當然，這樣的教誨如今已不合時宜。後面我還會針對長久以來被視為禁忌的話題進行探討，但其實，認為某些話題是禁忌，才是如今唯一的禁忌。

為什麼「聊天」的行為在德國如此聲名狼藉？我認為這跟德國老一輩的社會菁英沒落及邊緣化有關。如今能成為社會典範的都是對社會有重大貢獻、成就非凡的人，大家早已不問家世，不管血統了。推崇這樣的社會典範當然是好事，但也有其代價：過去大家孰悉的一些文化傳統和技能將在不知不覺中流失，之後德國人就只能羨慕別的國家了。二十世紀的菁英洗牌在德國進行得比任何國家都徹底。威廉二世在位之時，德國貴族和富裕市民階級已聲名狼藉到再也沒有人願意向「上流社會的那些傢伙」看齊了。雪上加霜的是納粹上台後又主張全民平等，業已沒落的菁英階級至此更徹底的消滅了。德國真可謂是歐洲唯一一個將舊有菁英完全剷除掉的國家。

我們的鄰國雖也經歷了社會改革，但不可否認的，繼起的菁英仍以舊有菁英為仿效對象。德國卻剛好相反，戰後只要是和貴族或市民階級沾上邊的都（理所當然的）變成了迂腐和令人鄙夷的對象。我們一味的追求進步和現代化，雖讓德國成為一個在各方面都最適合生活的國家，但在此同時，卻也導致我們在人際關係上變成了一個文化技能相對貧乏的民族。

所幸，情況已慢慢的有所改善了。德國人緊繃的神經業已放鬆。現在，大家已經能以比較持平的態度看待對舊有菁英的推崇。

本書使用說明

面對不同的聊天狀況要有不同的因應之道。甚至要能當機立斷：我該開口嗎？我該為了不呆杵在這兒而搭話嗎？搭話會不會讓人覺得我很愛現？確實，有時默默附和，不引人注意，把時間就這麼熬過去，反而是最聰明的作法。不同的情況需要不同的作法，所以本書內容分為三大部分：首先是「必聊話題」——遇到這種話題，基本上你得讓自己也能跟著聊兩句。接著是「鬼牌話題」，這種話題的作用在於製造煙霧彈般的效果：它能幫你轉移對方的注意力，成功的為你爭取到時間。最後則是「魅惑話題」，善用這類話題能讓你有效掌握主控權，在聊天時魅力十足。

書中介紹的這些主題，我不打算過分仔細的探討，畢竟我從不自詡為一個追根究柢、斤斤計較的專家。當專家太累、太嚴肅。所以，書中的某些內容不會探究得太深、太精確，只會梗概的去聊。但這正呼應了我前面說過的話：簡化或許是對付紊亂人生唯一有效的方法。某些時候就該鼓起勇氣去簡化，這是我在許多人身上學到的一門**藝術**，這些人在後面我會一一提到。拜家族之賜（當然也拜我的職業之賜）我有幸認識並遇到許多知名的傑出人士。

我造訪過牛津教授、自由主義大師以賽亞・柏林（Isaiah Berlin）的牛津莊園，搭過德國《時代週報》（*Die Zeit*）總編輯暨共同發行人瑪莉昂・登霍夫（Marion Dönhoff, 1909-2002）的保時捷，甚至在車上跟她激辯過自由的理念。我跟大銀行家羅斯柴爾德男爵（Lord Rothschild）聊過金融，跟率領德國拿下世界盃足球冠軍的國家代表隊領隊法蘭茲・貝肯鮑爾（Franz Beckenbauer）討論過足球，跟美國「垮掉的一代」代表人物艾倫・金斯堡（Allen Ginsberg）聊過毒品。鋼鐵大亨同時也是藝術蒐藏家海因利希・提森（Heinrich Thyssen）在我十五歲時，不厭其煩的親授我藝術市場的投資要領。前美國國務卿季辛吉（Henry Kissinger）跟我闡述過冷戰要義。沒錯，我承認，我確有炫耀之嫌，聊天時，你當然不能炫耀得如此露骨，必須細膩些、巧妙些——不經意的提及或援引名人，本來就是種上乘的談話技巧。

我寫這本書的重要目的之一是：希望在這個全民瘋自拍、人人追求自我表現的時代，重新喚起並保留一項越來越為我們所淡忘的文化技能：交談。換言之，交談的文化。交談的意思隱含著「關注對方」。在這個人人忙著「公告」自己私生活的時代，將注意力放在別人的身上早就不是一件理所當然的事。我們到處見得到這樣的人：只顧眉飛色舞的說著自己的得意事，一說完立刻全場陷入鴉雀無聲的尷尬中。現代人雖也會對話，卻很少真的在交談了。大家的行為更像在互相較量LinkedIn上的自我形象。每個人開口談的都是自己，願意聆聽的人少之又少。我們似乎把談話對象都當作是來欣賞我們自我展演的觀眾了。不過，這樣的社會行為卻也透露出一項訊息：每個人，真的是每個人，都有真心想說的有趣事，只要你讓他講！而你，若想當個稱職的聆聽者，訣竅是：敞開心胸，廣泛的對事物抱持興趣。舉例來講，當你遇到某個興致勃勃的談論其興趣的人——不管他的興趣是天文物理學、佛學，還是抽象藝術——你都該表現出被他吸引的模樣，並適當的給予回應：「啊，我最近剛好在報上看到相關報導。哇，好有趣……」

須知：我們正恭逢地球上有史以來最民主、最具包容性，且最自由的時代。我們曾走過那個在「沙龍」裡，大家得遵守一定行為規範才叫「舉止合宜」的時代。但那個時代已然過去。如今的社交場合儼然是體現民主的最佳場所。無論是戴鬍子的女人、身上打滿洞、西裝筆挺或背上黏著翅膀的人，無論是衣著邋遢、身穿晚禮服，或作小丑打扮，或穿得中規中矩的人，每個人都可以「如他所是」的出席社交場合，做自己。

如今要優游於社交場合，既不必知識淵博，也不必長袖善舞。每個人都能以自己的方式在社交場合中受到歡迎。參加聚會的人越多元，聚會就越成功。成功的聚會不但歡迎金融大亨瑪緒邁雅（Maschmeyer），同樣歡迎拳王克里契科（Klitschko），歡迎第歐根尼之流的哲學家，也歡迎芭黎絲．希爾頓之類的名媛，或心不在焉的學者教授、自以為是的獨白者、沉默寡言的宅男、明豔動人的美女、其貌不揚的醜女，即便壁花、牆草，也都有其不可或缺的功能。倘若你本身就像瑪緒邁雅氣宇非凡，或像拳王克里契科氣勢磅礴，那很好，最要不得的是，明明是金融大亨卻硬要充工業鉅子，明明是拳王卻要擺政治家的譜。做自己吧！這樣你才有機會成為你有能力成為的人！好啦，不再空口白話，讓我們趕緊進入教戰練習。

第1篇
必聊話題

有沒有什麼話題在社交場合應該避免？有也沒有。不過才幾年前，在公眾場所高談闊論色情片，簡直無法想像。但今天三十幾歲的年輕人卻能一派輕鬆的在餐桌旁向朋友自嘲：昨晚我忘了關網路視窗，女友一早要進Youtube竟誤入了Youporn。

其實，什麼話題該避免也涉及地方差異。跟美國人談錢無傷大雅（「你一個月賺多少呀？」），跟法國人就不行，法國人會覺得你俗不可耐。至於瑞士人，不管你跟他聊什麼，他都會繃緊神經，十分嚴肅。在伯恩，光是大聲一點跟人問候「你好！」就會被認為太聒噪。其實，費心探討禁忌話題或各地禁忌，還不如認清：的確，有些話題，不管它是不是禁忌，大部分的情況都不適合拿出來聊，例如宗教，例如個人腸胃問題——廣義來講就是健康問題。

不過更積極正面的作法應該是：先搞清楚哪些話題是我們在社交場合裡絕對避免不了的。希望下面幾章的內容能發揮導航功能，引導你優游於值此時代**非得**跟著發表點意見不可的話題。這種必聊話題就像必修課，也像德國公民——不管愛不愛看公共電視或聽廣播——非繳不可的廣播電視捐（Rundfunkpauschale）[1]。但在進入必聊話題前，讓我先為大家提供一

1 德國自二〇一三年一月起，每個家庭每月需繳交廣播電視捐十七・九八歐元給政府。

點最基本的建議。

先複習前面說過的：別急著笑，要予人好印象就得笑對時機。目光要和緩，身體的姿態要輕鬆自在。

有項技巧也非常重要，但前面沒提到：把遇到的每個人都當作熟人！這當然不是叫你一見到超模克勞蒂亞．薛佛（Claudia Schiffer）或德國前總理施羅德（Gerhard Schröder），就過去跟他們勾肩搭背。而是請你想像：自己跟他們早就認識。這樣的想像能讓你一下子就放鬆心情。曾任國際太空站指揮官的加拿大太空人克里斯．哈德菲爾（Chris Hadfield）受訪時曾說：「我多次從太空看地球，所以不管我遇到誰都不緊張了，我之所以能這麼輕鬆，全因為我覺得自己早就認識他們。」大家都該效法他，因為這只是心態問題。我們跟誰本來就都不陌生，只是絕大部分的人自覺跟誰都陌生。所以，只要能擺脫這種陌生感，就能在社交場合無往不利。須知：不管是超級名模、強國總理，或能左右金融市場的超級分析師，骨子裡都跟你我一樣——是「人」。身而為人，大家都一樣，所以彼此並不陌生。只要能認清這項事實，就能輕鬆優游於社交場合，顯得從容大方。

再者，當你跟某個人開始聊天後，切記：一定要把注意力放在對方身上，要專心！身體也要側向對方。一邊跟人講話一邊搜尋下一個談話對象，這樣的行為很不得體，甚至不禮貌。

最後，我要告訴你聊天的最高指導原則是：**別讓別人覺得你很無聊！**

所謂的聊天，基本上就是藉無關緊要的小事揭開序幕。這樣的過程有其必要，因為聊天的雙方正好藉此互相試探。事實上，我們每分每秒都在釋放大量訊息，這些訊息就像隱形的線索，具體說出來的話反而成了次要的。一開始的交談，說什麼不重要，你甚至可以說你是怎麼來的、來多久了，或今天之所以遲到是因為出門前還得先把握時間把岳母給宰了等等，總之沒有人會認真。一開始就談笑風生的人，代表他急於跟人搭上線，俗話說得好：午餐口若懸河者，通常是因為晚餐還沒著落。但耍完一開始的嘴皮子，接下去還得有話講。這時的內容切記不要冗長。聊天最怕碰到長篇大論。所以，請省略不必要的細節。

還有，不要一味的逢迎。如果你能不要一直說好棒，就真的是好棒！什麼都說好棒、好讚、好對，會讓人覺得你很無聊。如果你對藝術沒有什麼看法，請不要跟著附和：「我也好喜歡漂亮的東西！」而是寧願回答：「藝術？喔，這東西我正想戒掉……」每次開口最好都能有梗。與其一窩蜂的跟著說「哪間飯店好棒！」，還不如獨具觀點的感嘆：某些豪華飯店都快淪為春色無邊的五星妓院了；與其跟著抱怨「乳牛般的社會福利國家」快被榨乾，不如談談政府確實有照顧人民福祉之義務。寧願（溫文儒雅的！）跟大家唱點反調，也不要無聊的當個應聲蟲，一味附和。

另外，聊天有二件事要不得，一是自以為是，一是假道學。這二件事堪稱聊天殺手。聊天是一場遊戲，要領在於有來有往。說話時一定要替對方預留回應空間。如假道學般老愛搬出大道理，一下子叫人敬老尊賢，一下子叫人以孩子為重（或以健康為重？），只會搞得聊天對象很無言。這樣完全違反了聊天的遊戲規則。自以為是也一樣。聊天**從來無關**輸贏對錯。你要讓自己**什麼**都能聊一點，**各種立場**都能適時轉換。聊天達人從不介意自己被反駁。英國人被指正時會說：「我昂首認錯（I stand corrected.）。」可惜德文裡沒有類似的說法。這點值得我們深思。抬頭挺胸的認錯似乎有違德國人的性格，但無所謂，現在起讓我們一起來改變！英國人發明了許多遊戲風靡全球，其中不乏深受德國人喜愛的，例如：足球！所以他們的聊天精髓，我們一定也學得會。

另外還有一點，我知道很難，但拜託，千萬拜託，不要講笑話！針對笑話，後面我還會另闢一個專章，好好的解釋：何以笑話能拖垮整場聊天！很多人認為要炒熱氣氛最好的辦法就是——這辦法實在令人退避三舍——向人提議：「聊聊你的糗事吧！」錯！千萬別照做，因為一個在社交場合裡泰然自若的人，沒什麼能讓他自覺出糗。人只要充滿自信，即使滑倒，也能順勢往前衝，把它加碼摔成一場表演。

如果你想不出自己有什麼糗事，或許正因為你是個充滿自信的人。聊天時根本沒人想聽別人的出糗細節。相反的，大家都愛聽好聽的故事。說個吸引人的故事才是挽救死氣沉沉的談話最好的辦法。你不必一本正經的為故事做開場白，只需不經意的脫口而出：「最近遇到了一件好不可思議的事喲……」，大家就會自動豎起耳朵。

這裡我有一則故事，它是我用來為休克的聊天絕境進行急救的電擊利器。日後你有需要時也可引用，隨書附贈，不另收費。故事如下：

我有一個朋友的朋友在倫敦郊外的吉爾福德開了間小型入口網站公司，並且一直需資孔急。有天下午，他跟下一位可能的金主約好在倫敦見面。那天他剛好腸胃不適，說得白一點，他在瀉肚子，而且拉得一蹋糊塗。但這次的會面太重要了，打死也不能取消。去吉爾福德火車站的路上，他發現自己「漏屎」了，褲底沾了一小片黃。慘的是那天他穿了白色長褲。他擔心沾屎的範圍會越擴越大。途經馬莎百貨，他趕緊進去。馬莎百貨的物品一應俱全，當然也有長褲。他迅速的挑了一件，奔向櫃台，付錢。時間抓得剛剛好，及時搭上開往倫敦滑鐵盧車站的火車。上車後他衝進廁所，脫掉髒褲子，扔出窗外，取出袋中之物：他買的褲子不見了！裡頭是一條粉紅色的芭蕾舞短裙。原來，他在馬莎百貨時亂中有錯，拿了別人的袋子。他跟投資金主約在滑鐵盧車站的月台碰面。現在該怎麼辦？爽約嗎？他決定穿上那條小澎裙，無視所有乘客的驚訝眼光，穿過座位區，離開車廂，充滿決心的朝他的金主走去。

故事沒說金主見到他的反應，但有說：他沒為自己的打扮多做解釋——傍晚，他順利取得大筆資金，心滿意足的回到吉爾福德。他的企畫書顯然贏得了好印象。而他本人——當然更令人印象深刻！其實，成功的關鍵就在：拒絕尷尬，拒絕不好意思，拒絕自認可恥。

這是真人真事嗎？布魯克林的紐約客會說：這故事縱使非真，也真是棒透了！而且還很振奮人心呢！所以，倘若你已經出錯，何必畏首畏尾，乾脆讓自己理直氣壯吧！

話題1
性別問題

某屆德國總統受訪時說了段令人側目的話（這種情況鮮少發生）。那次的訪問之所以令人側目，原因之一：老先生們對現代女性大發議論總是叫人不敢領教。但總統之所以說那段話是有前因的：前不久自由民主黨一位重量級人物公開說了些含沙射影並挖苦女性的話。此事在媒體上喧騰一時，輿論好不容易才平息，總統（當時的總統是約阿希姆・高克〔Joachim Gauck〕）卻又在訪問時語出驚人。總統的這段話立刻引爆話題，並讓此經典爭議成了全新的聊天素材。其實總統只是說了女性問題還沒解決完。但這是什麼意思？讓我們來還原一下他原本的措辭，他說：「我們在女性問題上仍有許多尚待努力之處。」

總統所指的女性問題到底為何？這次總統同樣全然吻合總統說話該有的風格：徹底含含糊糊。其實最常見的女性問題有：

「我的車鑰匙哪兒去啦？」

「欸，我剛剛是不是錯過一個停車位？」

「這雙名牌鞋有沒有三十七號啊？」

但這是總統**所指**的女性問題嗎？幾世紀以來，人們最愛探討的女性問題莫過於：到底是女人聰明？還是男人聰明？這問題目前看似有了答案：人腦中負責認知能力的海馬迴，女性的比男性的小。不過，這似乎也證明了女性腦比男性腦更有效率。女性顯然不用絞盡那麼多腦汁就能解決相同的智力問題。

時至今日，必備的女性問題則是：真的還有所謂的男女之分嗎？在柏林最潮、最前衛的腓特烈斯海恩區（Friedrichshain）這問題早就不存在；小男孩在家玩洋娃娃時，小女孩正在踢足球！但不可諱言，在某些較保守的地區，性別主流化（Gender-Mainstreaming）[1]仍是備受關注的議題。當然，在那些真正先進的圈子裡，只分男女的**那種**性別分類法早就被視為保守，甚至有反動之嫌。雖說臉書除了「男」、「女」之外，還提供使用者「流性人」（Gender Fluid）、「跨性別」（Trans Person）、「中性」（Neutrois）等性別選項，但對真正的性別先驅者而言，這些分法還是太保守。

某天，萬一你不小心身陷「性別主流化」的議題中，明哲保身的辦法當然是聳聳肩，少開口為妙。但聊天時最讓人覺得不可思議的是，把事情說得越義正詞嚴、越堅持己見的人，常常是對事情了解越少的人。真正有所涉略，甚至知之甚詳者，常常不愛發表意見。所以，為了讓自己徹底閉嘴，不捲入性別議題的紛爭裡，現在就讓我迅速的幫你惡補一下「性別主流化」的來龍去脈。

獨霸五〇年代美國哲學界的世界觀是後現代世界觀。對建構主義者和相對主義者而言，我們日常生活裡所說的「事實」，若以嚴格的哲學意義來衡量並不存在。他們認為所謂的事實，若非社會教育下的產物（例如男女角色的差異），就是透過人為、任意的分類而產生。建構主義者認為，我們賦予對象的名稱皆是任意的、獨斷的。一棵樹之所以為「樹」，一座山之所以為「山」，全因為我們這麼命名。倘若主掌命名的是阿米巴原蟲，也許沙才是山，樹就足以是「世界」了。所以，我們的觀點充滿了「人類主觀」；所謂的事實，不過是人類建構出來的。

1 一九九五年聯合國第四屆世界婦女會議中，各國達成性別平等之全球性策略，強調各國政府在所有法規、政策與計畫之設計、落實、監測與評估過程皆應融入性別觀點，使男性及女性均能受益，進而達到性別平等之目標。

但說到這裡先讓我插句話。當我把這理論告訴我十二歲的女兒時，她小妮子冷不防的反駁：「那月球呢？有人類之前就有月球，不管我們叫不叫它月球，它都存在啊。」孩子的一句童言童語幾乎快把後現代哲學幾代人的努力給推翻了！其實，單靠邏輯推理也足以讓建構主義備受威脅。例如，若「**沒有**絕對事實」此一命題為真，則另外一命題也必為真：至少有「沒有絕對事實」**此**一絕對事實。

算了。過去幾十年，相對主義和建構主義確實對我們的思想帶來了極大的影響，尤其是在社會科學上。哈佛心理學家約翰・曼尼（John Money）對此新思潮無比熱中。六〇年代，他任教於美國最負盛名的約翰・霍普金斯大學醫學院，並企圖證明：性別角色只是人類的發明，毫無生物學上的根據。一九六七年，他著手進行了一項醫學史上的劃時代實驗。

在他的主導下，名為布魯斯・利馬（Bruce Reimer）的二歲男童在約翰霍・普金斯大學附設醫院進行了變性手術。小男孩原本就因醫療過失陰莖受損，這次他們更徹底摘除了小男孩的睪丸，並利用睪丸外皮為男孩建置了人工陰唇。在曼尼的建議下，男孩的父母開始把他當女孩養育。男孩不再叫布魯斯，他改名為布蘭達（Brenda）。十二歲起，布蘭達開始注射女性賀爾蒙。曼尼因此聲名大噪，他在無數的學術期刊和演講中宣揚自己的實驗，並主張「布蘭達」已成長為一個「正常又快樂的女孩」，更卻之不恭的接受各學術顯達的頌揚，尊稱他為性別研究先驅。連德國婦運領袖艾莉絲・史瓦澤（Alice Schwarzer）[2] 都認為曼尼乃出類拔萃的頂尖學者，「其研究不啻肩負啟蒙任務」，並盛讚他的實驗無與倫比，終於證明了「男女唯一的差異只在於能否懷孕，其他的差異全是人為加諸」。當布蘭達在學術論文中被歌頌為「身心平衡」的女孩時，家人和朋友卻見證了一個不快樂且面臨嚴重社交問題的孩子。這孩子對女孩子的東西根本不感興趣。布蘭達在十五歲得知自己出生時其實是男孩，他決定恢復自己的男兒身分，改名為大衛。大衛後來又動了幾次手術，十九歲時他決定將自己的故事公諸於世。一九九七年他和記者約翰．柯拉品托（John Colapinto）合作，在《滾石雜誌》（*Rolling Stone*）上發表了一篇轟動一時的專訪〈被當作女孩養育的男孩〉（The Boy Who Was Raised as a Girl）。二〇〇四年五月四日，大衛．利馬選擇自殺，結束短短三十八年的人生。

對性別研究專家而言，如今曼尼教授更像是製造出科學怪人的弗蘭肯斯坦醫師，而非性別理論之先驅（即便如此，二〇〇二年德國社會科學性學研究協會〔DGSS〕竟又頒給了他馬格努斯．赫希菲爾德獎章〔Magnus-Hirschfeld-Medaille〕）。

---

2 艾莉絲．史瓦澤，一九四二年生，先後擔任過記者、文化評論家、作家、大學講師等，獨力發行女性主義雜誌《艾瑪》（*Emma*），乃德國重要的婦運領袖之一。知名的代表作有《拒絕做第二性的女人——西蒙．波娃訪問錄》、《大性別：人類只有一種性別》等。

時至今日講起性別研究，大家最喜歡引用的學者要算哲學家茱蒂絲．巴特勒（Judith Butler）了。她一開始也是任教於約翰．霍普金斯大學，九〇年代初轉至加州大學柏克萊分校。在曼尼大肆宣揚男孩與女孩毫無差別時，巴特勒主張所有性別分類都是社會強加的結果。二十年前茱蒂絲．巴特勒的見解被視為大膽而前衛，但在性別主流化（簡單來講就是取消性別差異）大行其道，甚至被訂為社會政策之施行目標的今天，巴特勒的那些主張早就不具爭議，甚至被視為理所當然。但微弱的反對聲浪當然還是存在。比方說女性主義健將娜歐米．沃爾夫（Naomi Wolf）在其二〇一二年出版的著作《陰道》（*Virgina*）裡就極力標榜和捍衛「女性化」，可惜迴響甚微。

自一九九七年的阿姆斯特丹條約後，性別主流化正式載入歐盟的政治議程。原本的立意是希望在就業市場上有效促進兩性平等，並在所有的政治決策上盡可能的考慮兩性關係的影響和落實兩性平等。但由於一開始的內容就寫得相當含混，所以形成了各行其是的情況。如今，歐盟透過發放補助金的方式推動更改教科書內容、印行宣導手冊或其他出版品，以期推廣「性別多樣化」，並在各級學校、中央部會、地方機關或市政單位裡不定期舉辦研討會，讓大家有機會認識何謂「刻板的性別角色」。另外在特別舉辦的性別研習營裡，公務人員還可針對特定的性別行為進行角色扮演，並嘗試體驗另一種性別的處境。更有人倡議該為不認同傳統男女二分法的人籌建符合他們需求的公共廁所，讓他們未來也能擁有愉快的如廁空間。

無論是性別主流化或其他議題，要把所謂的「政治正確」拿捏到位，就得謹記：急切的捍衛或一味的反對都是可鄙的。無論是歐威爾小說《一九八四》裡那種符合思想警察要求的畏畏縮縮的「新話」，或怒氣衝衝的拍桌吼道「我要怎麼說是我的自由」，兩者皆令人生厭。這就像穿皮草。想要激怒善待動物組織（PETA）的支持者就得故意穿上貂皮大衣。但看著盛裝出席的俄國嬌嬌女又叫人真不敢恭維：穿著昂貴的皮草招搖，確實讓人替她深感羞愧！所以，面對爭議話題，反不反駁都會讓我們身陷古典的兩難困境。

因此，在社交場合裡，若是讓自己涉入建構主義到底有沒有道理的爭辯中就真的太蠢了。畢竟，當某個無法決定自己要當男還是當女的人急著去上廁所時，還認真的跟他探討這次到底要上哪邊，肯定會把人氣炸。（不過，若真有「中性廁所」，大型活動時那種廁所前的排隊人龍應該會少一點吧？）就像前面說過的，寧願搞清楚議題的來龍去脈，好提醒自己不要涉入紛爭，也不要隨便用情緒化或具挑釁意味的言詞去談論自己其實不很清楚的事。

下面的這則文學典故，或許也有助於你提醒自己別身陷爭論。在《愛麗絲夢遊仙境》的續作《鏡中奇緣》裡有段劇情描述：不受約束的指稱是件可怕的事，它會造成嚴重的混亂，甚至導致意義盡失；無論是愛、忠誠或友情——所有的一切都將喪失其意義。在路易斯・卡洛爾（Lewis Carroll）的小說裡，愛麗絲遇到了傲慢的蛋人，二人為了一個美好的英文詞彙發生爭執，那個詞彙是：glory，這個字除了有光榮的意思外，還具壯觀、昌盛之意。蛋人西裝筆挺，繫著領結端坐在牆上，居高臨下不屑的望著愛麗絲說：「一個詞彙，在我使用它時，它是什麼意思全**由我**決定。不會更多也不會更少。」愛麗絲驚訝萬分的反問：「但一個詞彙怎麼能同時代表不同的東西呢？」傲慢又自大的蛋人沒好氣的說：「問題其實只在於這裡由誰做主，就這麼簡單！」

為了終結不營養的性別爭論，建議你乾脆高深莫測的說：「就我所知，最能代表二十世紀具毀滅性之虛無主義的造型人物，當屬倫敦藝術家查普曼兄弟（Chapman Brothers）的那些扭曲臉孔和天線寶寶，還有蛋人。」而這些男女莫辨的人物剛好全都是英國人的傑作，所以或許你最後還可以再強調一句：「大英帝國的子孫還真是特別能掌握我們這個時代的精神呀！」講完這段話，包準所有人都滿臉錯愕的望著你，這時你就要把握機會，趕緊換話題——或乾脆甩頭走人，換個地方聊！

話題2

吃

滿嘴食物不要講話。這是大家都知道的。但另一件可怕又沒教養的事卻隨處可見，那就是：**聊**吃。就感官享受而言，「吃」確實該排在「睡」和「性」之前。（理想狀況下）對於睡覺，我們該感知得越少越好。至於性，縱使把我們一輩子的性高潮加起來，（理想狀況下）也沒幾小時。但說到一日三餐，現代人一輩子花在吃上面的時間，少說也有十七年。

法國人最懂「吃」和「性」之間的感官聯結與相似性。法國人稱圓形麵包為「Les miches」，這個詞同時也指女人的胸部。在不勝枚舉的法式男歡女愛的絕妙表達上，「去採草莓」（aller aux fraises，轉意為「到森林裡去談情說愛」）便是一例。即便「聊性」現在已廣為大眾所接受，但吃東西時「聊吃」卻還是俗不可耐。會做出這等事的人不是言語乏味的無聊傢伙（這種人只會陳腔濫調的說：「太好吃，太好了！」或「這可是廚師珍藏的食譜喔！」），不然就是愛裝模作樣、好表現的自大狂（「嗯，很美味，可惜吃完後舌尖上會殘留一股淡淡、揮之不去的堅果味。」)。在最好的情況下，這類談話也只能淪為發言者個人的智能秀。

不過，最可怕的還是所謂的美食家，他們會煞有其事的把食物舀進嘴裡，不時砸砸有聲的咀嚼(然後一臉專業的解說道：「這樣才能讓氧氣進到嘴裡，食物的滋味才能整個釋放出來。」)。此等行徑其實嚴重牴觸「法式優雅」守則的第一條：享受帶來的震撼越大，越要表現得若無其事。此守則放諸四海皆準。德國人尤其該牢牢謹記。

對法國人而言，吃確實是世上一等一的大事。身為已開發國家中唯一有文化的民族，法國人確實有把「進食」加以藝術化的庸俗需求和必要性。總之，聽見法國人開口講吃，可要豎起耳朵來好好學。但這並不是說我贊成法國人邊吃飯邊聊吃。試問有誰會在纏綿悱惻之際，還一邊分神跟對方開講性愛？要談也是之前或之後吧！

聽德國人聊吃，不是讓人覺得疲憊，就是讓人覺得像遇到暴發戶；五分鐘前才第一次見到馬，五分鐘後立刻穿上馬靴衝到馬路上要騎馬。唉，聽德國人聊吃的效果絕不亞於聽瞎子論顏色。德東人很愛在背後罵波蘭大卡車司機——我敢這麼說是因為我的家族來自德東。大家之所以這麼痛恨波蘭司機，是因為他們老死性不改的在德國既新且美的高速公路上狂飆，此舉嚴重危害德國人的身體和生命安全。但德國人忘了：受害最深的其實是這些波蘭司機自己，而且他們還是處在嚴重驚嚇中：驚嚇於德東休息站裡那些貴得要死的東西竟然也能稱作

「餐」。可憐的波蘭司機，在家吃的雖非精緻美食，一張嘴卻早被真正的家常菜給養刁了，所以一心只想趕緊逃離德東，到巴伐利亞樸素的休息站去，那裡是德國少數幾個還保留了些許飲食文化的地區之一。

如果你不小心捲入了聊吃的話題，請別為了找話講而批評眼前的食物。這麼做太沒禮貌！那有沒有別的辦法可解決眼前的燃眉之急、幫你脫困？有，比方說你可以針對當前流行的少油飲食發點牢騷，甚至援引二十世紀紐約知名劇作評論家亞歷山大．伍爾科特（Alexander Woollcott）的至理名言。他的那段話歷久彌新，總叫人津津樂道：「所有我喜歡的東西不是非法的，就是不道德的，不然就是會讓人發胖的。」你還可以拋出中國棄嬰伊尹的傳奇故事。伊尹所處的年代是中國的夏朝，據說他從養父母那裡習得了精湛廚藝，後來到一處有錢人家為僕，負責烹飪。傳說如今許多名聞遐邇的廣東菜色皆源自於他（廣東人以會吃聞名，最能體現廣東人吃之哲學的格言是：「凡背對著太陽、在地上爬的動物都能吃。」）。殷王湯聽聞伊尹廚藝精湛，就將他延攬為自己的私廚。成為王廚的伊尹，每次在為君主呈上菜餚時都會趁機為他分析當前政治局勢，並以烹飪為喻進諫治國之道：關鍵就在平衡，在謀求各種口味和偏好之均勢。伊尹後來成為影響商湯最大的重臣，甚至官拜丞相。伊尹掌權後不但整頓吏治、肅貪，成就清明政治，在權傾一時之際，還不曾或忘自己曾是一介奴僕，因此更能體察民意，苦民所苦。最後他輔佐湯推翻夏朝，建立商朝。所以說：一流廚師也能別有出息，不一定只能成為電視名廚。

另一個把話題導向別的方向的妙招是：談談十六世紀世界強權威尼斯的沒落，以及因此導致「叉子」突然普及——據說在那之前只有總督才准使用叉子，一般人用的話會遭重懲，但在那之後連有錢的商人也允許使用了。此外，十六世紀蔚為風氣的愚蠢流行還有金箔裹肉。但這股奢華歪風自一五一四年起被禁，可惜已挽回不了威尼斯的沒落。多年來威尼斯人已習慣且愛上金碧輝煌的食物，所以之後便絞盡腦汁尋找替代方案，後來想到將麵包切丁加上醬料，鋪上乳酪後拿去焗烤，烤得金黃酥脆。裹粉油炸的食物也應運而生。維也納炸豬排（一聊起這道大眾料理，乏味的飲食話題也能立刻變得有滋有味！）其實不是奧地利人發明的，而是威尼斯人，但奇怪的是：這道菜連在義大利也不叫威尼斯豬排，而是叫「米蘭」豬排。

另一個轉移話題的妙招是：抱怨「大吃大喝」竟不流行了！曾經，痛快的吃一頓是多麼令人雀躍的事啊！肆無忌憚的吃讓人有罪惡感，但越有罪惡感越吸引人。然而今天，養生餐、益生菌成了都市飲食的金科玉律，誰敢在中午碰碳水化合物，簡直是在戕害健康，破壞公約。不過，若想展現路易十四般的風範，中午就得來上三十道菜。「我常親眼見證皇帝一餐吃掉四盤不同的湯、一整隻雉雞、一隻鷓鴣、一大盤沙拉，再加上蒜味醬汁羊肉、兩大塊火腿、一大盤餅乾，加上水果，然後再來根羊腿。」這是路易十四的弟媳莉澤綠蒂·馮·法耳次（Liselotte von der Pfalz）在凡爾賽宮一次日常用餐後，驚訝無比的寫信回海德堡娘家時記錄下的文字。而且路易十四享用的宮廷菜，作法肯定比今天精緻、講究許多。直到十七世紀，歐洲宮廷裡麵食和湯品的製作仍被視為上乘的烹飪藝術，擺盤時甚至會用上小鳥。這裡指的可是活生生的小鳥！我們還能在古董食譜中找到大廚的警語：「上菜時，湯要慢慢的往盤裡澆，不能傷到活生生的小鳥！」

其實要找非教條的美食範例，不一定要扯到那麼遠的歷史。我的一位女性友人莉莎·坎貝爾（Liza Campbell）從小在蘇格蘭北部的考德城堡（Cawdor Castle）長大。考德乃莎翁名著《馬克白》的主場景。在此，先為沒好好上英國文學課的同學複習一下《馬克白》的主要內容：馬克白是格拉米斯（Glamis）的領主，後因戰功輝煌被蘇格蘭王鄧肯封為考德領主。在他受封前，曾有三位女巫預言他將來除了會是格拉米斯領主，還會成為考德領主及蘇格蘭王。後來鄧肯真的封他為考德領主，他接到消息後相信了女巫的預言，認為自己真的也會成為蘇格蘭王。馬克白夫人就像所有的紅髮女郎一樣既美麗性感又驕傲自負，她慫恿馬克白趁夜裡國王熟睡時將其刺殺。故事的結局死了很多人，馬克白夫人也發瘋自殺了，她自立為王的夫婿也死了。莎翁的這則故事雖以史實為據，卻摻雜了許多個人的杜撰。但歷史上確有馬克白其人，也確實把鄧肯國王給殺了，但不是在睡夢中——據說是在戰場上。根據史料，馬克白還是個深受人民愛戴的明君呢……

無論如何，有一點可以確定：考德城堡的歷代主人似乎都瘋瘋的。考德城堡建於西班牙宗教裁判所大權在握和歐洲黑死病肆虐的時代，但城堡竣工至今未曾整修過，所以我的朋友莉莎是在屋況極糟的環境中長大。其父，考德城堡的第二十五代主，有三項嗜好：一，每半個月要撞毀一輛全新的積架E-Type（但「全是那該死輪軸的錯！」）；二，鍾愛藉酒揮霍百年家業；三，酷愛用充滿異國情調的料理虐待全家人的胃。

莉莎描述坎貝爾家的某個尋常夜晚：「很典型的，他雙手一拍，興高采烈道：『今晚讓我們來看看香煎天鵝排是否真的名不虛傳！』父親立刻召來女廚，命她抓隻天鵝當今晚的主菜。這時兄弟姊妹會哀求父親，可不可以吃些較正常的東西，並隨口舉例：松鼠都比天鵝好！這麼一說反而激得父親更興致勃勃。結果就是：除了主菜天鵝，還多了一道松鼠前菜。」莉莎後來將成長過程中所經歷的瘋狂事蹟集結成冊，在二〇〇六年出版了一本既感傷又戲謔的書《產權：我在馬克白的城堡中長大》（*Title Deeds. Growing up in Macbeths Castle*），並因此得罪了不少族人，連她的親弟弟，第二十六代考德堡主，也對她不甚諒解。其實，莉莎嘔心瀝血記述的只是她的童年哀愁，這真的是本值得出版的好書。莉莎後來進一步成為英國貴族的女權運動健將。她倡議修法，主張不該只有長男可以繼承爵位和祖產，貴族世襲制應仿效王位繼承，長女也能享有相同的權利。此話一出，莉莎頓時成為英國上流社會最惹人厭的人物。《紐約客》（*New Yorker*）的專欄作家盛讚她為貴族革命家，但褒獎她的同時也不忘挖苦：坎貝爾小姐和她的貴族家人，其紛爭非吾等升斗小民所能理解，畢竟那種等級的問題就像已搭乘商務艙，卻還抱怨位置太小，沒空間可以伸腳……不過這又是另一個話題了！

瞧，我們從一開始的無聊話題「聊吃」一路聊到現在，要結束了，我們已經聊到別的地方去了。聊天，就該這樣聊！

話題3

足球

坦言自己不懂足球，會讓人覺得你傲慢無禮又自命不凡。形容足球可以說：足球的要求很嚴格！足球迷死人了！足球真是棒得沒話說！但唯一不能用來形容足球的是：「美」。溜冰很美，打高爾夫球很美，滑雪也很賞心悅目。不管你喜不喜歡從事這些運動的選手，觀賞這些運動都很美。但看足球賽就不是這樣了，一旦場上沒有你熱愛、支持的足球隊，整場比賽看下來——就是無聊。但這也正是足球的獨特之處！

原因或許是：從文化史的角度來追根溯源，足球本來就不是一項運動，而是一種展現集體暴力的儀式，甚至是件與古老傳統和文明相當有關的事。相傳足球是中世紀英國人發展出來的一種比賽，目的在羞辱鄰村。參賽者得冒身體受傷的危險，衝鋒陷陣的將一管皮捲送入鄰村；誰能先將皮捲送進敵對的村莊，誰就贏。但這種比賽最初的形式更像橄欖球，而非足球。

另外還有一派理論指出：在發現美洲後，這項原本就充滿暴力的比賽又和當地另一種更加血腥（也更加細緻）的比賽結合——中美洲活人獻祭的球賽，在比賽中輸球的人必須成為眾神的祭品（但成為祭品是相當光榮的事）。據說中美洲的原住民非常熱中這種運動，幾乎每個馬雅城市都有舉辦這種比賽的競技場，足見此宗教味十足的競賽在當時有多流行。可惜這種競賽的具體辦法已不可考。

根據傳說，馬雅人比賽用的球是橡皮球，只要把球丟進指定的圓圈內就算得一分。參賽者會在腰上綁著很重的石塊（石塊應該是用來擊球的）。總之，比賽中嚴禁以手觸球，而且球絕對不可以掉到地上。會不會是因為那顆球象徵太陽？莫非馬雅人害怕球一旦落地就代表太陽永不再升起？

現代足球的發源地是英國，正式的遊戲規則最早出現在一八四八年，由劍橋大學的學生記下，相似的比賽精神一路傳承至今：對足球迷而言，最令人悲憤的無疑是自家隊伍輸了，最令人狂喜的則是自家隊伍贏了——「德比」（Derby）足球聯賽可說是其中的最佳範例，因為競爭的雙方通常是鄰近地區的足球隊。

無論是中美洲早期的足球比賽，或中世紀盎格魯撒克遜人的二村對決，或義大利足球的前身，亦即發源於北義大利野蠻的「踢球賽」（那根本是敵對部族在打群架），其實都是戰爭的另外一種方式。足球賽絕對是種「集體施暴」——可溯源自北非，是用來對付敵族，具儀式意味的一種集體暴力，目的在羞辱敵族戰士。足球從一開始的將皮捲送進敵村，到後來的把球踢進對方球門——不都是在展現暴力入侵嗎？但足球迷肯定不喜歡這種論調。

為什麼足球這種運動在德國和義大利會特別受到推崇？地位特別崇高？應該是因為「區域認同感」讓球迷聯想到現代人僅存的一絲「故鄉情懷」。古代的野蠻人正是為了這份故鄉情懷，而跟敵對部族打得你死我活。

如今，不管是義大利或德國，仍有許多人保有這份集體意識，換言之仍有國族感，仍念念不忘要當個「義大利人」或「德國人」。但這種集體意識其實是轉嫁的、假象的「身分認同」，且漠視了此一事實：德國和義大利都是由許多鄰近且敵對的部族融合而成。但話說回來，這兩個國家的足球代表隊確實為他們的國人製造了極高的集體意識——比任何重大歷史事件所製造的集體意識都高。

足球賽總要出動大批警力維持治安，卻仍一再上演火暴衝突（例如，當布倫瑞克隊對上漢諾威九六隊，當羅馬拉齊奧隊對上羅馬AS隊，當阿姆斯特丹阿賈克斯隊對上鹿特丹費耶諾德隊）。這些火爆場面更加證實了足球賽根本無異於敵對部族火拚的理論。雙方打得越兇越像在提醒我們：人類過去的野蠻本性仍活生生地存在於我們的血液中。

感謝老天爺，我從未真的上過戰場，但有一次竟親身經歷了足球迷一觸即發的戰爭：倫敦托登罕隊的「熱刺球迷們」[1]和倫敦阿森納隊的「槍手球迷們」[2]差點要打起來，那場面嚇死人了！當時我正蹲在白鹿巷球場（White Hart Lane）旁的民房牆角等開賽，竟一不小心身陷戰場。我敢發誓，當時空氣裡真的聞得到濃濃的腎上腺素和睪酮的氣味。兩隊的球迷眼裡充滿仇恨，渾身散發著暴力，彼此叫囂，持續逼近。一旁的優勢警力蓄勢待發，警察眼中透著貪婪；他們正等著用警棍痛宰兩邊人馬……。那天之後我完全懂了，懂一千五百年前同樣發生在此的原始戰爭是怎麼回事了。

跟經常成為暴動現場的白鹿巷球場相比（聞名全球的二〇一一年夏季倫敦暴動，正是從北倫敦白鹿巷球場引爆的），充滿傳奇的溫布利球場（Wembley Stadium）才是真正的足球聖地，其地位之崇高甚至媲美議事堂；畢竟追根溯源，足球賽無異於各部族間「喬事」。正如我們的先祖在議事堂內歡聚時酷好飲酒，酒精飲料對現代足球賽而言也是一項重頭戲。

即便你是足球白痴，也必須對溫布利有所涉略，畢竟它是個傳奇地點，不僅發生過無數足球傳奇，還是德國足球隊和英格蘭足球隊的命運交叉點。一九六六年世界盃，英格蘭隊打敗了德國隊——拜那充滿爭議的一球所賜（那球先是擊中門框，然後又沒有完全落在門線後）。這口氣德國人怎麼吞得下去，於是從那刻起，每次遇到英格蘭隊，德國人就誓言復仇：一九七二年的歐洲足球錦標賽四強賽，德國隊在君特・內策爾的領軍下，於溫布利足球場戲劇性的戰勝英格蘭隊。一九九六年，德國同樣在此奪下歐洲盃冠軍。二〇〇二年，充滿歷史回憶與光榮的舊溫布利球場決定重建，德國隊員迪特馬爾・哈曼（Dietmar Hamann）在球場拆建前射進了最後一球。新球場落成後，第一場國與國的對抗賽便是英格蘭隊火拚德國隊；結果德國隊贏。二〇一二年，成千上萬的德國球迷**軍臨**倫敦城下——真的不得不這麼形容，因為歐洲冠軍聯賽的決賽在溫布利球場舉行，晉級的二隊全是德國隊。英國人只得乖乖的承受這份屈辱，眼睜睜看著自家聖地變成宿敵稱霸全歐的舞台；這樣的命運肯定讓英國佬痛心疾首。

但這些稱霸啦、羞辱啦、聖地啦、命運的交會等說法或許已經過時？當今足球根本不想再與相互羞辱扯上邊，而是旨在追求比賽樂趣、休閒娛樂與技巧——老日耳曼人推崇的美德，例如戰鬥精神和暴力血腥早就不流行了。德國國家代表隊總教練約阿希姆・勒夫（Joahim Low）說過：若只知蠻幹，二〇一四年德國國家隊不可能贏得世界冠軍。現代足球講究的是科學！舉凡進攻路線、壓制名單、掩護策略、球員調度、全攻全守戰略等等，對從前的足球賽而言根本全是陌生的觀念。鼓吹這種新式足球（以優異技巧取代體能壓制），最力的，當屬西班牙加泰隆尼亞球員佩普・瓜迪奧拉（Pep Guardiola）。他主張用密集且小範圍

---

1 托登罕隊（Tottenham）暱稱熱刺隊（Hotspur）。
2 阿森納隊（Arsenal）暱稱槍手隊（Gunner）。

的持續盤球消耗對手的精力，這方法是他在FC巴塞隆納足球學校習得的。他的理論傳承自巴塞隆納傳奇球員及教練約翰・克魯伊夫（Johan Cruyff），而克魯伊夫的這些技巧又傳承自家鄉阿姆斯特丹。所以這種不靠體力蠻幹的當代足球（許多人批評它「很娘」），其實是荷蘭人的產物。

德國當代哲學家沃夫蘭・艾倫貝爾格（Wolfram Eilenberger）也認為這股足球風「很娘」（他這麼說更是沒有任何正面含意）：「瓜迪奧拉理想中的足球賽是全然近距離、沒有遠射這件事，所以不是正面射球，就是斜射，不然就是用頭頂進去。靠的是細膩精準的控球技術，不必拚了命的突圍，這種踢法才是他的真正風格。」但這種溫吞打法對在場邊叫囂的熱血球迷而言實在是折磨。但話說回來，當慈祥的父親帶著可愛的孩子來看足球時，確實不想碰上暴戾的火拚場面，所以當前足球的主流哲學對他們而言無異於一大福音。很久以前阿根廷中鋒迪亞哥・西蒙尼（Diego Simeone）曾說過，要贏就得上場時「嘴上叼把利刃」，可惜這句話已無用武之地了。

話題4 網路

網民即使出現在現實生活中也能很「現充」[1]，而且大多能愉快的融入周遭。他們出席聚會時還有一項額外功能：光看他們嘴角或鬍鬚上沾的菜渣，就知道今天的自助餐菜色。但如果你想跟他們聊網路，我猜可能會很累！

網路曾是個美妙的東西，尤其是當你電話一講個把鐘頭，搞得室友或同事火冒三丈時，真該慶幸有網路——否則大家不會只對你吹吹不可思議的口哨。如今的網路則不然，它已成為我們的負擔，不僅因為我們被龐大的資訊給淹沒，還因為網路本身已成為最大的爭議。所

1 源自二〇〇五年日本網路論壇的網路流行語，指離開二次元的網路、線上遊戲或虛擬世界，在三次元的現實生活中也能感受到很充實。

以，當大家在聊「網路」時，你也得跟著聊兩句！不知是否偉大的發明都會帶來爭議？石器時代的火，是不是也曾為我們的祖先帶來巨大爭議？古埃及人發明的輪子，是不是也讓他們吵翻了天？好像喔，好像都是這樣。年邁的奧地利皇帝法蘭茲·約瑟夫（Franz Josef, 1830-1916）很排斥電報，只要是機器列印的電報文都得再為他手抄一遍。但這種對新發明的抗拒與爭議通常不會持續太久，發生於現今的網路爭議同樣也會有疲乏的一天。

如果你不小心碰到某個咄咄逼人的文青，並聊起網路議題，別怕，不妨跟他較較勁！甚至可以藉機跟他打個賭、押個注，贏他大把比特幣（Bitcoin）[2]：請他說出網路最早出現的時間，亦即網路何時誕生，並要他詳述來龍去脈。如果他夠文青的話，應該會說網路起源於一九七四年。那一年工程師文頓·瑟夫（Vinton G. Cerf）和暱稱「鮑伯」（Bob）的羅伯特·肯恩（Robert Kahn）合作開發出網際網路協議（Internet Protocol），從此不同網路上的電腦開始可以資訊交流。但更高級的文青則會吐出「ARPAnet」這個稀罕的縮寫，此乃美國的一項國防研究計畫，計畫之初（一九六九年）是把四台電腦連結成通訊網。但頂尖文青會更進一步的追溯至一九四〇年代的模控論（Kybernetik），並信心滿滿的大加申論機械間的自動控制：比方說恆溫器，它接手了溫度計讀取資訊的功能，在完全無需人力介入的情況下，自動調節暖氣溫度，這當然算是機械連結成網絡的最初形式。

「Nice try（也算盡力了），」記得，這時你要擺出數位達人的姿態，露兩句洋文回敬他。然後準備接收他的比特幣！因為最早發明網路的是圖恩暨塔克西斯（Thurn und Taxis）家族，這個家族現在的大家長正是我的外甥阿爾伯特（Albert）；諷刺的是，用網路寄電郵幾乎聯絡不上他。Google今天做的事，其實圖恩暨塔克西斯家族早就在做了。只是不知Google的彩色標誌能否像圖恩暨塔克西斯家族的郵政標誌[3]一樣，幾世紀後依舊隨處可見？法蘭茲·馮·塔克西斯（Franz von Taxis，1459-1517）才是真正把資訊流通網路化的第一人——在此之前，寄信可是非常昂貴、不可靠，又難得為之的事。法蘭茲不但將郵政系統化，還藉由設置驛站網成功壟斷資訊流通。對網路充滿熱情、視網路為救贖的網路青年，一旦發現大企業和國家正藉網路廣泛的窺探自己時，勢必大吃一驚。其實，只要稍微讀一下郵政史，甚至只需查一下維基百科，就能幫自己省下吃驚和失望。自古以來有資訊傳遞就有偷窺，此乃大家心照不宣的行規。在商言商，不偷窺簡直是愚不可及的怠忽職守。

國家之所以要窺探私人資訊，主要是希望藉此鞏固國家安全。但這也不是什麼新鮮事，

2 一種全球通用的加密網際網路貨幣。

3 十五、十六世紀，德國信差在抵達或離開一地時都會吹響號角，這項傳統據說可追溯至中世紀。時至今日，在德國及許多歐洲國家仍到處可見這種號角圖案的郵政標誌。

早在網路發明以前國家就已經這麼幹了。但大眾生活的全面數位化卻實現了企業在二十世紀前根本不敢奢望的夢想：顧客全都透明化，企業得以全面掌握顧客的需求與渴望。只有腦殘的人才不會對此感到膽戰心驚，但更可怕的是無動於衷。有些人甚至認為，收到針對自己的消費建議或廣告是頂級待遇、備受關注，絲毫沒意識到：日後應該對珍貴而值錢的個資使用更加小心。最令人遺憾的是：我們已經不可能自己保護自己的個資了。

隨著資訊科技的大躍進，我們的生活幾乎已全面數位化。這也正是知名資訊專家耶夫根尼．莫洛左夫（Evgeny Morozov）會對眾人一天到晚讚揚「網路」如此驚駭的原因。他認為：許多企圖解釋「網路」的人，把網路「說得像具有神學力量一樣」，但事實上，網路早就不單單只是網路；換言之，不單單只是電腦間的連線，而是你我生活上的全面徹底數位化，以及隨之而來私人資訊的鉅細靡遺外流和散布。我們已經生活在一個不只藉私人手機、冰箱和車子就能被解讀的時代，不久的將來，光靠我們的內褲和襪子，有心人對我們的了解甚至能遠勝於我們的醫生和伴侶。想被監控、想被神祕演算法全面攻占和解讀，其實無須多做什麼，只要發封電郵，上亞馬遜網路書店購物，或在社群網站上發言即可。尤有甚者，不久的將來只要穿上衣服就行了；紡織業正在研發新素材，只要穿上他們製造的衣服，許多個資就會自動儲存且上傳。未來，我上Zara或H&M添購行頭後，就能立刻收到最吸引我的個人化廣告。保險公司很快也會推出這樣的方案：願意隨身配戴健身手環，以利「監測」其運動狀況及飲食者，保費得享優惠。同樣的，車險的費用也將大幅調降，只要你同意開車時讓「老大哥」（Big Brother）[4]一路監視你。其實，現在的商業系統早已具備掌控個人需求的能耐了。例如，航空公司對哪位旅客每星期一非搭早班機不可，哪位旅客下午搭也無妨早已瞭若指掌，他們會根據旅客需求傳送不同的行銷簡訊——完全符合「需求彈性」——並訂出不同票價。專業上這叫做「智慧型定價」（smart pricing）或「以使用者為基礎的市場行銷」（user-based marketing）；落實這些概念的相應技術早已成熟。

如果你不小心置身網路爭議中，建議你乾脆擺出一副網路專家的模樣提醒大家，網路爭議的重點早就不再是「電腦是否會讓我們變笨？」、「網路資訊是否可靠？」、「如何防堵網路病毒和垃圾？」等等，這些問題二十世紀九〇年代早就被嚴正的討論過了。當時全球的上網人口只有約二千萬（十年後增長為二十億，二〇一四年約為三十億）。當前至關重要的爭議不再是使用網路的利弊得失，而是「大數據」：資訊時代允諾著種種願景，如民主化、公開透明、教育普及、競爭力與創造力的大躍進等，但這些都只是烏托邦。

4 典出喬治·歐威爾的小說《一九八四》，書中名言「老大哥正在看著你」常被拿來影射極權政府正在監控一切。

要了解此爭議的來龍去脈，就得回頭去找某種大約出現在一四四〇年、但至今仍廣受歡迎的知識媒介：紙本書——探討網路問題卻要回頭看紙本書，這豈不是有點好笑？但其中有三本你至少要聽過書名：最重要的一本是一九九八年出版、由美國歷史學家喬治．戴森（George Dyson）所著的《電腦生命天演論：人工智慧的演化》（*Darwin among the Machines*）。這是本令人悲傷的書，因為它預言了擁有人工智慧的機器將贏過人類。懶得去翻書的人，也可以上網查——這是不是有點諷刺？——只要滑鼠一按，就能用聽的：因為戴森乃TED.com經常邀請的講師。

同樣重要的還有二〇一四年出版，由矽谷虛擬實境之父傑容．藍尼爾（Jaron Lanier）所寫的《未來屬於誰？》（*Who Owns the Future*）。藍尼爾的回答是：不屬於我們！他足足花了數百頁來解釋（既然詬病此乃資訊過剩的時代，難道不能以身作則，精簡一點，少寫個幾頁？）。說實話，藍尼爾的書不好讀，但絕對是經典，因為他曾是鼓吹數位時代最力的先鋒，不僅預言數位願景，還是個數位搖滾巨星。他在《未來屬於誰？》這本書裡反駁了自己當初的科技烏托邦之預言。一九八〇年代，藍尼爾和美國心理學家蒂莫西．利里（Timothy Leary）曾並肩宣揚數位主義，乃最早傳數位福音的兩員大將。我有幸認識晚年致力於研究迷幻藥ＬＳＤ的利里，並在滑雪場與他暢談服用迷幻藥ＬＳＤ之後的利弊得失；當初他可是柏克萊知名教授，並企圖藉迷幻藥掙脫上流社會的桎梏。可惜後來藥效不彰（顯然是服用過多），於是他又主張網路可提供同樣療效。如今利里已過世，藍尼爾則認為，他當初的主張是錯的。藍尼爾在新書裡寫道：少數幾個大集團將擺布、操控和剝削數十億人。新科技的受害者一開始只是中小企業，但最後一定是我們每一個人。

要聊科技爭議最好的參考讀物是二〇〇九年出版的《代價》（*Payback*），作者是《法蘭克福匯報》（*FAZ*）共同發行人之一、睿智卻死得太早的數位哲學家法蘭克·句馬赫（Frank Schirrmacher）。此書從神經科學的角度來探討科技爭議，並闡述人類思想和大腦將因新科技的出現而產生變化。作者的觀點是：過多的科技應用勢必對人體造成絕對的戕害。相較於其他同類書籍，《代價》的優點是：不一味攻擊所有會發光發亮的東西，只廣泛提供資訊，介紹各種觀點和立場。因為本書的作者是記者，所以這本書的可讀性極高——換言之，句馬赫真的替讀者先消化過所有的爭議重點。

這位科技先知要告訴我們的結論是：人類原本的目的在於創造出可以為我們服務的科技，最後卻創造出會控制我們的科技。而你我正是自願為自己戴上數位手銬腳鐐的第一代。

話題5 資本主義

這是個縱使你不懂也不會受到苛責的領域。對自己不懂的東西抱持懷疑的態度是聰明的。對經濟事務心存疑慮甚至能救人一命！我們經歷過的重大經濟危機和災難大多是拜超級金頭腦所賜，那些金頭腦認為金錢、資本和消費，甚至風險，都是可以計算，可以預測的。

二〇〇八年十一月全球金融危機爆發後，英國女王造訪了倫敦經濟學院（The London School of Economics）。她問了那些頂尖經濟學家一個很簡單的問題，卻讓氣氛尷尬到不行。女王問的是：為什麼沒人預見這場崩盤將臨？專家們各個誠惶誠恐、結結巴巴，沒人答得上來，最後是路易斯・加利坎諾（Luis Garicano）教授想出了一個最無傷大雅的說詞：「每個人都深信自己已經做了該做的事，加上大家都太信任別人了。」

我曾在英國求學，英國是個會把經濟學家（凱因斯）當民族英雄崇拜的國家，所以學生必學經濟學公式，比方說：Y＝I＋C。此公式的意思是：總產出（Y）等於投資（I）加消費（C）。另一個公式是：S＝Y＋C，意思是：儲蓄（S）等於產出（Y）減消費（C）。二式結合便得出了S＝I，意思是：儲蓄等於投資，因為無論是大家拿去銀行存起來的錢（S），或從銀行借出來的錢，都會再拿去投資，亦即拿去消費（C）或生產（Y）。經過這番剖析，大家都聽懂了嗎？

我的經濟學成績一塌糊塗。但我一點也不在意，因為當時的英國有項德政：完全沒有收入的學生也能擁有信用卡。你只要挑個喜歡的提款機就可以領取現金，然後對消費（C）做出貢獻。消費有哪些呢？比方說啤酒或迷幻藥，重點是這樣的消費行為與你戶頭裡有沒有儲蓄（S）完全無關。我最由衷感激的要算米蘭銀行（Midland Bank，可惜這家銀行現已式微），由於它的慷慨，讓我得以有錢隨時買機票回家。

但導致我當時對經濟學完全不感興趣的另一禍首，是我的一位「老」友，他總鼓勵我忘掉所有的經濟學公式。無論是在散步的漫長過程中，或在咖啡館裡，我從他那兒學到的經濟學知識遠比課堂上多，他乃《一個投機者的告白》作者安德烈．科斯托蘭尼（André Kostolanyi）。

這位股市大亨常流連我家。由於我母親是匈牙利民族英雄伊斯特凡．塞切尼（István Széchenyi）的曾曾曾孫女，所以我們在慕尼黑的家也就理所當然的成了流亡海外匈牙利人的聚會場所。我們暱稱他為「科斯托」（Kosto），當時他已九十高齡，累積了豐富的人生閱歷。順帶一提，他很小氣，這點更證明了：他在有形的財產上也很富有。在巴黎當跑腿小廝時，他見證過一次世界大戰結束前的法國股市，聞名股史的一九二九年華爾街大崩盤發生時，他在華爾街工作。他是個真正熱愛投機的人，但身為高級知識分子和才華洋溢之人，他又對自己的同類語多貶諷。科斯托總說投入股市的人就像純真小姑娘墮入煙花：「一開始是忐忑好奇，後來開始懂得享受，最後則只剩下對金錢的慾望。」他下過這樣的結論：「以前的父親只會讓家裡最笨的兒子進股市。聰明的兒子必須上大學，學點正經規矩的事做。」

在慕尼黑我們最常在古色古香的舒曼酒吧碰面，因為那裡沒有他愛喝的咖啡。其實跟他聊天的最佳地點是咖啡館，在維也納是中央咖啡館，在布達佩斯是俗不可耐、金碧輝煌的紐約咖啡館。咖啡館一直就是他的講堂，是最能令他感到自在的地方。他這輩子有一半的時間流連在咖啡館的小桌前。他在那裡開講、閱讀、沉思，小憩後醒來，再講、再閱讀……。他總是穿得體面完美，一雙擦得晶亮的布達佩斯人的皮鞋、軟呢西裝，口袋裡綴著手帕，剪裁合身的襯衫，從不繫領帶，領結才是他的正字標記。

今天要找到像他一樣穿戴得如此整齊、華麗、具東歐風範的紳士簡直不可能。現在整天泡在咖啡館裡的男士喜歡刻意裝頹廢，不修邊幅，頭帶便帽，掛著耳機，用無線網路把自己與真實世界徹底隔絕。現在坐的也不是從前咖啡館裡典型的硬梆梆、沒有扶手的椅子，而是能扼殺所有原創思想並讓人陷溺其中的絨布沙發。在一開講就是數小時的咖啡館裡，科斯托常告訴我許多人生的金科玉律：「男人可以莽莽撞撞，女人卻要保守謹慎。家庭裡的角色如果對調的話，註定是場悲劇。」「窮人笨的話，大家會說他笨；但有錢人笨的話，大家會說那是創意。」「法國文豪伏爾泰早已洞悉，即便是壞事也有可能得出好結果。這句話在經濟事務上尤其能得到印證。對某人而言是災難的壞事，對另一個人而言卻可能是天大的幸運。」他指了指我的筆電。當時我到哪兒都扛著那台笨重的東芝電腦，因為那可是第一代的筆記型電腦。科斯托說：「對打字機工廠的工人而言，這東西的問世是他們的不幸。對製造這種機器的公司而言，卻是莫大的幸運。但有一天又會有人發明出更厲害的東西，到時候這種機器，連同製造它的公司就得全部被淘汰。這將導致經濟動盪？沒錯！但不穩定本來就是製造財富的先決條件。」

「什麼？」科斯托最愛看人一臉錯愕的反問他，這時他會很享受的扮演起睿智猶太教師的角色。只見他悠悠的祭出奧地利偉大經濟學家熊彼得。熊彼得熱愛開講的地點是——有維也納貴族沙龍之稱的蘭特曼咖啡館（Café Landtmann）。在經濟學史上，熊彼得是繼馬克思之後最受矚目的大師之一。他和馬克思一樣都認為資本主義的動力在於不斷的崩潰和創新，但這樣的過程不利於安逸。熊彼得雖是奧地利派的馬克思主義者（Austromaxist），西裝卻是在倫敦最高級的購物街薩佛街（Savil Row）上購買，除了位於維也納施徒德霍夫巷（Strudlhofgasse）內的住家外，他還在旁邊的阿斯托里亞大飯店（Hotel Astoria）長期租了間套房。

科斯托跟我這麼說過，熊彼得一生只研究**一個**問題：「為什麼歐洲人的生活水準從中世紀到法國大革命，這一整段時間都沒有改變，但在那之後卻出現了巨大的改善？熊彼得給的答案是：貴族的沒落。原本數百年來牢不可破的社會結構乃：百分之十的人過得很好，甚至奢華，但其餘的人卻只能勉強求生存。當封建社會崩潰、權力轉移到中產階級的手中後，社會便出現了爆炸性的發展，並且冒出一些前所未見的東西：競爭、企業家精神、勇於冒險。持續再分配變成了常態。昨天還是市場的主導者，明天很可能就破產了。所以，親愛的，反覆失敗乃資本主義的常態，否則社會將變得如槁木死灰。」

這番話由他這個一九二九年以來數度破產又東山再起的人說出來，真是極具說服力！

另一項同樣受他推崇的現代產物是銀行。每當我故意抬出〈約翰福音〉裡耶穌把兌換銀錢的人趕出殿去的故事來諷刺他，他就會抿嘴偷笑。他當然理解身為一個貧窮的沒落貴族，我為何會對銀行如此反感，但對大多數人而言，銀行的出現確實是一大福音。「你們這些貴族，百年來無需銀行也能過得很好。你們本來就擁有土地和資本。但對那些什麼也沒有、卻比你們有生意頭腦的人而言，世界開始變得有趣是在貸款機構和現代銀行出現之後。第一批在佛羅倫斯出現的銀行只借錢給擁有龐大土地或等值擔保品的人，真正讓情況變得有趣的是十九世紀的銀行。羅斯柴爾德家族（Die Rothschilds）是第一個把錢借給沒有擔保品、卻滿懷創意和點子的人。這時候的利息就像是為了補償銀行所承擔的風險而支付的費用。」

但現代銀行難道不是所有金融危機的始作俑者嗎？金融危機發生不正是因為銀行把錢借給根本負擔不起貸款的人嗎？貸款的取得是不是太容易了？我有時候會想，如果科斯托還在世，他對次級房貸風暴於二〇〇八年引起的全球金融危機會有什麼看法？一開始是金融機構有計畫的用非常優惠的條件，引誘那些不切實際且懷抱著建屋夢想的人來貸款（銀行內部戲稱這種人為「NINJAs」，也就是「沒收入〔No Income〕、沒工作〔No Jobs〕或資產〔Assets〕者」的縮寫）。後來他們設想出來的整個運作方式失靈了，並出現了可怕的骨牌效應，導致老牌銀行雷曼兄弟破產，以及全球數以百萬計的人失業。

科斯托對歐元又會有什麼看法呢？把歐元引進像希臘或葡萄牙這樣的國家，也許是美好信貸概念的一種誤用？畢竟，那些國家根本不具備足夠的信用資格，只因為它們是歐盟大家族的一員，竟然就讓它們享有與中歐模範國家相同的貸款條件。

今天如果我還能跟科斯托在慕尼黑新的舒曼酒吧見面，他肯定會——典型態彼得式的（支持不斷的崩潰和創新）——樂見老酒吧翻新。全新的舒曼酒吧既漂亮又寬敞。針對當前的金融危機，坐在我對面的科老會說什麼呢？他最愛揶揄那些把金融當科學的專家。（他說過：「你知道我認識多少股市專家嗎？那些特別會畫曲線、特別會計算的，最後都賠得一毛不剩！」）想在金融市場致富應該讀哲學系，而非數學系。「金融市場有它自己的邏輯，不是可以算得出來的。」金融危機印證了他所言不假。導致金融危機的新型態金融商品，例如所謂的房貸證券化，都是那些超級會算的人設計出來的。一開始看似運作完美，骨子裡窮哈哈的人也能從銀行裡借到錢去蓋房子。無論是在地銀行、華爾街的證券商，或向銀行整批買下貸款債權的全球性投資銀行，皆可從中牟利。這簡直就像金融煉金術。但唯有經濟上的基本條件維持平穩，一切才能正常運作，這些基本條件是：就業率、利率和房價。可惜事與願違，比方說二〇〇六年的底特律窮人區失業率早已悄悄上升，利率又大幅上揚，房價一路慘跌，但當時的放款金額卻高達十億美元。銀行呆帳隨即引發骨牌效應，首當其衝的受害者是美林證券。美林證券的創辦人查爾斯．美瑞爾（Charles E. Merrill，「一位真正的紳士」）還是科斯托的舊識呢……

但科斯托不會緬懷「美好的過去」。這不是他的風格。他喜歡嘲笑自詡為數學家的銀行家，但從不會看輕為了實現夢想而甘冒風險的人。說到這兒，他肯定又要搬出那則故事。那是他最愛講的軼聞之一：有個在華爾街投資致富的股市新貴超級有錢，有一天他吃完豐盛的午餐，正想抽根雪茄卻怎麼也點不著，忽然他發現菸草間夾了張很小的紙條，紙條上娟秀的字跡寫著：「親愛的先生！我名叫孔齊塔（Conchita），你現在抽的這根雪茄是我親手將菸草放在腿上，以滿滿的愛捲成的雪茄。享受這根雪茄時，希望你也能想到我！」

這張紙條深深的感動了這名股市新貴，他真的前往古巴千里尋佳人，人也真的被他找到了，他把女子帶回紐約，娶了她。女工孔齊塔搖身一變成了超級貴婦。

後遺症是：孔齊塔的故事在古巴廣為流傳，導致雪茄工廠一家接著一家倒閉。女工紛紛效法，將濫情的文字捲進雪茄裡，導致雪茄品質嚴重下降。原本上百家的雪茄工廠，到了二十世紀五〇年代只剩二十幾家。但這二十幾家在嚴格的品管下，反而生產出前所未見的優質雪茄。所以說，失敗乃成功之母，唯有失敗才能學得教訓，才能有所改進。所有的進步都奠基於失敗。下一波的打擊、下一次的金融危機勢必再度來襲，強度甚至可能前所未見。但不變的定律是：毀滅之後，必見新生。某人的不幸，很可能是另一個人的幸運。

話題6

恐怖懸案

年輕時人家告訴你的恐怖故事，不必全信。但可以記下來，因為緊張刺激的可怕故事永遠是聊天的最佳利器。沒什麼話題比一樁神祕的陳年懸案更吸引人。

為什麼？待會兒解釋給你聽。現在先讓我講個故事。這故事是我聊天時常搬出來的利器，歡迎讀者隨時取用。內容是我從幾個間接關係人那裡聽來的，所以特此申明，也許受他們的影響，我對這件事的看法有些不客觀。下面是根據他們的說詞所作的陳述：

約翰．賓漢（John Bingham）是英國一位愛爾蘭貴族。話說賓漢家族從來就不受人民愛戴，十九世紀中期愛爾蘭發生了大饑荒，作為領主的賓漢家族表現得冷漠又殘酷。即便在英國本土，此家族的名聲也不太好。在英國，賓漢家族讓人第一個想到的就是吃了痛苦的敗仗——其彆腳的作戰計畫、糟糕的指揮能力，害英軍在克里米亞戰爭中打了場慘烈的敗仗。約翰的一位祖先喬治．賓漢是第三代的魯肯伯爵（Lord Lucan），史上知名的輕騎兵敢死隊就是由他下令出戰的。如今仍廣為人知的詩作〈輕騎兵的衝鋒〉（Charge of the Light Brigade），就是描述這場自知必死的戰役。

此家族仰仗的雖是愛爾蘭的遼闊領地，選擇的住所卻是倫敦最美的切爾西（Chelsea）郊區，在那兒泰晤士河美景盡收眼底。約翰的父親據說是個令人敬畏的紳士，有錢，卻克勤克儉，且反宗教；就當時的英國社會而言乃極左派。一九四五年，這位魯肯伯爵獲得英國戰後第一任首相克萊門特．艾德禮（Clement Attlee）延攬，出任上議院的工黨黨團主席。戰時他曾是英國最古老和最有名的陸軍部隊冷溪衛隊第一營的指揮官。戰爭期間他因為妻子病重無法照顧孩子而將他們送往國外，生活起居全由保母照料。一開始他們住在威爾斯，後來又前往紐約，託付給一位富豪至交。戰後，十一歲的約翰和姊妹一起回到家鄉，當時的倫敦全然籠罩在荒蕪與貧困中。他們位於切恩街（Cheyne Row）上的房子也已毀於德軍對英國進行「閃電」轟炸時。相較之下，紐約公園大道的童年生活就顯得安逸優渥許多，但童年突然變得好遙遠。父親是個極為權威且勤儉的人，他們一家人開始在一個專為房屋被毀者臨時搭建的地方生活。父親頂著爵位與軍職，因此有很深的政治考量，始終奉行簡樸的生活。

我之所以把這些前因描述得如此仔細，乃因為這些事對約翰後來的心理狀態和行為有很大的影響。約翰的父親因心肌梗塞過世時，他二十九歲，繼承爵位成為第七代魯肯伯爵，並開始盡情彌補自己匱乏蒼白的少年時期。少了父親的管束，現在他可以盡情購買鍾愛的奧斯頓．馬丁（Aston Martin）超跑，盡情流連賽馬場、賭場。他也試過到倫敦一家銀行上班，但很快就放棄了。「我幹嘛去那兒上班？」他說，「我在亞士皮諾賭場一晚贏的錢，抵過銀行一年的薪資。」

約翰．亞士皮諾（John Aspinall）是城裡最豪華的賭場的老闆，但此人也以自然保育家之名享譽全球，他在肯特郡的豪列茲（Howlets）有座私人動物園，園裡的猩猩吃的是每天由專機送達的新鮮芒果和木瓜，老虎吃的則是頂級牛肉。我曾多次造訪豪列茲，但那裡招待人的只有湯和隔夜麵包。約翰．亞士皮諾在二〇〇〇年過世，我姊姊馬雅跟他非常要好。有關賓漢的事我主要是從他那裡聽來的，另外則是從他那批號稱「亞士幫」的朋友和家臣。約翰．賓漢犯下懸案的時間點，正是他和迷人且充滿魅力的亞士皮諾交好的那段日子。

約翰．賓漢後來賭博成癮，堪稱亞士皮諾賭場裡的頂級大戶，他最愛賭的是百家樂。以〇〇七小說聞名於世的英國作家伊恩．佛萊明（Ian Fleming）曾提過，賓漢在法國勒圖凱（Le Touquet）一家賭場內玩百家樂大贏了二萬六千英鎊（換算成台幣約一百二十多萬），而且是一晚就贏這麼多。佛萊明當場對高大挺拔且頗具世界觀的賓漢印象深刻，後來便以他為原型創造了詹姆士．龐德。佛萊明的第一本〇〇七小說《皇家夜總會》一開場就是法國海濱浴場旁引人入勝的百家樂賭局。

一如所有賭徒的下場，賓漢最後也輸得精光。賓漢三十歲娶小他三歲的模特兒維羅妮卡．鄧肯（Veronica Duncan）時已債台高築，全歐洲的朋友無一不是他的債主。要償還這些賭債唯一的辦法就是變賣祖產。但賓漢揮霍祖產的方式，就當時英國的社會情況而言原本就令人咋舌，比方說為了短程旅行，無論是去巴黎市郊的隆尚（Longchamps）賽馬場看馬賽，或是去蒙地卡羅的賭場過一夜，他都會租用私人飛機——這樣的行為就當時而言根本是不可思議的豪奢。分析當時的時代背景，賓漢的行為方式不只奢侈浪費，同時還展現出一種對周遭無動於衷的冷漠（我在此特別指出這一點是因為，這對了解賓漢這個人相當重要）。

賓漢故事的最高潮，也就是悲劇發生的時間點是一九七四年，當時的英國社會正處於極度動盪的狀態。失業問題嚴重，加上大規模罷工，倫敦街頭堆滿了無人清理的垃圾，殯葬業者罷工導致往生者無法下葬，醫院因停電必須疏散病人，匯市裡英鎊持續重挫，街頭械鬥隨處可見，北部礦工也持續進行抗爭。約翰．賓漢無視當時的社會情況，無所不用其極的揮霍百年家業。他和維羅妮卡此時已有三個孩子，老大法蘭西絲十歲，老二喬治七歲，最小的卡蜜拉四歲。信託基金支付給他的錢早已不敷使用，債務也不知是所得的多少倍了。原本的偶爾小酌，現在也變成了常態性的酗酒。維羅妮卡生完老么後罹患了憂鬱症，據那批「亞士幫」的朋友說，她對丈夫的占有欲極強。她忌妒的對象不只是女人——她忌妒約翰的朋友、律師、理財專員，甚至賭場的侍者——舉凡跟約翰有接觸的人她都忌妒。

可以確定的是，酗酒的賓漢和深受憂鬱症所苦的維羅妮卡，兩人的婚姻到了一九七四年已經水火不容。據說維羅妮卡逼迫賓漢搬出他們位於號稱外交官豪宅區的貝爾格萊維亞區（Belgravia）的家。她開始單獨帶著孩子生活，賓漢則搬到離原本住家只有幾分鐘路程的兩房公寓。據賓漢的朋友轉述，維羅妮卡總是利用三個孩子威脅賓漢，卻又不讓他見孩子。根據法庭的筆錄，賓漢對付妻子的工具則是錢。賓漢每個月給妻子生活費，並支付保母的錢。後來他開始拒付，甚至連哈洛德百貨公司的帳單都不付了——百貨公司的美食部每天中午會將精緻佳餚送到他們下貝爾格萊夫街（Lower Belgrave Street）的家。賓漢不斷軟硬兼施，時而懇求、時而威脅，希望妻子讓他見孩子一面，只可惜不管用。維羅妮卡開始兼差賺錢，並向姊妹淘們借錢。賓漢在無計可施的情況下只好訴諸法律。他告訴法官維羅妮卡不能為自己的行為負責，希望藉此讓妻子喪失監護權。「維羅妮卡患有精神疾病，」賓漢的朋友出庭作證，「孩子留在她身邊很危險。」可惜法官不這麼認為。那場監護權官司的筆錄記載著：過去的僕人出庭作證，賓漢多次對妻子施暴，有一次甚至把她推下樓梯。最後法官宣判維羅妮卡單獨獲得孩子的監護權，賓漢只能偶爾探視。

至於後來的命案，根據賓漢朋友的轉述大致如下：一九七四年十一月七日，當晚賓漢潛入自己家中，他先去到地下室拆掉燈泡，然後躲在廚房門後，手持暖氣管，等到妻子下樓來泡茶時便伺機攻擊她。可惜一時不察，賓漢擊斃的並非妻子，而是孩子的保母。

隔天約翰・賓漢不見了。接下來每隔幾年就有人說看見了魯肯伯爵，那些說法就像尼斯湖水怪傳說的翻版。一下子有人說在印度果阿省見到了賓漢，一下子又是南美叢林，過幾年又是非洲某處。「他畏罪潛逃」幾乎成了英國社會對此懸案的官方說法。直到今天，畏罪潛逃依舊是魯肯伯爵之所以失蹤的最佳解釋。二〇〇〇年，約翰．亞士皮諾在過世前罕見的接受採訪，並提到好友犯了謀殺罪後因錯殺而心存愧疚，只能選擇銷聲匿跡。後來魯肯伯爵是怎麼過世的？這一點亞士皮諾堅不透露。數年後，亞士皮諾的一位家臣喝多了之後跟我說了這樣的一個版本：亞士皮諾的至交英國巨富吉米．戈德史密斯（Jimmy Goldsmith）雖然不喜歡賓漢，但基於與亞士皮諾的交情和義氣，還是幫他藏匿賓漢好一段時間。後來賓漢選擇回到豪列茲找亞士皮諾，並且在那裡舉槍自盡。為了不留痕跡，亞士皮諾將他的屍首餵了動物園裡的老虎。

直到今天，這件事在倫敦警察廳都尚未結案。因為沒有找到屍體，所以無法開具死亡證明。官方至今不願證實約翰．賓漢已死，但他的兒子喬治．賓漢已繼承爵位，成為第八代魯肯伯爵。我曾在倫敦的一場晚宴上遇到過喬治——他完全不親切，這點你必須體諒他。畢竟伴隨他成長的傳聞實在太過悲傷。據說他跟母親完全不來往，姊妹跟母親也完全沒聯絡，大姊法蘭西絲結婚時甚至沒邀母親出席。

故事說到這裡就算結束了。閒聊時談到這則故事，可有效滿足大家對殘暴和偷窺的欲望。當然，你也可純粹將這個故事當作一則經典案例來描述，畢竟三分之二的凶殺案都導因於不幸的男女關係——問題常出在伴侶間的互不相讓或角力。另外就是，本案的男主角賓漢完全吻合法醫教科書上危險分子的特徵：童年缺乏愛或受過冷酷對待，導致長大後缺乏同理心、同情心，甚至發展出自戀的障礙型人格特質；幼時的不當管教，導致他在道德和倫理上出現觀念偏差；行為上則偏好反社會行為。其實亞士皮諾圈子裡的那些人，幾乎都跟外界相當疏離且無視於律法。如果把賓漢的酗酒問題再加上來，他真的就符合教科書裡不折不扣的凶手形象了。根據這樣的分析，倘若賓漢沒有犯下殺人凶案，那才真的是法醫學上的奇蹟！

不過，當真每件凶案都能像法醫學的分析一樣，清楚羅列科學解釋？甚至能精算出嫌犯的犯罪機率？真的存在著迫使凶嫌不得不犯案的生物學原因或體質？

德國當代大腦專家沃夫．辛格爾（Wolf Singer）和格哈德．羅特（Gerhard Roth）確實都這麼主張（雖然程度上有些差異），他們否認了自由意志的參與，將犯罪全然歸咎為神經學上的強迫行為。從十九世紀開始，將「邪惡」歸因於疾病成了一種流行。最有名的例子當屬義大利醫生切薩雷．龍勃羅梭（Cesare Lombroso）。起因是他曾為一名連續殺人犯做檢查，發現那人的頭殼異於常人，於是他突發奇想，希望為「邪惡」找出生物學上的具體原因。後來他毅然決然辭掉外科醫師工作，開始遍訪各個監獄，企圖找出罪犯們共同的外在特徵。後來他的理論甚至成為納粹種族主義的理論基礎，並且直到今天都還具有一定的影響力。

一九六三年芝加哥發生了一樁轟動全球的凶案，理查．史派克（Richard Speck）闖入護士宿舍，性侵並殺害了八名護士。後來他接受了詳細的醫學檢查，據說他比一般人多了一個Y染色體。學術界（當然包括醫學界）對此發現欣喜若狂，認為應該是找到「凶手基因」了。後來當德國左派激進分子烏爾麗克・梅茵霍夫（Ulrike Meinhof）自殺後——她原本是名優秀的記者，但後來投身左翼游擊隊並創建了赤軍旅（RAF）——法醫在她腦中的殼核（Putamen）區域發現腫瘤，類似的看法再度甚囂塵上。很長一段時間都有人主張：腦中的杏仁核（Amygdaloid）或眼眶額葉皮質（orbitofrontal Cortex）就是主掌人類惡行的「邪惡區域」。

針對這些荒謬的生物學見解，奧地利知名心理醫師及神經科學專家萊恩哈德・哈勒（Reinhard Haller）藉一則笑話諷刺道：「一名被告對法官說：『是的，我承認事情是我做的，但我身不由己啊，因為我的眼眶額葉皮質功能出了問題。』法官回答：『那麼我當庭宣判你無罪，但我們必須判你的眼眶額葉皮質五年有期徒刑。』」

哈勒醫師認為不該普遍的去預設罪犯可能患有生理或心理上的疾病，這種作法根本是錯的：「許多真正罹患心理疾病的人反而沒那麼危險。」將犯罪行為推給疾病、變態或外因，這樣的趨勢之所以盛行，乃因它能帶給社會大眾一種舒適感。換言之，它有助於我們逃避及漠視自己的劣根性。

哈勒醫師在一場演講中指出另一項更令我們害怕的事實：其實我們每個人都有殘酷的一

面。他以美國知名心理學家斯坦利．米爾格倫（Stanley Milgram）的實驗為例。這項實驗的目的在於測試：一般人在面對權威時，倘若權威者下達違背良心的命令，有多少人會服從？有名的米爾格倫實驗最後證明了大部分的人都會願意服從，更準確來說是：當受試者被賦予施虐的權力時，有三分之二的人會殘酷的執行任務。哈勒醫師接著又提到安樂死的爭議，並敘述了一件發生於納粹時期的事：在一場大型的心理學會議上，精神科醫師被賦予一項可怕任務，亦即協助當局以安樂死的方式謀殺患有精神病的人。「所有與會者一聽都非常震驚，」哈勒醫師說，「但一位荷蘭醫師隨即發言，並簡介了他們國家安樂死的作法，接著甚至有點義正詞嚴的申論了安樂死的必要性，並引用經濟學上的道理。根據他的算法，照顧一個精神病重症患者的費用足以補貼一對年輕的夫妻購屋。」哈勒醫師說，在場的人雖然大多對荷蘭同事的論點感到驚訝，卻毫無困難的接受了。「坦白講，我實在很難把心理學和經濟學放在一起相提並論，」哈勒醫師說，「但這個故事告訴我們，人一旦被賦予施暴的權力是多麼危險的事，尤其是很學術性的披著經濟學的理性外衣時。」

「邪惡？我們每個人都是。」一位貴賓在我十八歲的生日派對上這麼說，他的出席令我備感榮幸。幾杯黃湯下肚後，他侃侃而談，此人乃二十世紀最傑出的瑞士作家之一弗里德里西．迪倫馬特（Friedrich Dürrenmatt）。那天我趁機問他，為什麼大家都愛看恐怖小說和偵探小說？迪倫馬特回答：因為每個人都有他的陰暗面。最糟的是我們都不肯承認。恐怖小說或偵探小說給了我們一個機會，讓我們得以拉開距離面對自己的劣根性。

話題7 豪華飯店

我有一堆親戚在家道中落後投入飯店業。這些人都經歷過貴族的全盛時期，如今飯店業自然而然成了他們的棲身之處。戰後，貴族失去了很多，但未曾或忘的是如何待客、如何讓人賓至如歸、餐巾該怎麼摺、茶該怎麼上，身為貴族的我們對此瞭若指掌。可惜只是精於此道賺不了錢，所以我們開始跟著社會大眾一起輪班。這個行業對我們充滿魅力。一個人的工作若能與興趣結合乃一大樂事。但凡事都有缺點，例如：當你得一再卑躬屈膝的向中國土豪拜託：別在精美的地毯上隨地大小便；或得不斷陪小心的跟阿拉伯王子說：請不要不爽就對侍者動粗，這種行為在我們這兒會引起公憤。

眉飛色舞的談論投宿豪華飯店的經驗乃社交手腕之一，很容易就能讓人對你另眼相看。但這麼做實在招搖，所以我的建議是：如果要聊豪華飯店，最好從負面角度切入。比方說，不經意的提及近來飯店業真是惡名昭彰。身為記者，身為媒體的一份子，雖然我們的名聲也好不到哪裡去，卻有資格說：飯店業者的形象，無論是在歷史上或文學上都比記者差。例如，《聖經》裡旅店老闆的形象就很差，不信你看看馬利亞和約瑟在找地方投宿時的窘境就知道了。

嚴格來講，大都市的豪華飯店無異於宮廷級妓院。一位和我相熟的飯店經理——此人是全歐最負盛名的飯店經理之一（在此不便透露他的姓名，否則一定會被他K）——曾這麼剖析給我聽：每十個來飯店投宿的男客，就有八個一到外地或脫離老婆的魔掌後，立刻想召妓。對那些高級妓女而言，豪華大飯店便成了兵家必爭之地。飯店也因此成了寂寞又有經濟能力的男客能最快寬衣解帶的聖地。

想挖掘飯店祕辛，想知道發生在飯店裡的大小事，當然得問對飯店無所不知的「那個人」。他知道飯店的每扇出入口，而且**不只知道**這些。他還知道劇院的票全數賣完後，哪裡能弄到珍貴的包廂票。他知道凌晨三點上哪兒買事後避孕藥，知道在城裡最熱門的餐廳訂位（而且是周末夜！）得賄賂誰（當然「**他**」你也得一併賄賂！）。他知道哪裡可以租到私人飛機，知道怎麼召男妓，知道如何替你跟最棒的整形醫師約打肉毒桿菌的特別門診。他就是——飯店門房（或大廳服務員）！

擁有最好門房的飯店，才配稱作當地最好的飯店。那些領子上別著金鑰匙別針的服務員（有此別針就代表他們是經「國際旅館金鑰匙協會」認證的服務人員）能為你打開城裡的每一扇門。如果你真想討好飯店裡的頂尖服務員，就賦予他一項超級任務，並允諾將會提供豐厚小費吧！例如，你可以告訴他昨天清潔人員收拾房間時，不小心把你擱在地上的重要文件當垃圾給扔了。優秀的客服員會立刻查出文件的最終去處，並派遣飯店裡最機伶的小弟到垃圾山把它挖出來，然後把文件完璧歸趙（或至少將殘骸送還給你）。但一流的飯店客服員絕對、絕對、絕對不會將別人的祕密洩露給你。他們是世上嘴巴最緊的人。這些資深飯店人年輕時大多當過跑腿小弟，然後一步步往上爬。過程中他們**什麼**都見過、**什麼**都聽過，再不可思議的人性弱點都見識過，而且：他們早就是城裡的高收入族群。他們幫客人的每個忙、告訴客人的每項資訊，都能為他們賺進豐厚小費。一流的大廳服務員光是小費和封口費，一個月就高達數千歐元。要從他們嘴裡問出別人的祕密，難度之高媲美從教宗口中套出別人的告解內容。

想打聽祕辛，最佳的消息來源是清潔婦。一想到清潔婦就讓人聯想到跪在地下室中央廚房裡用力刷地板的可憐外勞，唉，清潔婦真是飯店裡最令人同情的一群。你絕無法想像她們每天看見的事——她們目睹了客人最多的私密和隱晦，卻常拿不到半分小費。自從我一個表姊告訴我多年前她在飯店任清潔工時見識過的祕辛——現在她已經在世上某個遙遠角落飛黃騰達了——我退房前一定整理好房間，至少把床鋪弄乾淨，並在枕頭上整整齊齊的擺上小費。清潔婦司空見慣的場面有淹水的浴室、大剌剌留下的吸毒證據、被保險套塞住的馬桶。

此外，表姊還指名道姓的告訴我：某個東歐望族在客房內烤羊排；某搖滾巨星把絲綢窗簾扯下來擦屁股；某顯赫家族的孩子在房裡吐得一塌糊塗後，厚顏無恥的掛出「請打掃」的牌子，然後若無其事的面帶微笑去吃早餐——這所有的惡行惡狀全沒給清潔人員一毛小費。飯店客人習慣把所有沒用螺絲拴緊的東西通通帶回家，此一惡習不必我多說相信已眾所皆知。位於德國杜塞爾多夫、歷史悠久的布萊登巴赫酒店（Breidenbacher Hof）素來以走廊上和房間內懸掛多幅藝術真跡聞名，最後還是敵不過旅客的偷竊癖，被迫將真跡通通換成廉價贗品。

嚴格來講，把大飯店稱作豪華飯店並不恰當。因為真正豪華的是：到了陌生城市有朋友款待，可以住朋友家。住飯店是退而求其次。以前這是常態。就文化史的角度來看，旅行要稱得上豪華，就得當地有親戚或朋友的豪宅或宮殿可住。在飯店尚未出現的年代，人們唯一能投宿的地方是：走廊上有廁所或簡易盥洗台的陽春旅館。到了十九世紀末，情況才有了改善：旅館成了飯店，旅館老闆成了飯店業者。飯店業者後來朝迎合有錢人和貴族的方向經營，但這整個演變過程是非常緩慢的。即便到了二十世紀初，全球最昂貴的旅館還是沒有附衛浴設備的套房。

一九〇〇年，飯店業的傳奇人物凱撒．麗池（César Ritz）在位於巴黎凡登廣場旁的飯店裡首創附衛浴的套房，轟動全球。若沒有凱撒．麗池這個來自瑞士瓦萊州、下瓦爾鎮塞倫村五十四號的農家小孩發想出高級飯店，恐怕現在到外地投宿仍是樁苦差事。麗池在商業飯店界做出的革命性創舉，就像普朗克（Max Planck）為物理界提出了量子力學一樣。直到今天巴黎的麗池酒店仍是業界典範；在這間飯店裡**沒有**他們辦不到的服務。客人跟他們要駱駝，他們不會提蠢問題，只會針對駱駝探詢：「是的，先生，但您是要充當交通工具，讓我先幫您牽到飯店門前，還是要享用美食，今晚讓我為您準備炭烤駝排？」凱撒．麗池在巔峰時期一共統領了十間飯店，可惜後來他破產了，人生最後十五年只能窩在瑞士屈斯納赫特（Küssnacht）一家醫院裡，並於一九一八年過世。幸好，其徒子徒孫於全世界開枝散葉，將其傑出的待客之道發揚光大。

拜凱撒．麗池和眾弟子的苦心經營，貴族也漸漸接受了下榻飯店這件事。但一開始只限於特定的度假勝地，例如瑞士的山上或溫泉勝地，因為在這些新興的旅遊勝地，貴族還沒有親戚家可住，只能跟一般的有錢人擠飯店。大飯店的時代於焉來臨。直到今天，只有少數幾家飯店稱得上高級，它們的始祖更是唯一一家配稱豪華的飯店：捷克卡羅維瓦利的普普大飯店（Grandhotel Pupp）！美國導演魏斯．安德森（Wes Anderson）以它為原型構想出電影《歡迎來到布達佩斯大飯店》，詹姆斯．龐德系列電影之一的《皇家夜總會》也是以它為背景。另外就是巴德呂特宮殿飯店（Badrutt's Palace Hotel），它位於瑞士恩佳丁山區的度假勝地聖莫里茨（St. Moritz），一向深受王公貴族和有錢人青睞。法國文豪路易斯．費迪南．賽林（Louis-Ferdinand Céline）則是對巴登巴登的布萊納溫泉飯店（Brenner's）讚譽有加，他說即便在最困頓的戰時，他們的服務也毫無缺點。（「前線有七處正在交戰，海上也打得如火如荼，卻阻止不了他們繼續供應魚子醬。」）令人慶幸又感到不可思議的是，這三家飯店竟還繼續維持著它們的一貫特色！

溫泉區和山上的那些經典飯店，是地中海度假勝地里維埃拉（Riviera）和各大城市的觀光飯店應該效法的榜樣。但別忘了，「美好的過去」其實才過去沒多久。因為大飯店的那段輝煌史並沒有持續太久。「曾經，那些飯店是那麼的摩登，那麼的氣派，所有的房間都供電，都裝了電話，飯店裡有偌大的舞池，要上樓有電梯，連洛克斐勒家族和皇室看了都嘖嘖稱奇、讚嘆不已。但隨著二戰爆發，世界進入黑暗期，飯店業的輝煌史也畫下句點。」羅馬精品酒店（Excelsior）的傳奇門房華特．法拉利（Walter Ferrari）曾告訴我，大戰爆發前他只是個小服務生。「大飯店的輝煌時期只維持了三十多年，」他細數給我聽，「戰爭爆發前十年，然後是一九五〇年之後的二十年，那時歐洲終於走出戰爭的陰霾，開始進入創造經濟奇蹟的階段。一九七〇年我成為資深門房，有幸見證飯店業最後的美好時光。但到了八〇年代，大飯店的輝煌史就畫下了句點。」

接著，大眾旅遊的時代正式來臨。大型集團開始爭先恐後的投資飯店業。結果就是：不管你去到哪兒，高檔飯店的房間都長得一模一樣。在科隆醒來看見的，和在京都、開普敦看見的並無二致。具特色、獨立經營的旅館變得屈指可數，且迅速消失中。剛才提到的羅馬精品酒店在義大利名導演費里尼（Fellini）拍攝其代表作《甜蜜的生活》（*La Dolce Vita*）時，還是「甜蜜生活」的同義詞，如今卻已被美國喜達屋集團（Starwood-Gruppe）納入旗下。此集團在全球擁有數千家旅館，總房數超過三十萬。飯店業最響亮的品牌「麗池」也早被萬豪國際集團（Marriott-International-Konzern）買下，該集團的業務從汽車旅館、廉價旅館，到最高檔的精品酒店，只要跟住宿有關的，無一不足。入住萬豪集團旗下的第一品牌麗池卡爾登酒店（Ritz-Carlton），你很難不被它的金碧輝煌所震懾：光可鑑人的櫻桃木裝潢、豪華地毯，以及由無數施華洛世奇水晶打造成的大型吊燈。來自美國馬里蘭的小商人一踏進去就忍不住喟嘆：「簡直媲美皇宮！」其實更正確的說法是，媲美八〇年代阿拉伯暴發戶的恐怖品味。雖然麗池酒店位於巴黎的原始老店仍為私人產業，但持有者的品味顯然也不怎麼可靠——此人就是神祕的埃及富商穆罕默德．法耶茲（Mohamed Al-Fayed，他兒子和黛安娜王妃一起命喪車禍）。

最近又開始流行「復古」：除了去溫泉區和山區外，旅遊行家已經不流行住飯店，而是住朋友家。更時髦的則是透過網路借住網友家或短期的互換住所。不想這麼麻煩也可以投宿樸實又平價的設計師旅館「Motel One」或「25hours」，近來這種連鎖旅館在各大城市突然大受歡迎，房間雖小卻裝潢得極具現代感，並提供免費無線上網。不過旅客通常不會把時間浪費在房間裡，而是到下面的交誼廳或上街逛逛。就連去海邊旅遊，投宿傳統飯店也已經落伍了，除非你想跟一堆俄國佬、中國遊客一起搶吃自助早餐，或爭先恐後的下水游泳。許多人開始選擇找朋友合租度假別墅，有錢的租獨棟，更有錢的乾脆把郵輪停到近海或開到海中遨遊，以避免受人干擾。

派對上，如果你聽到又有人在對「豪華飯店」大放厥詞（說他剛帶情婦去度假的飯店有多棒），別生氣，治這種人的最好辦法就是以其人之道還治其人之身，他擺譜你就比他更會擺譜。我曾問過德國知名戰地記者彼得・紹耳・拉圖爾（Peter Scholl-Latour）最喜歡哪間飯店，他一臉懷念的說是西貢（今胡志明市）的大陸酒店（Continental）。他懷念那裡的破舊床鋪，懷念中印戰爭期間戰地記者一起開懷暢飲、酩酊大醉的豪情。說完他話鋒一轉，開始抱怨：「現在的飯店只在乎乾淨和禮貌，重新裝潢後整間飯店變得毫無特色。」拉圖爾無比感概的說：「許多人認為功能強大的空調，遠比歷史文化所形成的情感來得重要。」

那到底還找不找得到風格獨具、古色古香，雖沒落卻仍保留飯店業興起前那股迷人風采的旅館呢？直到幾年前，識途老馬到了柏林還喜歡投宿「花神旅館」（Pension Florian，地址：Giesebrechtstrasse 11）。旅館主人的祖母曾在這裡經營「凱蒂沙龍」（Salon Kitty），也就是史上知名的傳奇妓院，那裡曾是納粹重要的情報站兼間諜中心。但二十世紀九〇年代凱蒂的孫子終究還是把旅館關了。老顧客轉而投宿離它不遠的波哥大酒店（Hotel Bogota），這裡曾是已故攝影大師漢姆特・紐頓（Helmut Newton）的最愛。可惜這間飯店也歇業了。紐約的切爾西旅館（Chelsea Hotel）曾是紐約最具人文氣息的藝術家旅館，如今也改弦易轍為大眾飯店了。位於巴黎拉丁區、同樣深具傳奇色彩的「節奏旅館」（Beat Hotel），曾是美國垮掉的一代代表人物金斯伯格（Allen Ginsberg）第一次體驗ＬＳＤ迷幻藥旅程的聖地，更是威廉·布洛斯（William Burroughs）寫出《裸體午餐》的地點，如今同樣走入歷史；原址現在改建成富麗堂皇的四星級飯店Le Relais de Vieux Paris。

那我們到底還剩下什麼？剩下教訓：唯有失去才知珍貴。幸好我的作家朋友克里斯提昂·克拉赫特仍提供了不錯的建議。有次我問他他最喜歡哪間旅館？他說喜馬拉雅山上，過去木斯唐（Mustang）王國境內有一間「經營得很棒的民宿」：尼泊爾的「紅屋」（Red Haus）。在那兒過一夜只要一歐元。不過訂房相當困難，因為那裡沒電話也沒網路。

話題8

現代藝術

這話題其實早已過時。至少對那些自認為前衛、在社交場合非表現得比別人優秀的傢伙而言，這話題早就過時了。所以，以新興的電子音樂廠牌鐵克諾（Techno-Label）專家或虛擬實境遊戲高手自居或許比較明智。過去這幾十年，若想標榜自己很叛逆，想炫耀自己走在時代尖端、是人類先驅，能精準掌握最新潮流和世界精神，就得以現代藝術的愛好者自居。可惜自然界不變的定律是：沒人可以永遠當先驅。不管你願不願意，先驅總有一天得回歸成平凡的社會中堅。

不過好處是，現代藝術也會跟著歸於平凡，變成每個人都能聊的話題，甚至是每個人**都得會聊**的話題。當這串名字——赫斯特、昆斯、村上隆、利希特、巴斯奇亞、基弗——冒出來時，你總得跟著說兩句吧！但千萬別一副內行人的傲慢嘴臉，也不要擺出不屑藝術的清高模樣。最好中庸一點，說些誰都不得罪的話！

「什麼，新表現主義藝術家喬治·巴塞利茲（Georg Baselitz）的最新個展你還沒去看？真是棒得無以復加！」肯定是，肯定棒透了。「他的作品超越了時代，是不朽的！」沒錯，他一向如此。「光是他敢對抗主流，就讓人覺得他好了不起！」這時不必再搭話，一臉誠懇的點頭即可。「告訴你，他在西柏林舉辦的第一場個展，驚世駭俗到簡直媲美醜聞，警察都趕到了，當場沒收了他好幾幅畫。」聊到這裡如果你也想充一下專家，想炫耀一下自己的博學多聞，於是口無遮攔的告訴對方：這段歷史並非事實，隨便搜尋一下就能在任何一條（真的是每一條喔！）巴塞利茲的資訊底下讀到那不過是畫廊的行銷手法；畫廊故意把它搞得像醜聞一樣，並通知媒體來採訪。此話一出你就違背了聊天的基本原則：避免衝突、營造和諧！你得知道，現代藝術對很多人來講是珍藏於心的一塊淨土，神聖到具有宗教意義，所以在社交場合聊現代藝術千萬別挑起爭端。

但怎麼樣才能把「現代藝術」這個地雷般的必聊話題，轉換成輕鬆愉快的聊天主題呢？有個方法萬無一失，乾脆抛出大哉問：到底什麼是現代藝術？現代藝術到底要多**現代**才稱得上是現代藝術？這問題可沒那麼好答！當初洛可可也被冠上過「現代風」，德國青年風格甚至被英國人和法國人稱之為「新藝術」。如果我們在教科書上將二十世紀的藝術統稱為「現代」、「經典現代」或「後現代」，那麼將來我們的孩子要怎麼稱呼他們那個時代的藝術呢？其實我們很難將一九〇〇年之後的所有藝術都稱為現代藝術，在「現代」這個名詞下還有無數分支。「現代藝術」此名稱之所以出現會不會是因為：我們自知在它之後已沒有新東西能出現了？藝術發展已經到頂，再沒有接下去的新頁？美國文學雜誌《n+1》的創辦人之一，流行文化觀察家馬克・格雷夫（Mark Greif）在他的散文集《當機》（*Bluescreen*）中提到：「每當我問自己人類文明是不是已經走到窮途末路……我就不得不——相當有助於釐清的——想到藝術發展確實已經走到窮途末路。」他舉音樂上的簡約主義和建築上的野獸派為例（「突兀的鋼筋水泥讓人不想在裡面久住，真的住進去也大概活不了多久。」），最後他的結論是：在這麼發展下去，「沒有後續」是必然的後果。

嗯，既然藝術已經走到窮途末路，接下去要怎麼創作？再聳動的手法都有失靈的一天。想超越達達主義在二十世紀達到的誇張和極端程度恐怕很難。達達主義者甚至宣告藝術已「完」，因為一切技術已達到頂端，所有的爐火純青與登峰造極都屬昨日功勳。他們以未來主義者之姿宣告只有科技能創造新藝術，除此之外全是老套，「跑車……遠比古希臘勝利女神像還要美。」一九一七年杜象（Marcel Duchamp）把一個日常生活中的小便盆當作藝術品在紐約一場「非展覽」中展出時，此風潮達到巔峰。諷刺的是，今天仍有許多博物館和美術館把這便盆的複製品當作現代藝術的代表作展出。

接下來還能玩出什麼更誇張的花樣？達達主義宣判了藝術之死。那年是一九一七年。接下來的一百年裡，我們當真只能抱著藝術的遺骸緬懷嗎？能展出的東西當真只剩現成物、裝置藝術、行動藝術、偶發藝術、塗鴉藝術、概念藝術和大型卡通人物，或泡在福馬林裡的動物屍體嗎？是啊，這些東西確實精采，確實可製造話題和帶來震撼，甚至挑釁意味十足，但跟一九一七年達達主義達到的效果相比，全稱不上新穎。久而久之，大家就會對這些誇張手法和出人意表感到麻痺，甚至完全沒反應了。然後呢？德國評論大師古斯塔夫・塞伯特（Gustav Seibt）有感而發的說：那些東西將被打回原形，不過是「發臭的動物屍體、英國的照片、貧民窟的音樂、被請進博物館裡的真人版流浪漢、遙控器的選台紀錄、每個人家裡都有的垃圾……」是不是任何能表達挑釁意味的東西都算現代藝術？甚至只要創作者具挑釁意願就算？總之，只要能刺激我們思考、動搖我們原本的世界觀的東西就算是現代藝術？最近我在推特上看見一則發文：「藝術＝這個我也會，只是我不敢這麼做。」但其實沒這麼簡單。

好啦，換你上場，這時正好幫一知半解的社交圈提供點獨到見解。你可以說：自早期文藝復興以降，亦即十三世紀義大利畫家契馬布埃（Cimabue）和喬托（Giotto）之後所有的藝術，基本上全都屬現代藝術。大家一聽肯定錯愕，這時你一定要充滿自信、義正詞嚴的說：因為歐洲藝術在那之後未曾發生過更劇烈、更徹底的變革。文藝復興之初，藝術家開始從教會的約束中解放出來，不再一味遵循教會規範的聖像創作方式，他們開始覺醒，開始意識到自己的藝術家人格，開始在作品上冠上作者的名字，藝術不再只為服務宗教、服務神，藝術家不再無名無姓，此刻起他們有了自己的身分：藝術家。

現代藝術發軔於「自由創作」的興起。其他時間點——你說話的語氣一定要斬釘截鐵——全都是胡說八道。拜占庭文化中的繪畫根本不算藝術。無論是聖像或壁畫，都是在嚴格規範下為文盲而繪的《聖經》內容。當時的繪畫旨在傳福音：字看不懂那就看畫吧！繪畫訴說的是神要告訴世人的真相。繪畫形式旨在表達「描繪的侷限性」。這樣的畫法，其實並不像一般人認為的，是繪者能力不足造成。技術上，十三世紀的偉大工匠早已具備畫透視法和讓每幅聖像各具特色的能力。是他們故意把聖像畫成那樣的，故意偏離古希臘的繪畫傳統和技法。但後來那些技法還是將文藝復興的藝術推向了高峰。

要定義什麼是現代藝術，就得先確認藝術開始反抗宗教的時間點。一開始當然不明顯。文藝復興初期的畫家還都是非常虔誠的教徒。如果有人向其代表人物弗拉·安傑利科（Fra Angelico, 1395-1455）自稱是改革者，他肯定會跟那個人拚命。但從他和他同時代的畫家開始，藝術家不再只是神謙卑的僕人，不再只是工匠，而是高明的「導演」：他們用**自己的**方式演繹教會的福音，用自己的創意增添作品的精采度。

於是，繪畫從教會的掌控中解放出來，主題也不再侷限於宗教。藝術家開始描繪現實生活觀察到的一切，繪畫漸漸成為藝術的代名詞。畫家開始有意識的展現出自己的獨特筆觸，聚焦感官企圖玩出各種花樣。印象派重視視覺，想捕捉親眼所見。表現主義不管眼見，只畫感覺。一九一〇年，挪威表現主義大師愛德華·孟克（Edvard Munch）想必痛苦萬分，所以將內在感受形之於外的《吶喊》才能問世。接著登場的是畢卡索和布拉克（Braque）的多角度透視法，以及運用日常材料進行的實驗創作。一九一五年，俄國大師馬列維奇（Malewitsch）推出了《白底上的黑色方塊》，荷蘭畫家蒙德里安（Mondrian）在數年後跟著展出簡單的幾何圖形，一路發展下來，無怪乎會有未來主義和達達主義的集大成，並走向窮途末路。此後，能被稱為藝術品的只剩工業化大量生產的物件。在杜象把街上購得的小便盆取名《噴泉》放到各大博物館展出後，再沒人能端出更極端的作品了。

此後的藝術創作主要在重複和追隨過去的這些作法，但其中當然還是有傑出的大師。例如藉學術傳單直接把理論化身為藝術品的博伊斯（Beuys），或活躍於戰後十年的抽象表現主義者，或將通俗文化精緻化的普普藝術家安迪・沃荷（Andy Warhol），或凱斯・哈林（Keith Haring），以及尚・米榭・巴斯奇亞（Jean-Michel Basquiat）的塗鴉藝術，還有安塞姆・基弗（Anselm Kiefer）的末日景色，這些作品就像是在藝術史畫下句點前，對藝術所作的最後重量級評論。然而，再多評論也有說完的一天。

我可說是親身經歷這樣的藝術發展，並一度成為其中的一項作品——我沒說錯，真的是「作品」。那是我經歷過最震撼、最終極的一次藝術宣言。那次的展出是在我姊夫暨藝品收藏家弗里德里希・克里斯提昂（Friedrich Christian，暱稱「米克」〔Mick〕）的家中。他的豪宅位於瑞士德施塔德（Gstaad）度假區山上，規劃展覽的是知名的瑞士視頻藝術家皮皮洛蒂・瑞斯特（Pipilotti Rist）。那次展出的主要設備是一個螢幕。螢幕架在米克家的廁所裡——客人專用的廁所。客人一坐到馬桶上就會發現衛生紙旁放著一支遙控器。打開電視的人原本預期自己會看到新聞，但螢幕上出現的不是外頭發生的世界大事。藉裝在馬桶裡的一支針孔相機，你看到的是現場直播：自己的大便正一條條落入水中。那些大便不是藝術家的，是「此刻正成為終極藝術品」的你，亦即觀看者自己的大便。杜象肯定會對這樣的點子——在他的小便盆展出後一百年——拍手叫好。

如果你不想跟充滿「藝術意識」的人起衝突（什麼叫充滿藝術意識呢？例如，將把畫頂在頭上視為藝術革新的人），聊藝術時千萬別說得太斬釘截鐵，或做出確切結論。可以的話最好模稜兩可，但更好的辦法是直接跳過充滿爭議的藝術理論，直搗「像瘋了一樣」的藝術市場。對藝術市場發再多的牢騷、做再多的謾罵，都能取得共識。

為助你聊得十拿九穩，讓我先幫你補充點背景知識：有史以來，人類從未像現在一樣出現過這麼多億萬富翁。根據統計，全球有超過二千二百位。這真是史無前例啊！自古以來頂尖富豪最看重的資產就是「名聲」。但要怎麼賺得好名聲呢？同樣是自古以來最有效的辦法就是靠藝術。美國當代藝術家傑夫・昆斯（Jeff Koons）的一隻金屬狗要價四千三百萬歐元，英國現代畫家法蘭西斯・培根（Francis Bacon）的一幅畫要賣一億一百萬歐元，這些價格絕不是「瘋了」，而是合情合理。再補充個小常識：藝術品交易是一門非常受歡迎的生意，因為再沒有比它更理想的洗錢管道了。利用餐廳或其他合法企業進行洗錢，換言之，藉傳統方法洗錢不僅麻煩，還會留下一大堆討人厭的文件。但在藝術市場上，每天都有巨額美元或歐元在買方賣方之間流動，主管機關查到的永遠只是「私人收藏家」和「私人收藏品」。交易手法大致如下：甲帶著一幅畫去拍賣，乙用非法的黑錢（這些錢是甲事先交給乙的），以超出合理價值無數倍的金額買下那幅畫。經過這一來一往，錢就漂白了。至於價格合不合理，主管機關根本無從查證。二〇一三年五月，紐約甘迺迪國際機場的海關人員正在檢查一個用盒子裝起來的畫框，持有者的報價為一百美元。畫框裡有一幅（真的是完全不起眼的）塗鴉。不幸的是，一名海關人員剛好認得那是巴斯奇亞的作品，市價至少超過千萬美元。這幅畫屬於巴西一位金融詐欺犯，他盜取了無數銀行客戶的資金，並且把絕大多數的錢押在這幅畫上，那次他正想把畫偷運出境。

即便不把藝術品當作洗錢工具，藝術品還是能拍得好價錢。因為買藝術品是投資！這些年藝術市場上的一流貨色增值幅度相當驚人。為什麼會這樣？因為億萬富豪根本不知道要把錢往哪裡放。上一波的金融海嘯徹底證明沒有任何投資方式真的零風險。於是，有錢人更願意把錢砸在有利可圖的名畫上了，如此一來就能安安穩穩的把錢掛在自己莫斯科盧博約夫卡街，或倫敦主教大道的豪宅牆上了。

號稱俄羅斯首富的寡頭富豪羅曼・阿布拉莫維奇（Roman Abramowitsch）雖然連基本的

餐具「刀叉」都不會使用，卻很愛讓女朋友幫他買當代藝術家的代表作，於是成為社交界紅人。私人飛機、遊艇如今已是每個稍具資產的建築大亨必備的行頭，誰想彰顯自己的不凡就得擠身藝術收藏家俱樂部。《法蘭克福匯報》的首席藝評家兼主編尼可拉斯・馬克（Niklas Maak）曾寫道：「為彰顯王者風範，過去的宮殿前一定要擺設大理石獅。如今的豪宅大廳則一定要放赫斯特（Damien Hirst）的鯊魚，否則無法睥睨天下。」

諸如此類的苛責，或甚至說得像藝術家得為他們的收藏者負責一樣（這就好比要妓女為嫖客的召妓行為負責一樣），實在有欠公允。而且，難道那些作品到了大人物家中就發揮不了警世作用？想像一下，阿布拉莫維奇在他的倫敦豪宅裡每天都要跟赫斯特的「骷顱頭」打無數次照面，難道中世紀警語「莫忘將死」（Memento mori）不會對他發揮作用、挫挫他的不可一世？光是想像這樣的畫面就夠迷人了。況且，人為什麼不能藉藝術品沽名釣譽？藝術本來就具有讓人賺得好名聲的功能。若不是教宗儒略二世（Julius II，別號「恐怖教皇」）極度虛榮，也不會有人類史上最珍貴的曠世傑作：就是他命那個叫米開朗基羅的傢伙在西斯汀教堂裡作畫的。

除了藝術市場上各種光怪陸離的現象外，難道沒有收藏家單純為了熱愛而買畫？當然有！對柏林貝格魯恩美術館的創辦人貝格魯恩（Berggruen）老先生而言，藝術品乃神之作品；一股來自上天、無以名之的力量藉藝術家之手創作出來。雖然貝格魯恩的巨富也是藉買賣畫作得來，但絲毫無損於他跟畫作之間的神聖關係。他跟我提到過他的一個朋友，那人在巴黎經營畫廊，專門展出印象派畫作。有一天來了個富可敵國的中東人，東看西看後撂下一句話：「通通給我包起來，然後跟我報個數。」畫廊主人決定不賣。賣的話就能一舉獲利豐碩，但他不願自己耗費數十年心力蒐集來的珍藏瞬間被一個傲慢的莽夫帶走。

我的一位父執輩朋友卡爾・拉茲羅（Carl Laszlo）也是收藏家。他位於瑞士巴塞爾的家裡擺滿了珍藏：十八世紀象徵主義畫家威廉・布雷克（William Blake）、二十世紀超現實主義大師雷內・瑪格利特（René Magritte）、新即物主義畫家克里斯提安・查德（Christian Schad），這些知名畫作旁掛的是少年雜誌附贈的海報和老唱片的封套，跟赫赫有名的賈柯梅蒂（Giacometti）雕塑品並列的，則是玩具店裡買的機器人。對他而言，只有他欣賞的東西才叫藝術珍品。至於藝評家怎麼說、創作者名氣大不大，全不重要。有次我問他：「這些東西你都保險了嗎？」他聞言大笑。「那可得耗費巨資啊，」他說，「雖然投保後東西被偷能拿到賠償金，卻拿不回我的寶貝啊！」

既然聊到藝術收藏家，就不能不提我最愛講的提森（Thyssen）軼聞。這故事我好像在別處說過了。但無所謂，這麼棒的故事講再多遍都無傷大雅。德國鋼鐵大亨提森男爵遲暮之年娶了任性的第五任妻子卡門，暱稱「提塔」（Tita）。當時他已經老了，但卡門還很年輕。晚上他們常窩在知名的法沃利塔別墅（Villa Favorita）裡，那是他們位於瑞士盧加諾的家。他們常一待就是數小時，儘管期間很少交談。「我喜歡跟提塔待在一起，」男爵說，「她目不轉睛的盯著電視，我正好可以安安靜靜的欣賞我的希斯里（Sisley）。」他最鍾愛的那幅希斯里名畫，目前珍藏於馬德里提森美術館。

話題9

名人

社交時聊到名人，建議你擺出略帶不屑的藐視模樣。人類社會從未出現過這麼多名人，大家對名人的厭惡也從未像現在這麼明顯。上個世紀的八卦媒體和記者，無論是美國八卦女王艾爾莎．麥斯威爾（Elsa Maxwell）或德國狗仔始祖邁克．格雷特爾（Michael Graeter），都得承受洩密和盜用的嚴厲指控，但今天我們卻被鋪天蓋地而來的名人私事給轟炸得不知該如何是好。

住在比佛利山莊、藉由被收養取得「德國王子」頭銜的騙子（女星莎莎．嘉寶〔ZsaZsa Gabor〕的老公安哈特〔Anhalt〕），幾乎成了娛樂雜誌的「固定來賓」。他三不五時就會主動向德國報章雜誌匯報自己的最新糗事。八卦新聞其實已懶得理他，但基於他的堅持或剛好有版面還是偶爾會登他，但報導內容不外乎他又做了整形手術或酒駕被逮。每逢歌星出片或開演唱會，或有演員新戲上檔，為了宣傳就會故意把私生活拿出來炒作。新的姦情或不倫戀難登大雅之堂，所以最好的爆料題材是分手。在公共場合吵架是搏版面的利器，但別忘了把畫面傳給媒體。若要加碼還可以上演大和解，甚至上電視朗讀懺情信。娛樂節目的編輯部通常有份名人清單，上頭的人全排隊等著上節目作各種聲明，或配合製作單位聊大家愛聽的當紅話題。

在那些搶著曝光私生活的名人對觀眾進行疲勞轟炸的同時，過去因社會新聞愛報導而被迫成為媒體寵兒的人，反而有機會銷聲匿跡，重新擁抱私生活。富可敵國的家族，例如寶馬大股東寬特家族（Quandts）或食品大亨厄特克家族（Oetkers），基於安全考量已完全不願曝光。過去攝影鏡頭最愛捕捉、有歐洲小姐之稱的摩納哥公主卡羅琳（Caroline），這幾年也幾乎不見人影。她的律師只要在媒體上看到她的相片，就會以侵犯隱私為由提告對方。但說到應付媒體，好萊塢的那些大人物手段最為高明——他們乾脆演給你看：他們會為了配合媒體特地演出狗仔所需的私生活。但前提是最近有新片要上映，否則你才見不到他們！

請注意！抱怨媒體大量製造沒天分、沒資質的拋棄式名人，這種抱怨可不是今天才有。一九二七年奧地利作家卡爾．克勞斯（Karl Kraus）早寫道：「奴隸解放後，『名人』這個詞突然冒出來，過去平凡無奇的人現在一一獲頒名人頭銜。這現象其實很好解釋：德國人心裡住著一種深藏、現在卻無處棲身的需求——當皇帝的需求，此需求目前只能靠優越感來彰顯……（名人）這個令人作嘔的詞，一開始主要出現在小報上。這些報紙天黑了才出刊，看的大多是新富階級。但後來這詞開始被廣泛的應用。喜劇演員、電影演員、舞台劇表演者、拳擊手、足球員、議員、伴舞者、美髮師、文學史學者，總之，各式各樣的人——所有人都可以變成名人。」

但與其跟大家一起做無謂抱怨，還不如讓我們來思考一個有意思的問題：是成名會讓人墮落，還是剛好相反，是自覺有缺陷的人才會追求名聲？美國一代紅星朱迪・加蘭（Judy Garland）、貓王普雷斯利、麥可・傑克森真的都是毀於成名嗎？熱衷於追求掌聲和讚美，會不會是因為自卑才想藉此獲得彌補？德國心理治療大師博爾溫・班德洛（Borwin Bandelow）教授在他的著作《名人：論難以承受之幸運「成名」》（*Celebrities—Vom schwierigen Glück, berühmt zu sein*）中證實了：名人其實是一群患有人格障礙的病人。他認為明星是想藉成名來對兒時的心靈創傷進行自我療癒。

有個問題值得探討：名人反映的是當前的社會嗎？什麼樣的社會就會產生什麼樣的名人嗎？

媒體的消費式報導造就了庸俗的社會風氣，我們在茶餘飯後拿來八卦的明星反映的正是我們自己。但現代社會製造出來的這些假名人，可能具有很重要的社會功能：正好可以粉飾社會結構的失衡，讓我們繼續懷抱灰姑娘的美夢，相信每個人——真的是每個人——都可以晉升上流。

渴望被認同、被讚賞並不可恥，此乃深切的人性需求。光在德國每天就有三百三十多種報紙印行，在英美就有一千五百多本新書出版（幸好阿拉伯世界的新書屈指可數），天天上推特自曝隱私的有上億人，起床後第一件事是更新臉書動態的有七千多萬人。希望在茫茫人海中被聽見、被看見、被認同的渴望，在此彰顯無遺。人類從遠古就認知到：表現傑出能帶來優勢。某個尼安德塔人獵到了巨獸，拖回洞穴，迎接他的問候聲肯定特別熱情。分烤肉時他能分得最大一塊，晚上還能跟蘿絲瑪莉一起睡覺——隨便啦，管她叫什麼名字，反正就是那個尼安德塔男子都「哈」的女人。如今烤肉在超市就能買到，蘿絲瑪莉換成了珊蒂，但想被大家認同、讚賞的渴望依舊不變。美國經濟學家韋伯倫（Thorsten Veblen）提出的「炫耀性消費」雖已無法被視為身分地位的象徵（因為如今的名牌早已淪為量產貨），但還是能在「自我」的公開展示中累積按「讚」數。

社群網站堪稱是現代版的羅馬廣場或中世紀菜市場，具有連結人際關係和營造參與感的功能。「白痴」（idiot）這個詞源於古希臘，指的是不肯參與公共事務、不願跟大家一起討論的人。臉書剛流行時，不玩臉書確實顯得落伍，有淪為白痴（古典意義下）的疑慮。但現在情況翻轉了？如今數位菜市場裡擠滿了人，大家都在嘶吼「看我！看我！」，所以還拚命往內擠、跟著大家一起爭先恐後的人才更像白痴吧！

屬於明星的時代已經過去——雖然我們正處於一個流行信奉「明星教」的時代。想模仿明星，像他們一樣生活，曾經是件非常風雅的事。因為明星就像希臘諸神，具體化了人類的理想和弱點。挖掘明星隱私的偷窺狂行徑具有療效，能讓普羅大眾暫忘自己的不幸，醺醺然如同被麻醉，效果甚至比宗教好，堪稱平民版鴉片。數位時代，明星的奧林匹斯山已被攻占。具多媒體功能的手機讓每個人都能隨時隨地展演自我。暴露狂取代了偷窺狂，成了新型麻醉劑。網路上誰能獲得關注、誰將默默消失於網海，取決於「群體智慧」（crowd intelligence）——最符合「民主」的篩選方式於焉誕生。一時切中主流聲浪的人確實能（短時間內陶陶然的）享有諸神般的光環，但最後還是會被淹沒在由不知名網友形成的茫茫網海中。

最後，真能像神一樣受人崇拜的，大概只有為數不多的運動明星。他們是現代版的神鬼戰士。不管這個時代多追求公平、多講究平等，大家似乎都默許運動明星賺取離譜高薪。說到超級運動員的薪水，尤其是足球員，憤世忌俗的社會大眾就會收起忌妒心。是啊，畢竟他們是**為了我們**才搏命演出，所以當然該給他們帝王般的待遇。現代人在這點上還真有古人風範啊！羅馬的神鬼戰士也是為了娛樂大眾賭上性命，他們是那個時代真正的風雲人物。

即便大家如神祇般崇拜運動明星，他們的光環也不會長久。群眾不會只想把運動明星，例如貝克漢或馬特烏斯，供在名人堂膜拜，人們會要求他們再次下海。但這次不是當主角，而是演小丑。大家感興趣的是他們的糗事。也許社會根本容不下永遠的英雄？

比諸神崇拜更古老、更持久的人類渴望是：看諸神出糗。

所以，社交場合裡大家最津津樂道的名人故事是：不可一世的大人物如何被貶下凡。舉例來說，我過世的姊夫圖恩暨塔克希斯侯爵約翰納斯，在一九七〇年代一場紐約派對上巧遇德國史上最偉大的足球員及教練法蘭茲·貝肯鮑爾——有「足球皇帝」之稱的他當時剛締造了個人生涯最輝煌的紀錄，並從慕尼黑拜仁隊轉到紐約宇宙隊，無疑是當時世上最出名的德國人——只見姊夫親切的握住他的手，熱絡道（聲音大到全場都能聽見）：「你一定是那個很有名的桌球選手吧？」物以類聚，美國百貨業大亨遺孀貝琪·布魯明戴爾（Betsy Bloomingdale）是我姊夫的至交，有次她到洛杉磯參加一場晚宴，被安排坐在影帝克勞斯·馬利亞·布朗道爾（Klaus Maria Brandauer）旁邊。當時由布朗道爾主演的匈牙利電影《千面惡魔》（*Mephisto*）剛榮獲奧斯卡最佳外語片，布朗道爾的聲勢如日中天。貝琪親切的跟布朗道爾寒暄：「以你的外型絕對有機會在好萊塢成為明星！」布朗道爾回答：「不好意思，我叫作克勞斯·馬利亞·布朗道爾！」貝琪：「不要緊，名字難聽可以改！」

再舉個例子？我的頂頭上司《畫報》（*Bild*）總編凱·迪克曼（Kai Diekmann）有次受賓士之邀到巴賽隆納看一級方程式賽車。他跟其他受邀者一起坐在貴賓席，突然有個賓士高層朝他身邊的金牌賽車手大衛·庫塔（David Coulthard）喊道：「大衛，我們親愛的駕駛！原來你在這兒！」迪克曼隨即轉頭問庫塔：「你是司機啊，那等一下可不可以載我回飯店？」這位一級方程式的大明星（十三次大獎賽冠軍）聞言大笑，賽後還真的把迪克曼載回飯店。

話題10
社會正義

聊天達人的特徵之一：願意敞開心胸去聊自己其實不太懂的話題，並且**絕不會**太認真、太嚴肅。換言之，懂得擺出溫和的姿態。話說回來，聚會時還真的會有一些你完全不懂且毫無概念的話題出現，讓人委實想逃。但這種話題就是會冷不防冒出來，比方說「社會階級的流動」或「社會正義」。因此，我建議各位有備無患。

常聽人抱怨：貧富差距的「開口」越來越大，富人和窮人簡直像生活在截然不同的兩個世界。這類抱怨當然沒錯。但抱怨完之後呢？你能怎麼樣？又該怎麼辦？

天曉得。因為根本沒人真的好好研究過這個問題。現存的研究幾乎全聚焦在社會階級如何向上流動，完全忽略了反方向的探討。以我為例，像我這種只能在嘈雜六線道高速公路旁租房子的人，牆上掛的竟是繼承自祖先的昂貴名畫，我那些祖先當初可都是穿著貂皮大衣、在著名礦區厄爾士山脈（Erzgebirge）有座銀礦的顯赫人士。研究社會階級流動的另一項盲點是，這些研究頂多橫跨三代，導致可信度和說服力大打折扣。因為，比方說在歐洲，財富的傳承經常動輒數百年。

經濟史學家葛瑞里・克拉克（Gregory Clark）在其著作《父酬者：姓氏、階級與社會不流動》（*The Son Also Rises*）裡對富裕家族進行了深入的追蹤與研究，並引發不小爭議。克拉克的主要論點是：我們嚴重高估了社會階級向上流動的可能性。他最具爭議且備受攻擊的論點是：富有、成功且受過良好教育的上流階級不但能藉（後天的）教育，還能藉（先天的）生物遺傳，讓孩子贏在人生的起跑點上。換言之，這些人的子孫不僅能藉物質遺產，還能藉生物遺產，在社會上獲得競爭優勢。此話一出當然招來諸多批評。他的這種生物學觀點不僅嚴重打擊了力爭上游的善良風俗，更牴觸了美國人築夢時的思考邏輯，儘管美國的社會階級早已壁壘分明到窮人和富人簡直生活在兩個不同的宇宙裡；貧富不僅反映在居住空間距離遙遠，孩子就讀的學校也截然不同，購物地點更不用說了。但這樣的事實讓晉升者的存在更顯重要；唯有晉升者存在，才能讓大家對呈金字塔型且幾乎不流動的社會結構稍感釋懷。

克拉克之後受到矚目的是托瑪・皮凱提（Thomas Piketty），而且是萬眾矚目。二〇一四年，這位法國經濟史學家以《二十一世紀資本論》一夕成為經濟學界的超級巨星。他認為，社會階級幾近凍結的情況不只發生在歐洲，也發生在美國，富人以極驚人的速度和比例在累積巨富。資產越龐大，其增長的速度越快。有史以來，人類社會從未像現在一樣出現過這麼多富人，而且是每分每秒都變得更加富有。對美國人而言，皮凱提的這本書嚴重牴觸了美國的建國精神。隨之而來的攻擊認為，他有部分的研究方法缺乏可信度（事實證明，他在引用資料時確實偶爾會漏掉個幾行）；此外，他的個人操守也備受抨擊（八卦雜誌報導他對任職於法國經濟部的高階公務員妻子家暴）。甚至有人認為，皮凱提這本難以下嚥的資料大全不過是數據化了大家早已知道的觀點，德國施瓦本地區的諺語早說過：「惡魔專挑悲慘的大多數人下手（引申為：慘者越慘，窮者越窮）。」

但這很嚴重嗎？其實，「社會階級的流動」此概念奠基於一個極為模糊的理念：社會正義。什麼是社會正義？希臘哲學家早就為此吵翻了天，以柏拉圖為例，他所宣揚的正義必須奠基於「讓每個人各得其所」；換言之，每個人要的都不一樣。亞里斯多德則非常感性的在《尼各馬科倫理學》（*Nicomachean Ethics*）裡說：「無論是夜晚的星星，或破曉的星辰」，都不及公平正義來得美好耀眼。可惜，不管希臘哲人怎麼費心闡述（即便提出過「各得其所」的理念），也沒能真正回答：公平正義**究竟**是什麼？

以下這些事公平嗎？某人生在弗里西亞群島（Frisian Islands），乾淨清新的空氣讓他從小得以臉色紅潤、身體健康。另一個人生在德國赫爾內（Herne），尚在襁褓已經因空氣汙染而哮喘發作，這兩個人所受到的待遇公平嗎？還有，你家老婆的腿不及名模海蒂·克隆修長，這公平嗎？鄰居家開的是賓士，你開的卻是喜悅，這公平嗎？

當然**不公平**！但要怎麼樣才能達到公平？最好的辦法就是創造一個所有一切和所有人都齊頭平等的世界：活在裡頭的人都長得一樣，看見的世界也都一樣，呼吸到的空氣絲毫無異。倘若真有這樣的世界，不僅無趣得可怕，美德也將淪為多餘。生而為人，你再也無法表現慷慨、無法樂於助人，甚至無法追求正義。

誠如中世紀的經院哲學家托馬斯·阿奎那（Thomas Aquinas）所言：「公平正義乃奠基於同伴間的差異。」這句話同時代表：唯有謀「異己者」之幸福才能稱之為行善。不管這個「異己／他人」要的是什麼，總之唯有當那個人的遭遇跟我們無關，或我們並不特別喜歡那個人，或那個人的需求威脅到我們的利益時，我們還願意伸出援手，這樣的善行才符合阿奎那定義下的正義。

要行這種正義有多困難，光是舉每隔幾年就會在德國掀起論戰的「窮人移民潮」和「東歐人濫用德國社會福利」為例，便能一窺梗概。大概沒有人會反對「有地方住、有東西吃、能獲得基本的醫療照顧」是**每個人**的基本人權。然而，當德國人在德國街頭看見黑頭髮的人手持歐盟護照要求享受德國的社會福利時，就會突然覺得要同意這些基本人權真不容易。阿奎那認為，唯有這時候才能看出我們是否真的具有實踐公平正義的能力。

「讓每個人各得其所」的觀念，藉由羅馬法成了歐洲人的普世價值。但到底什麼是各得其所？怎樣才能滿足每個人的不同需求？人當真無條件生而具有基本人權？是世界欠我們的嗎？西方聖哲在回答這些問題時總是語帶保留，但現實人生卻教會了我們：是啊，這是世界欠我們的，但它唯一欠我們的是從背後狠狠的踹我們一腳。所以，力爭上游以突破社會階級的藩籬**還是**有可能的——讓我藉此反駁一下經濟史學家克拉克，只要你謹記：這世界欠我的只有一件事，就是狠狠的教訓我、踹我一腳！

所以，或許我們的思考方向錯了。是我們欠這個世界，是我們該對世界付出、對它盡義務。想經營成功人生就該付出，付出的最佳方法是行善。只要我們付出，無論付出的是時間、金錢、愛心，或你最愛吃的那塊紅蘿蔔蛋糕——弔詭的是——最後受益的通常不是受贈者，而是餽贈者。

在BBC電視台的喜劇影集《大英國小人物》（*Little Britain*）裡，主角安迪（Andy）和洛烏（Lou）是領社會救濟金的北英格蘭人，安迪整天坐在輪椅上要好友洛烏推著他走（雖然安迪根本可以自己站起來好好走）。不管洛烏怎麼幫他，安迪都嫌東嫌西、吹毛求疵、不斷抱怨。安迪似乎認定這世界對不起他、虧欠了他。他活脫脫就是現代西方人的寫照。在兩個人的關係裡，安迪是大爛人，動不動就愛生氣，好脾氣的洛烏簡直像白痴。但換個角度來看，安迪的可惡事實上成就了洛烏的神聖，甚至讓他一天比一天神聖，所以笨蛋最後竟成了贏家。洛烏贏在他付出得根本不合理、太慷慨、太不計較，甚至完全不期待回報。倘若你真的無法理解何以一味付出、一味愚蠢後來竟能成為贏家，那麼我建議你去讀讀杜斯妥也夫斯基，或翻翻奠基於基督教義的阿奎那倫理學。什麼？讀它們太累？那好吧，至少去找幾集《大英國小人物》來看吧！

善行真正的受益者是行善者。所以「樂善好施」本質上是種利己行為？生命還真是弔詭呀！或許，我們大可不必要求政府非扛起打造公平正義之社會的責任不可。但不叫政府做，公平正義要如何落實？阿奎那認為，實現公平正義的唯一法則是「恢復與重建」。為什麼說「恢復」與「重建」？因為，全然平等只存在於伊甸園裡最初的狀態。這種平等後來受到現實生活和人類行為的破壞而淪喪，如今只有透過人為的努力來「恢復與重建」才能獲得。這想法跟階級鬥爭有點異曲同工之妙，但共產主義者堅信他們一定能實踐夢想，阿奎那卻認為人類只能短暫的趨近公平正義。德國當代宗教哲學家尤瑟夫．皮柏（Josef Pieper）近一步解釋：「倘若實踐公平正義的根本辦法是『恢復與重建』，那代表著，要讓終極的理想狀態出現在人世間是不可能的。更深一層的含意是：回顧人類歷史的所有作為不過都是暫時的，皆非終極有效，全只是一時的權宜之計。但這才是人類和人世的真相。所以，若想在人世間建立牢不可破的終極秩序，必須寄託在不屬於人的目標上。」

托馬斯．阿奎那根本不認為國家有能力維持長久的公平正義。他甚至警告：一個社會如果只知冷酷、理性的要求其成員，反而叫人擔心，因為「沒有同情心的正義只會淪為殘酷」。

但民主要能運作，就必須嚴禁通融和法外施恩。這讓人聯想到古希臘人的嚴酷。希臘七賢之一的畢阿斯（Bias）認為「一個國家，唯有當所有人對法律的恐懼猶如對專制君主的恐懼」，公平正義才能落實於社會。但這不是太可怕、太不符人性了嗎？換言之，只要海上難民沒有入境許可、不符法規，民主國家就**必須**棄他們於不顧，**必須**將他們拒於門外？所以會不會一個社會還是該保留一些不受法律管轄的無政府狀態，才能更符合公平正義？允許非理性的慈悲行為，是不是才更談得上公平正義？為了落實真正的公平正義，會不會即便某些善行是違法的，甚至損害到我們自身的利益，我們還是該去做？

在科幻電影《極樂世界》（*Elysium*）裡，地球變成了一顆巨大而可怕的廢墟，連基本的醫療設施都沒有，同時間在環繞地球的人造衛星上卻有一群金字塔頂端的人正在享受登峰造極的醫療技術。最後地球居民攻破防線，湧向那個被隔離的ＶＩＰ衛星。結局相當圓滿：無一倖免，大家**全死了**。所以，大家一起死，總比只讓幾百個特權分子獨享奢華人生來得公平？

幸好，歐洲的社會福利制度還留有一絲同情心和無政府狀態的遺風（在歐盟地區，此風氣越往南越盛）。即便在德國，偶爾也能見到法官在其裁量權許可的範圍內，對領救濟金的弱勢族群法外開恩。這跟美國人的作法大相逕庭。美國的民主乃奠基於自由人民彼此約定：我們誰也不欠誰，所以你得尊重我在合法範圍內享有極大的個人自由，並有權追求個人最大的福祉。每個人關心的只有自己。我不欠你，你也別欠我。所以急診室的醫生沒有義務救沒有信用卡的人。

歐洲國家很重視社會福利，但為什麼歐洲人的國家認知和美國人會如此不同？關鍵就在：同情心是非民主的。德國著名作家馬丁・莫澤巴赫（Martin Mosebach）在接受《時代周刊》專訪時風趣的說：歐洲的社會福利其實是一種封建遺風，涉及的是「統治權」。無論過去或現在，歐洲人在乎的都不是民主，而是如何手握統治權。過去國家的統治者是君王，所以只要他不能隨心所欲的蓋行宮就會大發脾氣。但今天國家的統治者是人民，只要人民覺得福利不夠優渥就會大聲抗議。

如果你在社交場合被人問到「你對社會福利國家有何看法？」，給你個良心建議：說自己支持左派的無條件基本工資政策，然後冠冕堂皇的解釋此乃奠基於封建時代的君主專制遺風。此話一出大概全場傻眼，因為太不合常理了。但莫忘：有時不合理反而是一種更高形式的合理。雖然當下大家未必能懂。

話題11 笑話

你很會講笑話？

別！拜託！千萬別講笑話！

如果聊天也有十誡，那麼「別講笑話」絕對名列前茅，大概只輸給：**別一副百般無聊的模樣！**講笑話要看場合，在酒吧裡、搭地鐵或在候診室內都很適合，但在宴會上、派對上或餐桌旁，講笑話就成了大忌。因為講笑話不啻於昭告天下：我正苦於無話可說！而且講笑話得有天分，具備這種天分的人少之又少。德國知名記者兼作家赫爾穆特．卡拉塞克（Hellmuth Karasek）在他的傑作《這是笑話嗎？》（*Soll das ein Witz sein?*）描述過一個你我都有過的經驗。某天卡拉塞克人在漢堡大西洋酒店的酒吧裡，他因為好奇忍不住偷聽了隔壁桌的談話。一名德國男子正努力用他的破英文，向英國來的女業務代表闡述一則經典笑話。（笑話內容原本是：沙灘上一頭大象遇到一個沒穿衣服的男子，不禁驚呼：「天啊，真悲慘，你鼻子這麼小一根，怎麼餵飽自己呀？」）

德國男子口操英文：「我知道一個很好笑的笑話喔。有隻大象，還有一個沒穿衣服的男人，妳了解我的意思嗎？碧姬，妳聽得懂嗎？」他問年輕女業務員，「就是光溜溜的啊？一絲不掛？懂嗎？OK？可以嗎？好，我繼續往下講囉。話說一隻大象，就是a elephant啊……」

冠詞錯誤，碧姬打斷他：「**An** elephant!」

「對對對，**An** elephant，這麼說才對。話說有隻大象看到一個光溜溜的男子，就是裸男啊**an** naked man……」

冠詞又錯，碧姬再次糾正他：「**a** naked man!」

「對對對，當然，裸男當然是**a** naked man。話說一隻大象看到一個光溜溜的裸男。大象對著裸男說：『可憐的傢伙，這麼小一根……』嗯，碧姬啊，德文的Ruessel（象鼻）英文怎麼講啊？」

碧姬：「什麼是Ruessel？不知道。」

「算了，隨便啦。總之，大象說：『可憐的傢伙，**鼻子**這麼小一根……』妳懂嗎？鼻子，像蛇一樣的鼻子，哈，哈，哈，『你怎麼餵……』嗯，碧姬，德文的satt（飽）英文怎麼講啊？」

碧姬臉上三條線：「？？？」

「不知道嗎？大象說：『怎麼餵……』總之意思是：吃不飽的話就會餓！了解了嗎？」

旁邊的另一名英國人趕緊回答：「了解。」

「換句話說，吃夠了就不餓，懂嗎？OK！所以大象的意思是：『如果你餓了，你要怎麼讓自己不餓？』」

在場的英國人沒一個笑得出來，德國人見狀再次強調：「就是不餓了呀，不懂嗎？就是要吃夠啊！要塞滿！就是德文的satt啊！唉，真是夠了！」

英國人莫名其妙的互望，席間充滿尷尬。最後英國人起身，回房就寢。他們離開後，德國人向同事抱怨：「這些人根本沒聽懂我的笑話。哼，英國佬，完全不懂我們的幽默！」

問題其實出在：要講笑話，講笑話的人自己也**得**好笑。這跟一個人的心靈狀態有關；精神上越豐富、越有創意的人越善於說笑，通常也越會被人認為是聰明的。好笑跟幽默其實不同。每個健康的人都具有幽默感。腦神經科學家用實驗證明了：人看著一張白紙也能發笑；只要對腦前葉左邊某個特定的點施以輕微的電流刺激，就能讓一個看著白紙的人發笑。人類大腦**必須具備**幽默功能，目的在於因應人生中的種種荒謬與矛盾。所以，幽默是一種生理上的抗壓機制。藉著幽默，人類得以面對並非凡事皆合理的人生。「大家都喜歡牢不可破的確定性，」德國口才最好的醫生艾卡特・馮・希爾敘豪森（Eckart von Hirschhausen）說過，「但幽默卻會動搖確定性，改變我們的觀點。其實當我們被意想不到的情況嚇一跳時，反而能看得比先前更清楚：事情有可能根本不是原先以為的那樣，既非黑也非白，而是彩色的。」

所以幽默是種身體機能，就像打噴嚏。身體的重要機能通常不需要太過精緻的刺激就能發揮作用，所以感受到一點點幽默就足以讓我們產生，例如，幸災樂禍的快感。

有則史上最古老的笑話同樣跟性有關。一對年輕夫妻口袋裡一毛錢也沒有，冰箱同樣空空如也。一早端上餐桌的是性愛，午餐也是。晚上飢腸轆轆的先生回到家，看到太太已褪下小內褲，雙腿張開，坐在爐前。太太嬌聲道：「我正在幫你熱晚餐！」當然，這是二十一世紀的版本。類似的內容也出現在二十世紀的一首英國打油詩，以及十九世紀一首名為〈晚餐還沒好〉（The Supper Is Na Ready）的蘇格蘭詩歌裡。另外，一六一八年出版的法國詩歌全集裡也收錄了一首類似的詩（同樣叫〈晚餐還沒好〉〔Mais le souper n'est pas encore cuit〕）。追根究柢，這則笑話應該有一千五百年的歷史了！在一本成書於四或五世紀、名為《愛笑人》（*Philogelos*）的希臘通俗故事集裡，就出現過這樣的內容：「男子看著一臉風騷的老婆問：『妳這婆娘，我們是該吃飯還是該做愛？』他的老婆回答：『我兩者都愛，但我們沒飯可吃。』」

羅馬哲學家西塞羅就已指出，最能引人發噱的無疑是低級笑話。西塞羅所謂的低級是指不精緻。粗鄙的低級笑話通常跟高尚扯不上邊，根據它的文學屬性，它在道德和美感上本應越粗魯越好。況且低級笑話要讓人覺得好笑，文字上確實不必特別講究，只需瞄準人類本能的幽默感即可。我們與生俱來的幽默感本來就能讓我們覺得人類很可笑，所以低級笑話只需著墨於生活中大家習以為常、極通俗的部分。曾在美國尼克森總統和福特總統任內當農業部長的布茲（Earl L. Butz），就是個很愛插科打諢的幽默高手，他登峰造極的幽默感卻也導致他一九七六年黯然下台。那次是在飛機上，布茲在眾人的見證下說出了他這輩子最自覺洞見的一番話：「黑人一輩子只追求幹緊屄、穿鬆鞋，和找個暖和的地方脫褲子拉屎！」《華盛頓郵報》立刻一字不漏的原文照登，《紐約時報》則盡可能婉轉的改寫成「只冀望獲得性愛上的滿足，穿上寬鬆舒適的鞋，並找到溫暖舒適的地方解決排泄方面的生理需求」。

來自印第安那州的布茲開玩笑時，確實全然捨棄了西塞羅所稱的那種精緻。這也正是幽默和笑話的關鍵區別。如前所述，幽默是一種身體機能。笑話剛好相反，法國人認為笑話關乎「精神」，所以笑話是尖銳的，甚至具殺傷力。好比說王爾德完全不具幽默感，卻寫出了無數笑話。唯有當一個人徹底看懂了一件事，才有辦法對那件事做出睿智又充滿精神層面的描述——就像寫進那件事的精髓裡。看懂了那件事？或看懂了隱藏在事情裡錯綜複雜的關係？不，最正確的說法應該是：問題！笑話中披露的永遠是問題。馬克．吐溫（Mark Twain）為了要嚇唬讀者，說過天堂是個不知好笑為何物的地方。他說得沒錯。在一個沒有問題、沒有困境的地方，當然產生不了笑話。笑話總是非常悲傷；沒有比笑話更嚴肅的文字了。世上確實有些問題嚴肅到你只能把它當笑話講。比方說下面這則集中營的故事：指揮官對一名囚犯說，只要他能猜出他哪隻眼睛是玻璃珠，就給他一塊麵包。囚犯定睛瞧他，立刻指出是右眼。指揮官驚訝的問：「你怎麼知道的？」囚犯說：「因為它具有人性。」

猶太笑話比較上乘？雖然不能一概而論，但有一點沒錯：當代西方最負盛名的喜劇演員，從賴瑞．大衛（Larry David），到路易C．K（Louis C.K.），到莎拉．席佛曼（Sarah Silverman），全是猶太裔。

為什麼會這樣？

卡拉塞克雖不是猶太人，卻有幸結識許多猶太朋友，所以他的看法或許最為公允。他跟我說過他之所以擅於說故事（甚至是說笑話！），全是為了彌補其他方面的不足：「運動我不行，其他方面也乏善可陳，如果我想在班上受到矚目，唯一的機會是扮丑角，成為同學們的開心果。」他的這番話意外道出了一項真理，此真理是每個既不美又不富且沒沒無聞者都該牢記於心的：越不匱乏的人其實越弱！不信的話你看，長得很美的那些人通常個性平庸，超級富有的人幾乎全都無趣。不虞匱乏帶來的是怠惰。那些人已經習慣別人認為他們很棒，所以無須再去努力。自猶太起義對抗羅馬帝國失敗後，猶太人便被逐出巴勒斯坦，過著流離失所的日子，所以他們必須竭盡所能的去爭取：數世紀以來他們沒有故鄉、沒有家園，走到哪兒都是異鄉人，他們被追趕、被驅逐，再被追趕、再被驅逐。猶太笑話反映的，正是這個民族古老而深沉的悲傷；他們別無選擇，乾脆開始自我調侃。佛洛伊德認為，自我毀滅是面對心理創傷時常見的一種防衛機制。德國《時代週報》發行人約瑟夫·喬飛（Josef Joffe）則視猶太笑話為一種「口頭武器」：刺向自己（「自我揶揄」）的同時，**也是在**攻擊別人。

猶太笑話大致分為三類。第一類也是最重要的一類：悲觀——為自己的雀屏中選而怨嘆。濃縮成一句話就是：「主啊，你在諸民族中揀選了我們——但為什麼是我們？」HBO的影集《人生如戲》（*Curb Your Enthusiasm*）裡曾有一幕是賴瑞·大衛站在戲院門口吹口哨，吹的是華格納的旋律。這讓旁邊的猶太人大為不滿：「你是不是猶太人啊？」賴瑞回答：「什麼話？你要檢查我有沒有割包皮嗎？」挑釁者不滿的原因其實是：身為猶太人的賴瑞怎麼可以哼以反猶太聞名的華格納音樂。對方最後下了結論：賴瑞的行為無疑反映了猶太人典型的自我厭惡情結。賴瑞不甘示弱：「對，我就是厭惡自己！但這跟我是猶太人無關！」這是個嘲笑古老笑話主題「自我厭惡」的後設笑話。類似的笑話還有：一個猶太人心情很好的在公園散步，鳥大便突然正中他的頭頂。他抬起頭來對著天空吼：「勢利鳥輩，你們只會對著非猶太人唱歌！」

第二類是「蠢問蠢答」，或者也可稱之為「故作輕鬆」，或放下身段自我揶揄。舉例來講：

冰天雪地的一月，福伯散步至湖邊，突然看見好友虎哥在湖面的破洞裡掙扎。

「虎哥，你怎麼掉進湖裡啦？」

虎哥：「哪是！我正在泡澡，冬天卻突然降臨。」

第三類笑話則是瞄準猶太人拘謹、繁瑣的思考方式。猶太人常思慮周詳到簡直走火入魔。下面這則笑話堪稱經典：

車廂裡坐著一位年輕人和一位老人。年輕人彬彬有禮的問老人：「打擾了，請問現在幾點？」

老人充耳不聞。年輕人一臉懊惱的窩在自己的位子上。火車即將抵達盧布林市，年輕人再也按捺不住，他義正辭嚴的抗議：「老先生，半小時前我問過您時間，我自認為問得謙恭有禮，我無法理解你為什麼不回答我？」

「好吧，年輕人，讓我解釋給你聽。剛才你問我幾點對吧？按理說我該掏出我的金錶，好聲好氣的告訴你時間。但我如果那麼做，結果會怎麼樣？我們會開始聊天！

「你會說：『好美的錶！』

「我會答：『是啊，分秒不差，非常準。』

「你繼續問：『祖傳的？』

「我回答：『不是。』

「然後你會說：『那您肯定事業有成。』我會答：『還可以，感謝主，我確實不敢抱怨。』

「『您從事哪方面的生意？』

「『穀物交易。』

「『您也住盧布林？』

「『是啊。』

「『您家一定很漂亮。』

「『的確！』

「『您跟家人一起住？』

「『是的，我有兩個漂亮的女兒。』

「然後呢？聊到最後會怎麼樣？你到我家來拜訪我，一段時日後甚至娶了我的大女兒。

年輕人，你幫我評評理：我怎麼能讓我心愛的艾絲特嫁給一個連手錶都沒有的男人？」

這樣的一則笑話要用意第緒語來講才能真正表達其好笑之處。意第緒語是德國的一種方言，其中採用了許多希伯來和斯拉夫的外來語。意第緒語是歐洲猶太人和俄羅斯猶太人通用的語言；歐洲的猶太文化核心乃奠基於德文。中世紀猶太人遭驅趕，曾有大批德國猶太人移民至東歐，他們到了那裡仍維持著說德文的習慣。但意第緒語的命運就就像德國猶太文化一樣，都曾慘遭納粹荼毒，所以，現在即便最簡單的意第緒語笑話也快沒人聽得懂了。我最愛講的一則如下：

一個猶太人來到維也納火車站西站的賣票口。

「萊巴赫，維拉赫（意思是：我要去萊巴赫。意第緒語的「要去」〔will ach〕跟地名「Villach」發音相同）。」

賣票小姐沒好氣的問：「你到底是要去萊巴赫還是維拉赫？」

「萊巴赫維拉赫！」

「快決定，萊巴赫還是維拉赫！」

「萊巴赫維拉赫，萊巴赫維拉赫（意思：我要去萊巴赫，我就會說要去萊巴赫）。維拉赫維拉赫，維拉赫維拉赫（意思：我要去維拉赫，我就會說要去維拉赫）。萊巴赫維拉赫（意思：我要去萊巴赫）！」

卡拉塞克在他的傑作《這是笑話嗎？》裡（這本書每間圖書館都該收藏！），曾嚴正的警告過非猶太裔者不要輕易嘗試說猶太笑話。「因為你會立刻讓氣氛變得很尷尬，甚至超過眾人所能忍受的極限。」事實證明：歐美唯一好笑且值得一說的笑話就是猶太笑話。可惜它們大多已無法言傳，既無法言傳，那我們就別說笑話了吧！

第2篇
鬼牌話題

在拉丁語系的國家，爭吵是極具建設性的休閒活動。比方說法國人，唯有當他們比手畫腳的跟人爭得面紅耳赤、內心澎湃得以宣洩後，才能氣血通暢、全身舒爽。他們爭辯的問題通常涉及民生大計，比方說，在哪個市場的哪個時段可以買到品質最優的蔬菜。英國人也很重視言詞交鋒。不過英國人的唇槍舌戰，你可能看不太出來。當英國人說「喔，真的嗎？」，就代表他正語帶不屑的反駁你。尤有甚者，當英國人說「喔，你真的這麼認為？」，表示他根本沒把你放在眼裡，已經出言不遜。

但在德語區（有趣的是，在美國亦如此）聊天時，更注重和諧。德國人聊天，至少一開始，都會避免衝突。話雖如此，聊了一陣子之後，當所有客套和善意都表達過後，還是得注意一下交談內容，也不能聊得太乏味。因此，聊天達人必須具備這樣的能力：使點小聰明，引導話題，挑起無傷大雅的小紛爭，將聊天推向更有趣的景況。

接下來的篇章就是希望提供一些具此功能的聊天話題。這些話題恰如其分的具有臭彈效果，能挑起紛議卻又不至於威力過猛。另外，我們也可稱這些話題為照明彈：一旦拋出，絕對能讓人精神為之一振，或備感錯愕。所以，你也可以把這些話題當作殺手鐧來成功脫身；換言之，它們能幫你在大家爭得面紅耳赤時趁機逃向自助餐區或出口。

但在丟出這顆小小的震撼彈前，務必先觀察形勢！也就是拋出話題前，一定要先摸清楚當時的氣氛。第一要務與守則是：仔細聆聽！

後面我還會不厭其煩的一再強調這項守則，因為它實在太重要了：聆聽是聊天時最厲害的祕密武器！很多人以為不停的講才是厲害的聊天達人，但北德人喜歡用「喋喋不休」來形容愛講話的人，「喋喋」二字說得真是傳神，那種人真能沒完沒了的一直嘮叨。其實閉上嘴、一副棄械投降的模樣，反而能助你爭取到休養生息的機會。沉默不語是一項高超的交談技巧，能讓人在不懂的情況下仍顯得睿智無比。寡言常予人一種有智慧的感覺。有趣的是，愛講話的人通常特別尊重不愛講話的人。

比沉默更高明的技巧是打哈哈。觀察一流高手你會發現，他們能讓人自覺聊得很盡興，實際上卻什麼也沒講——無論談話對象拋出的是問題、見解、善意、廢話、無恥惡言或挖苦，打哈哈高手都能以四兩撥千金的方式輕鬆化解。這種人無論聽到什麼再離譜的問題、再荒謬的見解，都能不動聲色的開懷大笑。事後，大家只記得跟他聊天特別融洽，其實從他嘴裡根本沒聽到任何看法。

話說回來，懂不懂聆聽其實是個性問題。願意聆聽的人代表他沒有把自己看得太重，他懂得把焦點放在別人身上。我有一位姨媽，大家總說她是家族的靈魂人物，無論過節、家族狩獵或婚禮，她永遠都是核心人物。我仔細研究過她，她跟每個人說的話都一樣，只是她說得特別情真意切：「最近過得怎麼樣呀，心肝寶貝？」每個人最愛聊的其實是自己。要讓別人喜歡你，最有效的方法就是聆聽。可惜絕大多數的人只是裝裝樣子，並非真心聆聽。大家對別人講的話通常不是真的感興趣，甚至邊聽別人說話，已經邊在盤算自己等一下要說什麼了。真心聆聽是項必須鍛鍊的能力。建議你找些自己完全不感興趣的人來訓練，那些人將會是你最理想的練習對象。

不久前，我和妻子出席柏林一個豪華晚宴。當晚一些部長、前閣揆、總編輯、美國藝術品收藏家全出席了，甚至連柏林市長也在列。宴會結束後，返家途中我問妻子她覺得跟誰聊天最投機。她毫不猶豫的說用餐時坐在她旁邊的那名中年男子。此人看上去毫不起眼、有點胖。我問她：「妳知道他是誰嗎？」妻子回答：「不知道。」「妳知道他是做什麼的嗎？」「不曉得。」「你們有聊到他喜歡什麼嗎？」「沒有。仔細想想，我們好像全在聊我。我在柏林的生活怎麼樣啦，我……」所以當晚發生了什麼事？哈，簡而言之，我老婆遇到了修為深厚的「大人物」。坐在她旁邊的那個人年紀不到五十，卻已晉身美國十大富豪，而且是白手起家。他曾是高盛最年輕的基金經理人，目前是全球最賺錢的對沖基金掌舵者，更是芝加哥極負盛名的慈善家。這種人有二大特色，其一：他們根本沒必要跟人介紹自己。因為要說什麼呢？他還需要讓誰印象深刻？難道他還有必要說：「我最近剛買了一幅塞尚。」「我又給芝加哥一間兒童醫院捐了棟全新的手術大樓。」「我剛買了架灣流G5型飛機。」這些話全沒必要說了。其二：這種人總覺得自己仍有不足、老想吸收新知，並且特愛從另類管道吸收。他們聆聽金髮美女說話時求知若渴的模樣，一點不亞於跟金融專家晤談；他們跟加油站小弟聊天的虔誠態度，絲毫不輸向科技奇才求教。他們是專業的聆聽高手。他們專心的聽人講話不是出於禮貌，而是深知：珍貴的資訊常得之於意想不到的談話對象。

在進入各鬼牌話題前，我還有一項至關緊要的密技要傳授諸位：聊天時千萬、千萬別太嚴肅；說話態度如此，說話內容更是如此。聊天時其實**什麼都能講**，既不必內容完全無誤，也不必非得政治正確——重點只在你不能讓自己太認真、太嚴肅。聊天嘛，嚴肅與認真絕對是大忌！聊天的最高境界和最高指導原則乃：詼諧風趣。話要說得精簡扼要，必要時加油添醋一下，最好能讓人聽了暗地叫好，這才是重點——至於正不正確，那不是聊天的重點。誰能掌握詼諧這項藝術，誰就是社交之王。

可惜，能把詼諧這把利器耍得好的人少之又少。過世多年的知名記者約翰納斯．格勞斯（Johannes Gross）算是一個。他生前在《法蘭克福匯報雜誌》（*FAZ-Magazin*）上闢的專欄，是每個想一窺詼諧之精髓者都該拜讀且奉為圭臬的經典。有一次，他針對詼諧做過這樣的註解：「一個朋友一臉欽佩的向我引述法國人的詼諧：法國人說，有幸結識女富豪卻沒有當場愛上她的人，想必是**智障**。我一聽，這哪夠詼諧啊，真夠詼諧的話應該說：有幸結識女富豪卻沒立刻愛上她的人，想必是**殘障**，因為根本無腦。」

最後諸位一定想問：這樣的風趣學得來嗎？我的回答是：當然可以！不過先決條件是，得先學會在任何情況下都別太認真、太嚴肅了！

話題12
貴族

這是個非得會聊不可的話題嗎？當然不是。貴族在現今德國不過是無足輕重的極少數族群。名字裡有個「封」或「馮」（代表他是貴族）的德國人少之又少，甚至不到總人口數的千分之一。與其聊貴族，不如聊已經在德國住了數世紀的辛提人（Sinti），或備受關注且文化幾乎要失傳的少數民族索布人（Sorben）。可是，據說貴族很吸引人！有些人一見到貴族就討厭（這種明目張膽的討厭只能用在貴族身上喔，不能用在其他少數民族身上），另一批人則是一聽到貴族就興奮抓狂——貴族圈裡再雞毛蒜皮的事他都想知道。

但其實沒有人真的知道貴族的事。不是貴族的人，根本不了解那個圈子的事。身為貴族的人，則完全不知該從何說起。就拿我來說吧，我要怎麼寫貴族？以一個圈內人的角度來寫？那情況就會像：「是啊，傑克和寶菈，還有娜提跟古奇，他們幾個都好棒、好棒、好棒喔！跟他們相處真的非常、非常舒服喲！但波姆斯和龐恩，他們倆特別會鬧又愛玩……」這類內容讀者絕不會滿意。

總之，既是一丘之貉，又如何能以貉論貉？

大家應該要了解，一個一體適用的「貴族」概念其實並不存在，貴族和貴族之間有著很大的差異。貴族之間的階級劃分涇渭分明，不同階級之間幾乎互不往來。如果自己的階級被搞錯，他們的反應會很激烈，甚至覺得受辱。貴族的位階就像一個多層蛋糕：最上面是翻糖，屬於這一層的家族十根手指算得完，這些家族一直到一九一八年仍是王國的統治者。但隨著共和時代來臨，這些國王也被廢黜了。緊跟在國王下面的是高階貴族，這個層級的家族不超過二打，他們的頭銜是公爵或侯爵，但這批人絕大多數在國王被廢前一百年就已經失去領地了；一八〇三年至一八一五年，拿破崙戰爭期間發生了大規模的土地重劃，戰後歐洲版圖更因被拿破崙搞得亂七八糟而不得不重新分配，這些都是導致高階貴族失去領地的原因。民主時代來臨前，國王比高階貴族又足足多了一百年的緩衝期，因此得以把高階貴族完全踩在腳下。

高階貴族和國王之間存在著微妙的敵對關係。數百年來，大領主一直都想併吞小領主——最後也大多成功了。最典型的例子，當屬一向有世仇關係的符騰堡（Württemberg）和霍恩洛厄（Hohenlohe）。一直到神聖羅馬帝國結束前，他們都是鄰邦的關係。符騰堡大公和霍恩洛厄公爵的位階是一樣的。在前面提到的領土重劃過程中，霍恩洛厄公國及其他幾個小邦被劃歸符騰堡王國，成為它的新領地。換言之，霍恩洛厄被符騰堡併吞了。弗里德里希・馮・符騰堡（Friedrich von Württemberg）從此不再是大公，而是驕傲的國王。他還特別為此訂製了華麗的皇冠、高貴的銀鼬披風，並下令在最短時間內拆除新領地內所有與舊領主有關的標誌；皇宮大門上的徽章必須更換，連僕役的制服也不准再穿。為了彰顯自己的地位和權勢，符騰堡王國的第一位國王弗里德里希一世甚至要求霍恩洛厄公爵得向自己重新請求冊封，希望藉此削弱對方原有的位階和特權。幸好霍恩洛厄公爵處變不驚，他差人給新國王送去符騰堡向霍恩洛厄借款的借據，以及符騰堡人曾在婚禮上為霍恩洛厄人拉新娘裙襬的證據。銳氣盡挫的弗里德里希一世只好摸摸鼻子，暫時放棄重新冊封霍恩洛厄公爵的詭計。類似的外交衝突和攻防，不斷發生在後拿破崙時期登上王位的國王與原先的公國之間：巴登公國、巴伐利亞王國、黑森公國……各邦之間的恩怨情仇錯綜複雜。無怪乎，國王和高階貴族間會有那麼深的敵意。

排在第三層的貴族既被王室鄙夷，又被高階貴族瞧不起。根據皇室和皇族權威資料《哥達年鑑》（*Gotha*）上的排名，位列第三的是徒有公爵封號卻沒有封地的貴族。這種公爵只能算榮譽頭銜，比方說鐵血宰相俾斯麥。

被壓在這三層底下的，是為數眾多的伯爵和男爵（或稱自由爵）。這些貴族在神聖羅馬帝國時期雖享有賦稅上的特權，卻已經沒有統治權和自己的封地。他們絕大多數是朝中官員或公務員，算是行政區域重劃中受害最徹底的一群。因此，這些低階貴族和高階貴族間的嫌隙與仇恨也很深。

在整座蛋糕最下面墊底的根本算不上是貴族，這些人就是十九世紀晚期或二十世紀初才受封為貴族的人。德意志帝國威廉二世時期有過一波「受封潮」。無論是先前受封為貴族的高傲大臣，或名字裡有個「馮」或「封」，家裡出過無數政治家、官員、外交官，但自己現在只是在家裡蹲的古老貴族，總之，只要有人把他們跟最後一批受封的末代貴族混為一談，就會義憤填膺、自覺受辱。這批新貴族被稱為「拼音貴族」，因為這批人的姓氏通常名不見經傳，所以在作自我介紹時常得逐字母拼給人家聽。但這種鄙視反映的其實是妒忌：傳統貴族妒忌工業界這些平民貴族越來越不可一世。如今，無論是「馮．歐寶」（von Opel）或「馮．提森」，都比那些傳統貴族還要婦孺皆知。

總之，貴族等級之高低，取決於此家族對其領地的統治時間有多長和統治實權有多大。但有通則就有例外，比方說富格爾（Fugger）和圖恩暨塔克西斯，這兩個家族數百年來在政治和經濟上的強大影響力，讓他們即便從未有過封地，也足以媲美擁有統治權的領主，所以他們實質上是最高等級的貴族。另外，像古騰堡（Guttenberg）和亨克爾．杜能斯馬克（Henckel-Donnersmarck）這二個家族在領地內的影響力早就根深蒂固且不可撼動，所以即便後來不再是名義上的領主，實質上卻仍掌握統治權。容我再次提醒，一體適用的「貴族」概念事實上並不存在，貴族其實是個非常複雜的階級系統。不同的家族間（尤其隸屬不同階級時），經常存在著很深的敵意。這些貴族只有二個共通點：一是文化類似，二是家族都源自於工業化之前的古老世界。

無論如何，德國貴族的頭銜已經被廢！根據威瑪憲法一百零九條：貴族稱號僅可作為姓名的一部分。德意志聯邦共和國成立後，直接繼承了威瑪共和的這條法律，此舉也算對古蹟保留做出了重大貢獻。貴族頭銜就像紀念碑一樣被保存了下來。乍看之下，德國的作法似乎比奧地利友善。奧地利不只廢了貴族頭銜，還頒布禁令，違者重罰。順便一提，奧地利人絕對是全世界最熱愛頭銜的民族。比方說，為了上街時能被尊稱一聲「碩士先生」，出門前打死也要先把褲子熨得筆直。

其實，德國對待貴族的作法遠比奧地利殘酷！奧地利**禁掉**了貴族，此舉卻讓原本就該被廢的東西贏得了莫大的尊嚴。奧地利的貴族禁令代表的是：該國的共和人士打從心裡承認貴族頭銜的存在！因為一樣東西得真的存在才能被禁啊！反觀德國的作法，將貴族頭銜納入姓名中，無異於把無足輕重的古蹟殘骸收進博物館的玻璃櫃裡任其蒙塵。相較之下，德國的作法才是擺明了瞧不起！因為沒放在眼裡，所以根本不必出手嚴禁。

既然奧地利人這麼認真、隆重的證明了貴族的存在，那麼我們實在該問：貴族到底代表什麼意思？貴族這個字的德文是「Adel」，和高貴「Edel」系出同源。貴族代表的是「菁英統治」。至於「高貴」在字典裡的意思則是：討厭懶惰、拒絕懦弱、不屑揮霍，非常重視溫和、謙遜與自制。

上面這段解釋大概不會有人認真看待，它只會讓人更想限制貴族頭銜的使用。畢竟，如今還想矯揉造作擺出貴族姿態的人，實在令人不敢領教。弗蘭格爾男爵，容我……真是刺耳！再說，你真的好意思跟人介紹你是「自由爵」？什麼是自由爵？自由的貴族嗎？真是不嫌累！那「伯爵」呢？伯爵聽起來更不正經了，簡直像騙子，鮑比伯爵、德古拉伯爵、基督山伯爵……這些稱呼真是不何時宜，至少不適合冠在一個普通的都會上班族身上。過去的貴族頭銜跟現代人的職業真的很難混搭。那些伯爵和自由爵如今任職的公司，無論是銀行、拍賣商，或其他類型的公司，假如同意他們繼續使用貴族頭銜，通常是想利用那些古老稱號來裝飾公司的門面，或平添公司歷史的貴氣——不失為便宜的好辦法！獨立工作者更是如此，不管是律師、建築師，或各式各樣的顧問，他們更需要用貴族頭銜來自抬身價，當然也包括像我這樣的記者。

說到貴族就不得不提一九五〇年代二位傳奇作家的通信內容，他們一位是英國貴族作家南西・米佛（Nancy Mitford），一位是伊夫林・沃（Evelyn Waugh）。米佛寫信給沃提到：「貴族的首要之務是，不能為了錢去工作。」換言之，貴族不會純粹為了錢去上班。伊夫林・沃加碼闡述：「妳應該這麼說，貴族並非不能投入商業活動去賺錢，而是一旦他們這麼做，就會淪為中產階級。」所以，貴族可以從事普通人的工作，甚至能做得有聲有色，但問題是一旦他們投入其中就會被同化，就會從此被劃歸中產階級。

建議你，聊天時如果聊到貴族，可以採取這樣的態度：把目前仍有領地、完全依賴祖產過活的最後一批貴族標榜成即將滅絕的古老民族，必須盡快將他們列入聯合國教科文組織少數民族文化遺產保護計畫的對象。此話一出，大家肯定會一臉錯愕的望著你。這時請把握機會繼續誇張引申：保護計畫必須規劃周詳，以確保這些古老家族不會淪為現代社會的上班族。當然，這些受保護的貴族相對的也得承擔某些義務。為確保其血統純正、避免外來基因干擾，為求其獨特怪癖和特有文化得以完整保留，這些貴族從今以後只准近親通婚或族內聯姻。而且，他們必須留在封地內生活，不管下雨時屋頂會不會漏水，房子裡有沒有現代化暖氣；總之，誰要敢把自己的皇宮改建成旅館或高爾夫球俱樂部，就會立刻喪失如稀有動物般被保護的特權。說完這番真知灼見後，建議你立刻、馬上、趕緊換個話題！

話題13

佛教

有些人真的很喜歡裝模作樣，尤其是宗教上的假道學，遇到這種人會讓人非常火大。比方說：長年訂閱德國《日報》（*taz*），自詡開明、自由之士，到了中年卻突然覺醒發現天主教的美好，並且特別推崇傳統、保守的那一派！雖然自己曾是獨立教育系統華德福學校的學生，到了小孩要上學時卻突然變成虔誠的耶穌會教徒，非把孩子送進教會學校不可。至於社會各階層，最令人受不了的當屬住在慕尼黑博根豪森（Müinchen-Bogenhausen）或漢堡波澤爾多夫（Hamburg-Pöeseldorf）豪宅區的貴婦們，她們最愛炫耀自己一年一度的斯里蘭卡五星級旅遊，但她們不稱那為旅遊，而是「靈修」；她們談起「專屬」上師的眉飛色舞，絲毫不亞於從前（年輕貌美時）聊到私人健身教練時的眉開眼笑。

對西方人而言，佛教似乎總跟矯揉造作之輩或婦女雜誌之流連結在一起，一提到佛教，大家想到的就是這類廣告詞：「為生活注入一點靈性吧！」但如果只是基於禮貌完全不去反駁這些假道學、不去替佛教平反一下，實在叫人難受。正派的佛教團體不該受到這樣的汙衊，不該只被當作「跟上健身房一樣」來鄙視。那樣的信仰方式不是正宗的佛教，用那樣的觀點來看待它實在有欠公允。但這種低宗教劑量的靈修活動真的不行嗎？難道要貴婦們繼續把生活重心全放在義大利名牌包或英國珠寶上？算了，還是寧願**來點**宗教，好過完全沒有。

雖然佛教——就此切入正題——就西方的觀點來看其實不算宗教，更像是一種生活實踐。但即便如此，我們還是可以從西元前六世紀出生於尼泊爾和印度交界的悉達多．喬達摩（Siddhartha Gautama）王子身上學到很多。有宗教信仰的人研讀佛陀（或佛陀弟子）的學說能讓自己的宗教觀更為豐富，沒有宗教信仰的人可藉由佛學讓自己的人生，甚至別人的人生變得更豁達。許多西方人一直有這樣的偏見：佛教之所以受到現代西方人的喜愛，全因為它骨子裡只是種自私的靈修活動、一種只追求自我圓滿的宗教。但仔細探究會發現，這些偏見根本是胡說八道。佛家所謂的業（Karma），梵文的意思包括了「作用」、「行為」等，乃奠基於這樣的因果觀：善有善報，惡有惡報。如果一個佛教徒一味的追求一己成就，那麼他一定是最笨的佛教徒，因為惡有惡報，其自私行為最終的受害者一定是他自己。

但讓我們按部就班的來，先聊聊悉達多這個歷史人物。他出生於印度王室；換言之，佛陀是在非常富裕的環境中長大。據說，養尊處優的他跟外界毫無接觸，不過這個說法應該是誇大其詞。父親為了讓整天愛作夢、愛胡思亂想的兒子腳踏實地些，在他十六歲時替他安排了一門親事。婚後，不知為何，他竟長達十三年沒有子嗣。

後來，當他的妻子終於懷孕並且快要生產時，他竟然進行了史上有名的「四次出遊」，並因為那四次出遊的所見所聞決定遠離俗世、出家為僧。第一次出遊時，他坐在一輛由馬車夫駕駛的華麗四駕馬車上，正要離開皇宮時看見一名老翁，並因而有了很深的感慨。他想到自己總有一天也會老，於是悶悶不樂的折返皇宮。後面的三次出遊，他陸續遇見了病人、死人，和僧人。和僧人的相遇讓他下定決心要離開皇宮、離開家人，成為修行的比丘。就在他要離家的那天，妻子誕下了一名男嬰。離開前，悉達多想看兒子一眼，但就在他走進妻子熟睡的臥房時，油燈竟熄滅了，因此他連一眼都沒看到剛出生的兒子。不管這則傳說是真是假，它旨在傳遞佛教的一項中心思想：人生盡是苦、盡是悲。求之而不得或失去所愛，皆是苦。我們所看重、珍藏於心的一切，最終只會為我們帶來痛苦；換言之，所有內在的牽絆最後都會變成痛苦。佛陀死前（據說他死於食物中毒）曾交代弟子不要為他舉行喪禮，因為他素來就告誡弟子不要執著於任何人事物。

根據佛教的說法，人生最基本的狀態便是苦。苦指的不只是悲傷和痛苦，還包括生而為人的種種貪、嗔、痴。簡而言之：人總是無法滿足。佛家認為人之所以不知足都是因為欲望，所以要戒色、要戒除所有的感官逸樂，以離苦。佛教徒追求的境界是無欲無求，也就是所謂的「涅槃」（Nirvana），但要修得涅槃就得藉由八正道。所謂的八正道就是：正見、正思維、正語、正命、正業、正精進、正念、正定。但這八正道一路數下來並非什麼「戒律」，反而比較像聖人的修行指南。

所以，就西方人的觀點來看，佛教並不是宗教，它不崇拜某一位神，跟我們所信奉的一神教完全不同。它比較著重**知識論**。「佛」這個字源自於梵文，意思是「覺」或「悟」。唯有無欲無求才能達到佛的境界，要鍛鍊無欲無求的最好方法就是「專注」和「正念」。近年來這二項修行技巧在全球掀起熱潮，帶動靈修課程的業績蒸蒸日上。但是，即便這些術語是歐洲大嬸在度假勝地陶努斯山或蒂蒂湖畔最愛高呼的口號，也**不代表**它們是可以被鄙夷或忽視的文化技能。

佛家所說的正念是一種感知生命的能力，並藉此提醒世人：導致人生不安的並非事物本身，而是我們對事物的**想法**。關於禪（中國佛教的一支）有本值得推薦的書，這本書的作者是美國知名律師李奧納・雪夫（Leonard Scheff），書名為《當母牛占據了停車格：運用禪的方式克服憤怒》（*The Cow in the Parking Lot: a Zen Approach to Overcoming Anger*）。書中有則小故事，一針見血的描述了人的心理：你正在停車場裡找停車位。繞了半天，終於看見有車主要把車開走。你立刻打下方向燈，耐心的等在旁邊。另一頭突然殺出一輛越野車，以迅雷不及掩耳之速衝進剛空出來的停車格裡。你猛按喇叭，對方走下車，衝著你獰笑，比出中指。你感到生氣？憤怒？請立刻想像，如果現在霸占停車格的是隻母牛，而非那個可惡的越野車駕駛！母牛舒舒服服的窩在那兒，經你拚命按喇叭，終於慢條斯理的抬起頭，瞧了你一眼，但並不打算移動，這時你會生氣嗎？不，你應該會覺得好笑！

這故事最棒的地方就在：二種情況的結果其實一模一樣！但第一種狀況，你覺得受到侵犯，所以很生氣，後者則不然。所以兩者的結果雖一致，你對它們的**想法**卻完全不同。讓你生氣的其實是你**認為**對方很可惡。所以，該怎麼辦？首位美籍藏傳佛教寺院女住持佩瑪．丘卓（Pema Chödrön）精闢的點出了佛教徒的處世態度：「我不夠好。你不夠好。但**這樣**就夠好了。」

再說一則有名的佛典小故事。白隱慧鶴是日本十八世紀非常有名的一位禪宗大師。他住在一個小村莊裡，仰賴村民的布施供養，過著簡單、樸素的修行生活。有一天，村裡一位美麗的女孩懷孕了，女孩堅持不肯說孩子的父親是誰。幾經父母逼問，女孩竟誣指白隱禪師是孩子的父親。女孩的父母怒不可遏的去找禪師理論，甚至破口大罵。禪師只是淡淡的說了一句：「是這樣啊。」禪師從此惡名昭彰，再也沒有人肯布施給他。為了養活自己、女孩，和嬰兒，禪師開始到田裡辛勤耕種。經過一年，女孩受不了良心譴責，終於向父母坦承孩子真正的父親是誰。女孩的父母立刻跑去向禪師懺悔並請求原諒，這次禪師同樣只是淡淡的說：「是這樣啊。」

就像一般的故事，流傳後總是比較誇張。但重點是：無論是面對指責或道歉，白隱禪師都泰然自若。因為他沒有我執，也不執著於別人對他的看法。再說，突然變成人父，誰說一定是壞事呢？也有可能是天大的幸運啊。耕田雖苦，也有可能是珍貴的鍛鍊啊。誰曉得呢？禪師抱持的也許正是這種「誰曉得？」的態度。這讓我想到另一則故事：話說有位大地主，僕人慌慌張張的跑來跟他稟報，負責馬廄的男孩忘了關門，那匹珍貴的公馬跑了。這很倒楣嗎？誰曉得？三天後公馬回到馬廄時，竟一舉帶回了三匹母馬。

佛家講識，亦即意識，認為意識能讓人覺知當下、意識比思想更為深刻。人的思想大多不是在煩惱過去，就是在憂慮未來，很少安住在當下。但就佛家的觀點而言，當下才是生命的核心，所以要藉茶道、射箭和摺紙等藝術來進行禪修。「動作」本身就是目的，不管你正在做什麼都要全心全意、專注於當下的去做。

聊到這兒，我不打算繼續深究佛理，而是想跟大家介紹一位幾年前我採訪過的心靈大師，並摘錄那場訪談的重要內容。當今之世有無數人受惠於他的「正念」思想，並得以從「幻相」中解脫出來。所謂幻相就是以為自己的思想——亦即存在於腦中的那個廣播站——等同於自己。此人就是艾克哈特．托勒（Eckhart Tolle）。他大概是旅居異國最有名的德國人了。他的書全球暢銷數百萬冊，尤其受美國人喜愛。《紐約時報》盛讚他為美國境內最具影響力的心靈導師。對此，德國名主持人艾卡特．馮．希爾敘豪森醫師做出了另類分析：「美國人之所以喜歡他，大概是因為他的美語帶點德國腔，加上美國人以為他的學說結合了高深的佛理與精湛的德國科技。」我跟妻子有幸造訪他位於加拿大小島上的家，見到他本人時，我差點以為見到了《星際大戰》裡的尤達大師。他長得不高，卻渾身散發著魅力。以下文字摘錄自我們的談話內容：

為什麼人類要獲得幸福快樂會如此困難？

人習慣於追求「未來的」幸福快樂。大家總認為未來一定比現在更具意義，所以忘了把握眼前的幸福，總是把幸福寄望於未來。這其實非常可惜。如果我們無法滿足於眼前的行為，無法滿足於此時此刻的處境，我們就會不自覺的對自己說：等到下班，等到晚上，就可以……。或者：只要等到週末就可以……或一心一意盼著下次的假期。甚至有人會跟自己說：只要自己能做到什麼或得到什麼，就一定能幸福快樂。那麼當下呢？眼前的這一切呢？許多人視之為阻礙，視之為必須克服、擺脫的狀態。嚴重時甚至會憎恨、仇視自己目前的狀況，不僅把它當作阻礙，甚至把它當作敵人。結果呢？就是不斷把自己的人生視為阻礙，甚至視為跟自己作對的敵人。

但人生確實會遇到一些很煎熬的時刻，煎熬到讓人只希望時間能趕快過去。比方說身體痛得受不了，或真的害怕到不行，例如身處戰時。遇到這種時候也要接受當下嗎？

我不會說：你必須接受。但我相信這是個機會，一個讓我們去領悟「如其所是」的機會，我們將學會用「事情就是這樣」的態度去面對人生。說來矛盾，但人真的常常得在逆境中才有辦法自我突破、自我成長，甚至得陷入絕望，覺得一切都完了，連掙扎和反抗的念頭都放棄了，才能產生平靜的感覺。

但煩惱真的存在，我無法對它視而不見啊！

真的是煩惱嗎？那些真的是問題嗎？為什麼我會這麼問，因為不停的煩惱，反而會阻礙我們看見解決之道。人生有許多際遇確實很辛苦。但是，如果你追求的是一個沒有煩惱、沒有問題的人生，那麼你的想法一開始就錯了。只要你能看清這一點，很多問題其實就不存在了。有位智者說過：所謂的歷史，就是該死的事一樁接著一樁。這句話其實也可以用在人生上：該死的事一樁接著一樁！但人生本來就是由一連串的挑戰所組成，沒有人可以豁免。但這也正是人生珍貴的地方。

一心想擺脫不幸才是導致不幸的主因？

仔細探究你會發現，造成我們不幸的並非挑戰，而是我們對那些挑戰的想法。換言之，我們為那些挑戰貼上了標籤。莎士比亞是怎麼說的？事無好壞，端看你怎麼想！煩惱絕對幫不了我們的忙，尤其是凌晨三點還在輾轉反側，煩惱到睡不著。

有沒有什麼練習，可以幫助我們活得更專注、更清醒？

其實拿每天必須做的事來練習就可以了，比方說洗手。每次洗手都要有意識的去做！洗手其實是件很美好的事。溫暖的水，香皂。無論你做什麼，只要你全心全意的去做，就能感受到那份奧妙。

超過二千五百年的古老智慧就這麼一語道破：請專心洗手！如果你在雞尾酒會上宣揚如此高深的道理，包管大家對你刮目相看！

話題14 成功

當今之世，大家最愛聊的話題當屬「成功」。為表示我的嚴正抗議與不以為然，這一章我會寫得特別短。但聊到這個話題時，我給各位的建議是：把握機會大鳴大放！

可以的話，請在眾目睽睽下，把旁邊某個人的杯子一把奪過來，將**你的**飲料直接倒進**他的杯裡**。此舉肯定惹惱對方，尤其當你喝的是沒品味的雞尾酒，對方喝的是高檔香檳或馬丁尼時——我這麼設定是為了凸顯你占了便宜！這時，你一定要氣定神閒的跟大家說：「我這麼做可不是胡鬧，而是有其必要。我是為了幫大家示範**所謂的成功**有多荒謬！因為我剛**成功的**讓他杯裡的飲料溢出來了！」

其實，更好的遁詞是引用英國推理大師G．K．卻斯特頓（Gilbert K. Chesterton）的至理名言；他的話能讓你更顯師出有名。卻斯特頓曾針對「成功」這個可鄙的主題提出世上最風趣睿智的看法。他在一九〇八年出版的散文集《綜觀一切》（*All Things Considered*）裡收錄了一篇文章〈成功的謬論〉（The Fallacy of Success）。可見，鼓吹成功的勵志書不是現在才風行，而是從以前到現在一直在貽害大眾。

卻斯特頓在書中寫道：「世上沒有任何事情能不成功。一件事之所以是成功的，正因為它原本就是如此；富翁之所以成功乃因為他是富翁，驢子之所以成功乃因為牠是驢子。所有活著的人都正成功的活著，死掉的人顯然也成功的死掉了，或自殺成功了。」接著，卻斯特頓不忘將其巴洛克式的古典智慧瞄準迂腐的拜金意識形態，他以希臘神話中能點石成金的米達斯國王為例：雖然他可以讓自己碰到的所有東西變成黃金，卻無法享受親手拿著火腿三明治大快朵頤的樂趣。「加上這位國王有對驢耳朵。他就像所有的名人與富豪一樣，想盡辦法要隱瞞這件事。」

史上最蠢的「成功教」，當屬二〇〇六、〇七年左右爆紅的那個「新學派」：《祕密》不但拍成了電影還出了書。這本書最成功的地方，就在它成功的毀了許多人的人生。書中鼓吹只要你積極的、全心全意的相信你的目標，目標就能達成。但此信念最大的敗筆就在：真實人生本來就要面對許多失敗。這些「成功教」的信徒在他們的小圈圈裡篤信成功是**指日可待且萬無一失**，因此常會導致準備不足、努力不夠。真正在現實生活中達到非凡成就的人，其奮鬥歷程跟《祕密》或其他一味鼓吹「正面思考」的書剛好相反。對他們而言，人生是克服困難的最佳舞台，他們樂於在難關中樹立典範。

對於真正想發揮自己最大潛能、努力奮鬥的人，有本書值得推薦。寫這本書的人曾從高空俯瞰整個地球，他就是曾任國際太空站指揮官的加拿大太空人克里斯・哈德菲爾（Chris Hardfield），他的書叫《太空人的地球生活指南》（*An Astronaut's Guide to Life on Earth*）。書中描述太空人在訓練過程中絕不會漠視任何一個小差錯，因為他們知道自己得到的每個教訓都是珍貴無比的案例，可幫助其他太空人避免再犯類似或相同的錯誤。在模擬的過程中，一個失誤就足以引發一連串的災難。唯有正視錯誤，才能避免和阻止災難發生。太空人的訓練告訴了我們：在攸關生死的情況下，還自我欺騙「只要我正面思考這就會是最佳狀態」，無異於自尋死路。我有幸採訪過哈德菲爾一次，臨別前他送了我一句話。我一直將那句話銘記於心，每當遇到自覺過不去的難關、萬念俱灰時，就會拿出來醍醐灌頂一下：「再糟糕的情況，其實都沒有你想像的那麼嚴重！」

哈德菲爾的書是唯一我覺得真正勵志的書——因為它不是勵志書。針對坊間那些以勵志書自居的大作，卻斯特頓曾這樣評論：「沒有人敢寫一本介紹電的書卻隻字未提跟電有關的內容；沒有人敢交一篇研究植物學的論文，卻清楚明白的自曝根本不曉得專攻的植物最遠分布到哪兒。當今之世卻有無數談成功和成功人士的書，不但說理不清、思慮不周，還通篇讀完找不到一句有意義的話。」

話題15

法國人

幾年前，如果一個人自恃甚高、想展現優越，就得時不時秀一下流利法文。之後又有段時間，若自覺見識非凡，就一定得用力的把法國批評得一無是處。那時只要在德國境內，無論大城小鎮，從亞琛（Aachen）到茨維塞爾（Zwiesel），再到博爾庫姆（Borkum）和加爾米施—帕藤基興（Garmisch-Partenkirchen），所有德國人最愛的社交活動就是聚在一起詆毀法國。可惜，這項有趣的全民運動竟然不流行了。可惜呀，真的可惜！原本在社交場合最受青睞的「法國佬」就這麼壽終正寢啦！現在沒人想說法國話，沒人想聊法國事了。法國這個趾高氣昂的國家曾是德國好幾代人最愛咒罵的箭靶，現在竟消融於「歐盟」這個超級國家的概念中，荷比盧三小國趁機崛起、漁翁得利。其實德國也有同樣的問題，但縱使德國就此人間蒸發，大概也沒人會為它掉一滴眼淚。相反的，法國之殞落卻令人無限感慨、萬般遺憾。

這件憾事唯一的好處是：現在只要你故作「崇法」姿態，就能顯得獨樹一格！道歉時別再老土的說「Sorry!」，要不經意地吐出「Pardon!」，瞬間叫你氣宇非凡。但到底要具備哪些知識才能充當法國通？即便你法文「Bouillon」（肉湯）和「Buillabaisse」（魚湯）傻傻分不清，只要知道下面這些事，聊法國時還是能無往不利！

有件事幾乎被淡忘，光是知道這件事就足以讓你受用無窮：法國的土地上曾出現過足以和巴比倫、埃及分庭抗禮的人類，並且發展出最早的高度文明。知道了這件事，你就能明瞭何以法國計程車司機和餐廳侍者會那麼瞧不起外國遊客。正因為瞧不起，所以才要我們多付點小費。嚴格來講，那不叫小費，應該叫補償金，或者叫賠償金，賠償他們紓尊降貴的跟我們打交道。一旦了解法國文化有多麼高高在上、多麼尊貴，就能明瞭何以偉大（且完全瘋了的）法國作家里昂．布洛伊（Léon Bloy, 1846-1917）會說出這樣的話：「法國是世上最優秀的第一等民族，其他所有的民族，不管是什麼民族，縱使只獲准品嚐法國狗吃的麵包，也該滿心感激和崇敬。」

就像東非人自豪於他們的故鄉是孕育出人類的搖籃，法國人也對歐洲最早（大約二百萬年前）的人類遺跡出土於法國深感驕傲。在我們今天稱之為斯堪地那維亞、德國和英國的這些地方仍冰封在厚厚的冰層下時，法國的土地上早已孕育出文化。這可是有骨為證的，考古學家在法國的山洞裡挖到了一些加工粗糙的石塊和人類遺骸。雖然法國境內（包括巴黎盆地在內）如今絕大部分仍是綿延的原野和森林，但最早生活於此的遠古法國人已知道要吃熟食，尼斯附近的瓦洛內峰（Vallonet）山洞裡找到的火堆就是鐵證！

數千年後，擁有平扁額頭和突出眉骨的尼安德塔人受到另一支全新人類「智人」的威脅而沒落。直到今天沒有人確知：智人到底有何過人之處？為什麼他們能獨占優勢？儘管許多人提出過各種揣測，終究只是眾說紛紜。其實答案再簡單不過：歐洲的第一位智人就是法國人呀！西元前三萬五千年，歐洲大陸的第一批人類就生活在法國，因為他們高超的品味與今天的法國人如出一轍。那些人類祖先在法國佩里格（Périgord）山洞裡留下的作品，充分展現了卓越的藝術天分和對形式的高度掌握。雖然在西班牙北部也有類似的發現，但想必也是出自法國原始人之手。肯定是那些法國遠祖在庇里牛斯山迷路了（為了去找美食？），後來被迫留在那裡。西元前四千年，蘇美人在美索不達米亞建立了人類的第一批城市，同時間法國也出現了留下神祕巨石柱的沙塞文化（Chasséen culture）。雖然沙塞文化沒有留下文字證據，也不像蘇美人發展出高效率的行政體系，但光憑這些就能判定沙塞文化不算高度文明嗎？法國人至今不喜歡一板一眼的行政體系，他們寧願保留村莊也不想建立城市，原因無他：從古至今，法國人都深感鄉村生活遠比都市生活愜意。其實，沙塞文化的農業規模一點也不輸美索不達米亞，但不同於兩河流域，法國這兒不愛祭祀嗜血、殘酷的神，他們崇拜的是豐產女神（或稱富饒女神）——實在不得不說這更文明吧！在這點上，法國人再度展現了一以貫之：爾後他們崇拜的是聖母，再後來則是聖女貞德，到了二十世紀則崇拜女星凱薩琳．丹妮芙（Catherine Deneuve），二十一世紀則是性感超模蕾蒂莎．科斯塔（Laetitia Casta）。

總而言之，唯有懂得把法國視為人類文明之搖籃，將它與美索不達米亞等量齊觀，你才能真正了解法國人之所以為法國人，且恍然大悟：其一，為什麼法國人一見到群眾就會不由自主的往前一步，自覺鶴立雞群——無論是領導第一次十字軍東征、來自布永的戈弗雷（Godefroy de Bouillon），或出現在巴黎北站售票口的法國女人；其二，何以「德國佬」和「英國佬」，以及世上其他所有民族為求生存不得不然的事，例如吃飯、穿衣，到了法國人眼裡就成了關乎文化的頭等大事，並一舉將之提升至藝術層次；其三，何以法國人會有如此獨特的判斷力，會如此固執、如此不受教？這些全導因於法國人那份令人稱羨的絕對自信，法國人只忠於自己的價值。每個法國人都覺得自己是貴族——並非頂著什麼貴族頭銜，而是基於文明教化；文明讓他們了解到「身而為人」便足以高高在上、盡顯尊貴。法國人絕不會想抬舉自然、崇拜自然，他們不像條頓人老愛自貶身價，不像德國詩人賀德齡（Hölderlin）夢想與大自然合而為一（「倘若我變成了植物，又有何礙？」）。法國人太驕傲，太以身而為人——不，更正確的說法是，為身而為法國人感到驕傲！

沒錯，要了解法國人最佳的切入點，便是觀察他們與大自然的關係。一流的英國庭院追求的是仿效自然，法國人要的卻是馴服自然，他們只想根據自己的想法來形塑自然。相較於德國人一味熱愛碩大和繁盛，法國人卻懂得「適度」的珍貴。就法國人的定義，文明乃是當你越有能力奢侈的、過剩的享受生活中的好東西時，越該藉節制和適度來保留那份輕鬆、優雅與尊貴。

對法國人而言，飲食上的最高指導原則同樣是適度，唯有適度才能讓享受達到極致。「就餐飲的部分而言，菜單乃法國文明暨思想具體而微的展現，」已故德國記者兼作家弗里德里希．希堡（Friedrich Sieburg）在他那本無與倫比的經典之作《上帝在法國》（*Gott in Frankreich*）中寫道，「重點不在於把整盤菜吃光以換得飽餐一頓。吃之所以能成為一種幸福，關鍵就在你得仔細品味各種元素在精心設計後得到的昇華。」多棒的想法呀！法國人之所以能把葡萄園裡的蝸牛和蔬菜燉牛肉這些平凡無奇的菜享受到極致，乃因為他們不是在**吃**，而是在**品味**。

這樣的態度，也反應在法國人的美感上。巴黎是全球數一數二的大都市，卻沒有任何一個都市像它一樣，如此懂得珍惜簡單和樸素。所以才有那麼多的波希米亞人喜歡巴黎，覺得生活在巴黎最是舒適愜意。全世界的人都想住在好地段，巴黎人也不例外，只不過巴黎沒有一個地方不是好地段。巴黎人只要一談起自己的窩就眉飛色舞、眼睛發亮——無論他住的地方有多嘈雜、多髒亂。德國人嫌「好臭」的地方，巴黎人會一臉陶醉的說：「那地方好有氣氛！」被我們罵「吵」的區域，巴黎人稱之為充滿人氣的「精華區」。我們眼中的「偏遠」，到了他們口中便成了「綠意盎然」。身為巴黎人，即便一無所有還是能趾高氣昂的自詡為文明之子，中午能一臉優雅的翻閱高規格菜單，即便上面的菜色非常寒酸。他們整天活得自信滿滿，信步走去便是全世界最大、最美的客廳：整座巴黎城就是巴黎人的客廳。

讓我再介紹一個觀點，此觀點一出，即便你一句法國話也不會說，也會立刻成為最高等級的「媚法者」：對德國人而言，古代歐洲最大的悲劇，就在羅馬人於西元前一世紀征服了高盧人，並將他們徹底羅馬化，卻在西元〇九年的條頓堡森林戰役中吃了敗仗，並就此嚇破膽，放棄征服日耳曼。如果當初羅馬人最遠打到的是易北河而非萊茵河，如果當初日耳曼人也能被羅馬化，德國人今天同樣也能過上舒心愜意的好日子，就不必老是長吁短嘆、自怨自艾了不是嗎？唉，要是我們也能是羅馬後裔該有多好！

同樣的憾事還有一樁：在條頓堡森林戰役之前六十年，在其西南方八百公里處，也就是離今天法國第戎（Dijon）不遠的地方，發生過一場慘烈戰役，也就是阿萊西亞（Alesia）之役，羅馬人同樣在那一場戰役吃盡了苦頭。凱爾特族在其首領維欽托利（Vercingetorix）的領導下，連番重挫凱薩的羅馬軍團。凱薩在他的《高盧戰記》中曾提到：最後七萬羅馬人力抗八萬高盧戰士。但現代歷史學家質疑凱薩有吹牛之嫌，事實上應該是羅馬軍團的人數遠超過高盧士兵。總而言之，高盧最後還是吃了敗仗，維欽托利被用鐵鏈鍊住，拖到羅馬去處決。如果維欽托利也能像六十年後條頓堡森林戰役中的日耳曼首領阿爾米尼烏斯（Arminius，也就是德國史上稱為「切盧斯克的赫爾曼」〔Hermann der Cherusci〕的民族英雄）那樣大敗羅馬軍團，並讓羅馬人在阿萊西亞之役後徹底放棄占領高盧，不知現在的世界會是怎樣？

高盧被羅馬征服到底是幸還是不幸？至今法國人對此仍爭論不休。法國文化之所以如此高高在上，得歸功於羅馬化？但羅馬帝國早就殞落，法國卻獨自屹立至今，並成為拉丁文化的核心。當初羅馬帝國在歐洲各地造成的羅馬化，顯然和現今發生於全球卻備受質疑的麥當勞化不同。羅馬帝國藉其強勢武力在非羅馬文化區攻城掠地，相同的事如果發生在今天一定會受到聯合國制裁，並且被媒體冠上文化侵略或謀殺的罪名。十九世紀知名的法國歷史學家朱爾・米榭勒（Jules Michelet）曾措辭嚴厲的說：西元一世紀發生於高盧的事，讓「凱爾特—高盧」猶如亞特蘭提斯般消失了。被稱之為「德魯伊」（Druiden）的凱爾特貴族不是被殺，就是逃往英國；凱爾特族的語言一如宗教就這麼消失了。爾後只能在一些民間習俗、異教徒傳說或童話中，才能見到些許凱爾特文化的蹤影。但高盧菁英很快便臣服於新的統治者。當然，羅馬皇帝也不忘攏絡這批人，例如在里昂出生的克勞狄烏斯（Claudius，西元四十一年至五十四年在位）就拔擢了高盧人成為元老院議員。原本的「凱爾特—高盧」菁英，搖身一變成了「高盧—羅馬」菁英。同樣的情形，也發生在法蘭克人由西來犯時。法蘭克人在中世紀時成了法國這片土地的新主子。這麼說來，法國人還真是懂得如何適應新局、侍奉新主啊！

但這麼會見風轉舵，法國人到底懂不懂什麼叫風骨與堅持啊？

天啊，請立刻忘掉這句話，連喃喃自語一下都不行喔！我們好不容易說盡了法國人的好話，極盡「崇法媚法」之能事，最後豈能讓這一記回馬槍來搗亂——經此質疑，我們的通篇努力不都白費了？

話題16

上帝粒子

人聊起天來，有時真的會不知所云，甚至盡說些自己都聽不懂的話。這情況常發生在你真的遇到聰明絕頂或博學多聞的人，你被他們的優秀給震懾住，卻又不肯甘拜下風，還想扳回一城。可惜，套句德國文青愛說的話：效果只會適得其反！勸你回頭是岸，乖乖的自甘平庸吧！（比方說趕緊話兩句家常：「那邊的俄羅斯蛋沙拉嚐過了嗎？好好吃！」）或者，乾脆跟他拚了，咱們來聊量子物理學！

這話題最棒的地方就在：全世界真懂量子物理學的人只有五個。一個在巴黎教書，一個在維也納作育英才，第三個也是最重要的一個沒人知道他的下落（據說他正在一個祕密的地方幫美國政府從事祕密計畫），第四個任職於日內瓦歐洲核子研究組織CERN，多年來沒有離開過實驗室一步。第五個，就我所知，已經瘋了。所以，在社交場合要遇到真懂量子物理學的人比登天還難。因此，這話題絕對是不可多得的夢幻主題。它涉及的全是天馬行空、怪異荒誕的問題。比方說：同一個物體有沒有可能同時出現在別的地方？一加一會不會等於一？大自然會不會蓄意欺騙我們？

量子物理學大大顛覆了我們習以為常的生活法則和邏輯，所以非常適合拿來探討各式各樣的狀況。只要你拋出「上帝粒子」，肯定能讓大家倒抽一口氣。如果你是為了爭取時間，那這招絕對有效，只不過不一定能爭取到很長的時間。既然丟出了震撼彈，就要有本事把它講得有模有樣。所以，對此話題你也要有所準備。在此，為你濃縮和惡補一下量子物理學的基本知識。

物理學的天職就是解釋世界。古代學者研究的主要是日常生活中的東西。但隨著時間過去，學者鑽研的對象越來越深入。例如，生於西元前四百七十年左右的希臘哲學家德謨克利特（Demokrit）就提出了這樣的想法：如果我們把一塊木頭或一塊布不斷對切，結果會怎麼樣？他認為：最後一定會出現再也無法切割的極小單位。他稱這個最小的單位為「原子」（atom本來的意思就是「不能再分割」）。但如今我們已知組成物質的最小單位其實是「基本粒子」（elementary particle），原子也是由基本粒子組成。其中一種基本粒子叫電子，電子會繞著原子核打轉，因為有電子，金屬才能導電。此特性對現代人而言非常重要，因為沒有「電子」這個關鍵的小傢伙，烤麵包機就無法運作了。而且，世界如果沒有電子，那問題就不只是烤麵包機不能用那麼簡單了。還有一種基本粒子叫光子，這種粒子就更厲害了，沒有它我們就看不見，看不見就無法操作烤麵包機。

德謨克利特雖然活得健康長壽（據說活到一百歲），可惜還是無緣親眼見證有關粒子的最重大發現：這些微粒會以二種不同的形式出現，也就是粒子和波。第一個發現光是由粒子組成，並且會像球一樣彈回來的人，是法國學者笛卡爾（約一六三五年左右）。一七〇四年，牛頓在其著作《光學》（*Opticks*）中同樣證實了這一點。牛頓提出此看法時獲得了多數人的認同，但還是有幾個人緊咬著他猛攻，其中之一就是著名的德國文豪歌德。不過這又是另一則故事了，在此不擬深究。

下一個將大自然的知識推向另一高峰的，是英國學者托馬斯．楊（Thomas Young）。此人生於一七七三年，是個不世出的天才。二歲就能閱讀，十二歲除母語外還精通拉丁文和希伯來語，十四歲完成人生第一本書——他的個人自傳。托馬斯．楊在科學史上有二項不朽成就：一，他是第一個解出古埃及象形文字的人；二，他設計出科學家至今仍在使用的一個檢測方法：雙縫實驗（double-slit experiment）。

他先在面前放置一塊金屬板，在板子上割出二條狹縫，後面再擺上一塊屏幕，然後讓光穿過狹縫，觀察它的路徑和在屏幕上形成的圖案。沒想到竟獲得了劃時代的發現：光雖然是由粒子組成，但在楊的實驗中竟出現了波動現象。波不同於粒子，移動時會出現「干擾」，波和波之間會產生疊加或抵消的作用，波峰和波谷相遇時甚至能互相抵消，於是屏幕上最後出現的是有深有淺、有明有暗的條紋圖案；換言之，他證明了光的波動性。不過，托馬斯·楊並未懷疑光是由粒子組成，會折返、會彈回。這部分前人已證明過無數次。楊只是讓大家見識到，光**也可以**很神奇的以波動的方式行進。

二十世紀的物理學家持續破解出更多大自然的祕密，他們對原子內部的研究也更透澈了。普朗克揭開了量子力學的序幕。之前大家已知原子能吸收和釋放能量，電爐和烤麵包機就是藉此運作，但我們並不知道能量是怎麼傳遞的。普郎克發現能量的傳遞並非連續的，而是以一份一份的微量在進行，亦即藉「量子」來傳遞。

隨著測量技術越來越精密和進步，楊的雙縫實驗效果也變得越來越卓著。其中最精采的當屬藉雙縫實驗追蹤和觀察電子。實驗證明：電子在屏幕上留下的是一顆顆粒子的軌跡——像子彈打在屏幕上一樣。但重點是：這樣的結果之所以會出現，是因為電子在通過雙縫時有人在看。只要你不看它，電子的行為方式就會改變，會在屏幕上留下波動式圖案。換言之，電子一旦察覺到有人在看它，它就會改變行為方式？如果你把雙縫中的一條縫封起來，結果更令人驚訝。電子射出後，彷彿知道現在只剩下一條縫，電子之間像是會溝通，會互相告知訊息。更令人覺得不可思議的是，科學家發現某些電子（身為基本粒子應該不能再分割了）在雙縫實驗中竟然能同時穿過二條縫，抵達螢幕時又能再合為一個粒子。如果把場景換到日常生活，意思就是：我從慕尼黑出發，同時搭火車和開汽車去柏林，最後我和我自己在柏林的選帝侯大道上會合，再次合體為唯一的一個我，然後從容的坐下來喝咖啡。

當人類想挖掘大自然的真相，對它做深入觀察時，大自然就會矇騙我們，把我們當白痴耍？因為它不想讓我們看見它的底牌？一九六五年的諾貝爾獎得主、二十世紀最偉大的物理學家之一理查．費曼（Richard Feyman）曾在無數雙縫實驗中跟基本粒子交手，他常在課堂上感慨：「萬物是如此奧妙，你看得越仔細，就越覺得它神祕。」不過有個奇怪現象目前已經有解，海森堡（Werner Heisenberg）回答了這個問題：為什麼能量在我們眼前和在我們背後會表現得不一樣？他提出了「測不準原理」（uncertainty principle）。他說：任何的測量與觀察，都會對我們的觀察對象造成影響，並導致偏差。這麼說來，人類必須放棄原本寄望的「精確測量」？此結論一出無異於陷科學於不義，使科學的正確性備受質疑（物理學界是不是該先去解決一下這個問題？）。海森堡因此榮獲一九三二年的諾貝爾獎。對了，海森堡實驗最適合在派對上表演：把雞尾酒裡的櫻桃往上拋，然後用嘴去接。實驗證明：只有當大家不看你的時候，你才接得到！

愛因斯坦對量子物理學有很深的疑慮。他說過：人類知識還有許多不夠完備的地方，仍無法解開原子的最後祕密，並提到作用於自然界的「隱變量」（hidden variable theory）。至於上帝粒子？彼得．希格斯（Peter W. Higgs）發現的希格斯玻色子並非上帝粒子（但還是為他賺到了二〇一三年的諾貝爾獎），那東西「只是」一種基本粒子，即便它是非常關鍵的基本粒子。

「上帝粒子」到底是什麼？沒人知道。可以確定的是，它反映出人類的終極渴望：我們想徹底破解自然的祕密！如果上帝的粒子真的存在，它一定具有神力，能賦予生命。但我們真能破解它嗎？它只存在於萬物之靈的人類身上嗎？某些動物的身上也有嗎？植物也有嗎？科學不是老早證明植物之間也能溝通，它們也會互相傳遞氣象資訊和天敵的消息。我們甚至已知哪些植物比較聰明、樂於互動，例如山菸草和松樹，哪些較笨、拙於溝通，例如玉米和小麥。如果菌菇和樹木皆有靈，那石頭會不會也有靈？其他看似沒有生命的東西呢？那些東西在童話故事裡經常也有生命、也有靈魂。奧地利作家海彌托・馮・多德勒（Heimito von Doderer）在他的作品《極短篇》（*Küïzestgeschichten*）中，曾精采描述過看似沒有生命的東西如何欺負他；茶壺竟然朝作家的左腳咬下去（「它伸出長喙作勢要咬，滾燙的水珠接連滴出」）。多德勒詳盡的描述了他如何大費周章的讓「亂咬小姐」安靜下來——奮力一吼、用力一扔，將「她」砸向牆壁。他「毫不懷疑」在整個過程中，「房裡所有的沉默物證」全把一切看在眼裡，「這一年來，我在這房裡受夠了這些靜靜佇立者的壞脾氣、陰險陷害、捏、噓、咬，幸好終能全身而退」。物體是否也有靈魂，也有「生命」？傳統上，這不屬於物理學的研究範圍，但將來未必如此！

話題17

同性戀

一個技藝高超的聊天達人要能靈活的組合、搭配話題，並藉此把情況導向對自己有利的方向。舉例來講，和知識分子聊某個必聊話題時（例如「網路」），結果大家竟沒完沒了的一直困在那個話題上，越聊越悶。這時，你就得趕緊拋出鬼牌話題：務必讓大家頓感錯愕！如此一來，保證又能聊得興致盎然。但是，倘若爭議越演越烈，你就要趕緊挺身而出，再藉某個魅惑話題化解暴戾、安撫人心。比方說，你可以把話題導向美國影集或德國前總理。但有些話題其實是多功能的，既能充當必聊話題，又能拿來當鬼牌，必要時還能是魅惑題材。這種話題端看你怎麼聊、怎麼加油添醋。

同性戀就是這樣的一種話題。

雞尾酒會上如果有人提到同性戀，別慌，反而該暗自慶幸。當今社會，似乎每個人都得對同性戀有自己的意見，越是避而不談、越是閃爍其詞（例如推說：「人家關起門來的事，我管不著……」），越會讓人覺得你可疑。所以，乾脆隨當時的心情，隨自己的想法暢所欲言吧！

如果你想博得在場某個年輕女學者（從剛才到現在一直一臉認真的聽著你說話）好感，建議你最好別發表任何反同言論，不妨搬出古希臘人視同性戀為理所當然的態度，這份理所當然讓古希臘時代的教師常對學生存有一份愛慕之情。或者，不妨通俗一點，舉個動物界的例子：海豚之間就存在著同性之愛。同性戀對動物而言「非常自然」，只有我們「人類」才會大驚小怪。你還可以稍微著墨一下社會變遷（這是能增加趣味的小技巧）：隨著時代變遷，被視為不正常的性關係，意思也會改變。比方說「Sodomy」這個字（一般稱之為「雞姦」，這裡姑且先理解為「淫蕩」）。直到二百年前，不是為了傳宗接代而進行的性行為都會被歸為「淫蕩」（即便是現代夫妻的正常性生活——各種性交方式礙於篇幅就不逐一探討了——同樣會被視為淫蕩）。但後來這個字的意思突然變得狹隘，專指男性間的性行為。時至今日，大概沒有人敢把這個字再冠在同性戀身上，所以「Sodomy」又變成了專指人獸交。許多字彙的意義演變，見證了道德觀的演變。昨天還被罵是「變態」的行為，明天很可能已是大家早餐閒話家常的內容了。這也正是牛津大學歷史學家法拉梅茲·達伯霍瓦拉（Faramerz Dabhoiwala）在他那本厚達五百三十六頁的大作《性的起源》（*The Origins of Sex*）裡所闡述的。

在社交場合只要聊到同性戀，就一定會有人說：「我個人並不反對同性戀，但我不希望學校告訴孩子這是正常的，導致兒子回家問我，那同性戀要怎麼做愛啊？」聽到這種言論，你有好幾種方式可以回應。最好的辦法當然是禮貌性的點點頭，他說他的，你想你的。但如果這句話是出自某個整晚讓你很不爽的傢伙口裡，你正好可以回敬他：「對呀，為了避免讓你尷尬，為了避免浪費你五分鐘的寶貴時間為你懵懂不安的孩子解惑，整個社會都該對同性戀話題避而不談！」

這句「我個人並不反對同性戀，但……」，之後通常還會接這一句：「……我實在受不了那些名人動不動就宣布出櫃。關起門來要做什麼是他們的事，幹嘛要告訴大家，我不想知道！」這番話聽起來合情合理，但其實卑鄙無恥。生在資訊時代，我們都該清楚，能在公開場合享有蕾絲邊或斷背山的權利並非只是個人圖個爽快，而是一種自主權的伸張。

納粹時期，數以千計的同性戀者死於勞動營和集中營，許多人甚至成為人體實驗的犧牲者，但他們從未獲得國家賠償，連惡名昭彰的德國刑法第一百七十五條（視同性戀為違法）也遲至一九九四年才廢除。一九五〇年代，西德檢察官甚至發動過一連串的逮捕行動，不僅在鄉村製造了肅殺氣氛，還毀了許多社會顯達的事業，散播恥辱與仇恨，導致許多安分守己者人生全毀。

德國同性戀能夠比較安心的生活在德國，不過是近些年的事——此一不堪的事實，大概是那些「被跟蹤糾纏過」且因此被迫公開同性戀身分的人最不想憶起的事。但我的一位朋友在他的文章裡幫大家計算了一下：「對二〇一四年滿六十歲的人而言，一九六九年前西德總理威利・布蘭特（Willy Brandt）第一次執政時，他們正好十五歲。那年惡名昭彰的刑法第一百七十五條——男性之間的性行為最高得處六年有期徒刑，終獲修正。」自此，同性間的性行為雖得以**免罰**，但一百七十五條還是存在，直到一九九四年（就像前面提過的）才徹底廢除。

許多人早已忘記偵辦同性戀在德國所造成的道德**後果**。（對同性戀者反倒沒什麼道德影響，「只」導致他們的戀情更加地下化。柏林當時號稱同性戀天堂，公共廁所甚至被戲稱為「古斯塔夫・格林德根斯紀念館」〔Gustaf-Gründgens-Gedächtnishallen〕。格林德根斯是一九三〇年代享譽柏林的舞台劇演員，也是當時同性戀的代表人物。）道德淪喪得最嚴重的，其實是那些虛偽的衛道者。刑法一百七十五條助長了告密風氣，威脅和勒索變得極為猖獗。德皇威廉二世在位期間，長年負責偵辦柏林同性戀的漢斯・馮・特雷斯寇（Hans von Tresckow）在他一九二二年出版的回憶錄裡寫道：柏林警察的主要工作根本不是偵辦同性戀，而是擺平勒索。他最常處理的是怎麼幫柏林上流社會的同性戀者，在不驚擾社會的情況下擺脫勒索者，並且神不知鬼不覺的讓醜聞落幕。

偵辦同性戀所造成的社會不安越來越嚴重，甚至到了足以動搖德意志帝國的地步。社民黨的機關報《前進報》（*Vorwärts*），顧名思義原本該是思想很「先進」的一份報紙，沒想到竟淪為政治鬥爭的工具，掀起了一場醜陋至極的攻訐。報上刊登：德國工業鉅子弗里德里希．克虜伯（Friedrich A. Krupp）和一名飯店男服務生共赴卡布里島度假。消息一出社會譁然，克虜伯的聲譽一夕全毀，人生也跟著完蛋了。在這則足以謀殺掉他人格的消息刊登後一週，克虜伯死了。診斷書上寫著「腦中風」。這種毀謗風氣到了一九〇六年的奧伊倫堡緋聞案達到最高峰；報導影射，德皇威廉二世和好友菲利浦．楚．奧伊倫堡（Philipp zu Eulenburg）有不正常關係。馬克西米利安．哈登（Maximilian Harden）之流的明星記者拚了命炒作這種同性戀緋聞，目的就在讓威廉二世和他那批（娘娘腔又自詡民主的）朋友威望掃地、被人唾棄。

經過以上這番既感性又資料豐富的闡述後，相信你已順利博得年輕女學者的好感。但是，若發現年輕女士（或男士？）沒意願跟你進一步交往，換言之別肖想跟她（或他？）上床了（無論你是基於繁衍後代或其他目的），總之你的希望落空了，那麼就不必再客氣——不必非得聊得一片祥和了！經過剛才的聲明，你已經在大家面前確立了不反同的立場，所以接下來你大可放膽的聊，甚至可以就技術面來質疑同性性愛的不便：「道德上，我完全不反對同性戀。但實務上嘛——就機械觀點而言，女人跟女人的性器官實在搭配不起來，男人跟男人的就更不用說了。」如果你想搞得大家更頭大，還可以順便挑釁一下西方人普遍奉為圭梟的天主教道德觀：拿天主教道德觀來衡量性愛是錯誤的！因為對天主教而言，只要不是為了繁衍後代，所有的性行為和需求都是罪惡的。根據天主教的《教理問答》，同性間的性行為是「絕對不被允許的」。但只要不是為了繁衍後代，即便是再普遍、再含蓄的異性戀性行為，都是有罪的。對了，最後別忘了提開明人士最愛推崇的瑞士改革派神學家卡爾・巴特（Karl Barth）的道德倫理觀。他認為同性戀是一條不符人性的歧路，是一種「墮落和毀滅的現象」。

其實，天主教的問題很簡單：某些事就他們的立場一定得反對。但教會之所以將這些事斥為傷風敗俗，大多跟教會本身的立場和喜好有關，與神學根本無關。在但丁的《神曲》〈地獄篇〉裡，在地獄烈焰中因愛欲受罰的位於上層，因背叛而受罰者則落到很下面。雖然同樣是犯罪，但畢竟有些事害到的只有自己，有些事則既害己又害人。而且說實在的，有些罪行能享受到的歡愉真的比較多！這就讓我想到一則古老的猶太笑話：

猶太教堂裡掛了一塊牌子，上面寫著：「一如不可貪戀人妻，教堂內嚴禁分心。」下面有人補了一句：「兩罪併犯，其樂無比！」

話題18

狩獵

如果石器時代的人拿著自己的掌上型石斧不停把玩（就像現代人不停的滑手機），在美好的更新世裡一定會受人鄙夷。原始人比現代人重視互動多了！雖然那時的社交話題基本上只有一個：狩獵。狩獵是人類從事的第一種戶外活動，也是人類的第一份職業。晚上收工回家大夥兒聚在洞穴裡圍著火堆而坐，骨頭上的最後一口熊肉都還沒啃乾淨，就已經迫不及待要分享今天的狩獵經驗了。可惜如今景況大不相同。僅剩的肉食主義者從冰箱裡把盒裝肉拿出來，還得大肆標榜自己吃的是有一堆有機認證肉品。其餘的人則是邊嚼素食香腸邊皺眉頭，語重心長的說：「現代人啊，真是離大自然越來越遠囉！」跟現代人聊打獵，真的需要勇氣。基本上，這個話題只適合拿來挑釁。

我很清楚我在說什麼。我爸就是個不折不扣的獵人，他對狩獵不僅僅是喜愛，他的人生根本就是由狩獵組成的。我爸媽在蜜月旅行時住的不是什麼浪漫的豪華飯店，而是帝羅

（Tirol）的狩獵小屋。那晚還是三人同行，陪他們一起去的，還有負責那一區的林務管理員。稀奇的是，我爸在那樣的情況下還是陸續製造出我們四個小孩，不過終其一生，他對獵犬的喜愛都不亞於對我們。我跟姊姊也始終頑固的對狩獵活動（幾乎成了我們的生活重心）表達不感興趣。我甚至成了反狩獵者，但原因並非基於什麼環保意識形態或戀母（仇父）情結，而是兒時被迫享受森林野趣享受得過頭了。當同學們為了森林裡（據說快要）滅絕的動物而激動落淚，為了酸雨危害野生動物而憂心忡忡時，我唯一的願望就是能不能別管森林了、別再踏進森林一步了。但如果我想跟我爸在一起，想跟他聊聊天，還是得陪他一路跟蹤動物或埋伏在制高點。過程中我不能發出任何聲音，有時甚至得屏住呼吸。我在父親身上學到最多的是怎麼把自己當成動物（尤其是在森林裡）。匍匐潛行、蹲低身體、避免出聲、融入大自然。父親完全是以動物的角度在偵查環境——所以他成了一名無比優秀的獵人，我也成了一名精於此道的反狩獵專家。

狩獵之所以會是個辛辣的話題還因為：一旦你拋出此話題，無論是愛狩獵或反狩獵的人，**所有人**都會把你當成箭靶。如今還去打獵的人，不管是牙醫、律師、上市公司老闆或董事，這些人全是因為打高爾夫太普通了，才想去狩獵。在他們眼裡，大自然只是可供買賣、可供消費的物件，所以當然該歸文明之子、藐視自然的人類使用。至於那些反狩獵者，大多很愛標榜自己樂於親近大自然，只不過不知他們是有意還是無意，竟忘了狩獵才是最親近大自然的活動吧？西班牙當代哲人荷西・奧德嘉・賈塞特（José Ortega y Gasset）在他那本著名的散文集《沉思冥想話狩獵》（*Meditationen über die Jagd*）裡，稱狩獵為「放個假，不當人」。真是一語中的呀！現在的都市人已經和有許多動物、植物、岩石的「老祖宗的好鄰居——森林」形同陌路了，唯有藉打獵才能稍微重返一下大自然。光靠種花植樹、散步、健行和登山，是無法真的親近大自然的，你必須像西班牙哲人說的那樣「與自然合而為一」！但若要與自然合而為一，就得喚醒你體內所有的獸性。好獵人不只要能摸透動物的習性，還要與動物之間產生一種「神祕連結」。誠如賈塞特所說：「追蹤時，獵人如果無法以獵物的角度來觀看，就無法追蹤成功。換言之，打獵時必須把自己當成動物。與野獸合而為一的神祕經驗將直接影響獵人，讓他的行為模式變得跟獵物一樣。」賈塞特認為，自從人類開始定居並從事農耕後，就喪失了曾經具備的靈敏的嗅覺、準確的方向感、足跡辨識等能力。

但父親似乎直接跳過了這段人類演化史，依舊擁有強烈的獵物本能。這種本能在古典的冒險小說中從未劃歸貴族獵人，只會被寫成是荒山野人的特質，因為對近代人而言，這些深奧的狩獵知識和技巧實在陌生且太過古老了。父親還有一項特質也與其他（我所認識的）獵人大相逕庭，那就是他從不在乎自己有沒有打到獵物，或打到多少獵物。每次在我們動也不動的苦守高處數小時卻一無所獲，終於可以精疲力竭的踏上歸途時，他就會淡淡的說：狩獵之所以為狩獵，並非為了滿載而歸。狩獵最吸引他的是：在自然中領悟人類有多傲慢與自大。對他而言，每一次的空手而歸都是在印證這項道理。如果打到了獵物，那絕非戰利品，他不會眉開眼笑，反而會一臉嚴肅。每當我憶及他如何瞄準、如何扣下扳機，都還是能清楚感受到他身上那股悸動與不安。撿回獵物，他會當著我的面立刻摘除溫熱的內臟，整個過程就像是充滿宗教意味的莊嚴儀式。他彷彿在灑血獻祭，在歌頌那隻動物。死亡所帶來的震撼與戰慄，對他而言從未或減。

也許我這麼說會令某些人不快（讀者中如果有喜歡打獵的律師肯定會生氣吧）：像父親那樣與大自然有內在聯繫的人，他們所遵循的狩獵倫理，在如今那些只把打獵當運動的人身上，早已徹底淪喪。

父親幾乎是絕口不提他熱愛狩獵的真正原因——至少在我面前是如此。如果我跟他抱怨同學和老師對打獵的觀感有多負面，他只會四平八穩的解釋：打獵其實是一種「勞動服務」。他會冠冕堂皇的說：打獵的主要目的在於維護生態平衡，如今森林裡的許多猛獸，比方說狼、大山貓、熊，已經大量消失，所以得靠獵人替補猛獸的功能，才能維持大自然的平衡。這當然是胡說八道，或者讓我委婉一點的說：他只不過是在合理化自己的行為。真正導致他一天到晚想去打獵的原因是：他想逃離現實，跳脫都市雇員的平庸生活。身為第一代被摘除貴族身分的貴族，他最大的痛苦是淪為雇員。祖父和他的先祖們曾是現今薩克森地區除了韋廷家族（Wettinen）外最大的地主，可是到了父親卻家道中落，他只是德國狩獵保護協會的一名雇員，後來又換到出版《追蹤獵物》（*Die Pirsch*）的雜誌社上班。直到一九八九年東西德統一（幾乎是他的一輩子了），他連棵樹都沒有，遑論擁有一座自己的森林，所以他永遠只能是個「獵人訪客」（Jagdgast，父親有一本著作便是以此命名）。把打獵說成是一種維護大自然的勞動服務根本就是藉口，事實上他是在反抗，反抗都市生活，反抗小市民的人生，反抗他所必須面對的今時今日。我是個在都市裡長大的小孩，每當我走進大自然，以都市人的可鄙模樣在森林裡健行，我就會想起父親，並油然生起一股羨慕之情。像我這樣的都市人早就喪失了屬於動物的那一面，但身為獵人的父親卻始終保有那些珍貴特質。他保有了一個不同凡響的內在宇宙，和無數珍貴的原始本能，那些是我早就丟失的。

至於備受父親、親朋好友，和所有貴族家庭推崇的**所謂的**狩獵文化，事實上僅具裝飾功能。其任務在於藉種種高尚的規定，來賦予打獵這項野蠻又血腥的活動一抹文明教化的意味。無論是父親或其他親戚，沒有任何人真的認為打獵能為他們帶來原始人般的快樂。

被他們拿來牽強附會的生態論點——為了維護大自然的平衡——不過是藉口：熱衷狩獵的森林主必須用人工方式才有辦法維持充沛的動物量，但這卻得以自然環境、樹木，和植物作為代價。野鹿在森林裡進食的方式，就跟遊客在五星級郵輪「MS歐羅巴號」（MS Europa）上吃自助早餐如出一轍：先把諸如煙燻鮭魚、高檔火腿和肉片等好吃的東西一掃而空，換成是森林大餐的話，就是榆樹、赤楊木和櫻桃樹的嫩葉。吃夠了美食，倘若還有胃口才考慮吃平庸的麵包和果醬，對照到森林那就是山毛櫸和雲杉了。充沛的動物量和一座樹種豐富的健康森林是無法兼顧的。森林的主人必須有所取捨：要狩獵**還是**要森林？大多數的森林主當然是選狩獵！那些人的貴族思想和封建觀念乃根深蒂固。在一座生態真正平衡的森林裡，打獵是不可能有趣的，這麼一來就吸引不了律師和牙醫了——這才是重點！

自從人類開始從事農耕與畜牧、不再仰賴打獵維生，打獵就成了非必要的活動（至少在歐洲這裡是這樣）。但礙於狩獵的歷史悠久，許多人仍認為這是一項值得保留的文化遺產。事實上，如今的打獵頂多就是種高尚的嗜好，甚至只能淪為一種運動。話雖如此，如果你看過德國導演韋納．荷索（Werner Herzog）為了讚嘆史前壁畫的美好所拍的紀錄片《洞穴裡那些被遺忘的夢》（*Die Höhle der vergessenen Träume*），或去過大英博物館、法國羅浮宮參觀過古代雅士的狩獵圖，你就會明瞭狩獵之於先民有何等意義。對我們的祖先而言，獵物是為神傳遞生之奧祕的使者。獵物雖是獵人想獵殺的對象，但在血祭大地的那一刻，雙方就和解了。現代獵人（必須從古希臘城邦文化的獵人算起）一直都還保留著這種充滿象徵意義的作法。

此外，被冠冕堂皇的稱之為「狩獵權」的東西雖也歷史悠久，但絕非基於任何高尚或感人的情操，而是純粹可恥。就貴族的狩獵文化來講，只有一件事最重要，那就是充沛的動物量。但這卻是以大自然為代價，還有以看天吃飯的農民為代價。唯有野獸的量充足，打起獵來才能愜意又有成就感，但正是這樣的惡習導致了中世紀的農民起義。為提高野獸量而施行的種種人為介入，例如，領主嚴禁農民捕殺入侵農田的野獸，導致民不聊生。農民只能眼睜睜看著動物在田裡肆虐、毀損農作，甚至一夜就足以毀掉他們一季的心血，最後的結果便是飢荒。為了讓貴族得以盡情狩獵，領主甚至嚴禁農民築籬或建柵欄。在布蘭登堡選帝侯阿爾布雷希特（Albrecht）一八四〇年寫給兒子的信裡可以讀到，他很高興野豬量非常充裕，並言明應該繼續保護野豬：「雖然牠們為農民帶來了許多傷害，但還是要留著牠們，這樣來年我們才有足夠的野豬可以狩獵。」倘若真有農民迫於無奈殺了獵物，代價通常是：他也得死！領主的權力自十四世紀後便越來越大，他們懲罰子民的方式也越來越殘酷。例如，薩克森選帝侯莫里茨（Moritz）就命人將違反禁令的農民綁在鹿上，然後放出大批獵犬咬殺。

在「狩獵詩歌」興起後，十七、十八、十九世紀的宮廷狩獵盛會重點已不在狩獵本身。為了讓達官貴人可以輕鬆的獵捕動物，僕人會將動物先集中到一個小範圍內。最離譜的要算「趕狐」活動，這種狩獵方式卻是薩克森皇室的最愛。顯赫的貴族在皇宮的庭院裡追逐狐狸，當狐狸被趕入預鋪的獵網中，網子就會一把收起往上拉，接著再重重的把狐狸摔到地上。狐狸如果當場斃命事情就結束了，否則就會由獵人出手殺掉奄奄一息卻仍拚命想逃的狐狸。為了延長尊貴觀眾的享樂時間，活動開始前會先在地面撒上阻礙動物全速前進的沙子。可以趕的動物當然不只有狐狸，還有兔子、獾、山貓、海狸，和小野豬。十八世紀和十九世紀初還流行動物格鬥，這顯然是傳承自羅馬競技場。比方說，英國坎伯蘭（Cumberland）公爵就很喜歡在溫莎堡的森林裡圍起一隅競技場，讓老虎和鹿為皇親國戚表演廝殺秀。

如今，各國所制定的狩獵法規並非根據什麼神聖、崇高的狩獵傳統（無論傳統曾經多美好），而是著眼於日益受重視的農業和林業。畢竟，像我們這樣的貴族家庭終有影響力蕩然無存的一天，且不能再為所欲為了。革命為貴族帶來了毀滅性的結局，但至少有人因此受惠：那就是森林和動物。

有趣的是，如今唯獨德國的狩獵法還充滿濃濃的封建息氣。這全得感謝納粹將領赫爾曼．戈林（Hermann Göring）和他於一九三四年頒布的（第三）帝國狩獵法，此法後來被西德政府直接沿用。此法的目的不在保護動植物，而在獎勵狩獵者（根據一套特殊的計分系統）：戰利品越多，獎勵越高。將戰利品集中起來清點，此傳統可追溯至石器時代，獻祭本來就是原始宗教很重要的一環，意義在於頌揚人類賴以維生的動物界，並祈求寬恕與護佑。但如今的殺鹿取角不再具有任何宗教上的獻祭意義，純粹只是為了拿來做裝飾。鹿角被高掛在高爾夫球俱樂部或昂貴鄉村飯店的大廳，只為彰顯商務大律師們的高貴顯赫。

話題19 賽馬

如今，賽馬儼然成了金字塔最頂端之上流社會（唯一僅存）的專屬知識。在雞尾酒會上如果巧遇女王、杜拜酋長，或伊斯蘭教精神領袖阿迦汗（Aga Khan），不妨跟他們聊聊最新的賽馬盛事，包管快被無聊死的他們（以及在他們身邊陪小心的人）全都會立刻精神振奮、自覺得救了。若想把賽馬說得生龍活虎，要嘛你得是精於此道的阿拉伯人，不然就得是在英國薩福克郡紐馬克特市（Suffolk, Newmarket）土生土長的在地人。自十二世紀起，英國人就在紐馬克特舉辦賽馬，英國賽馬會（Jockey Club）的總部也坐落於此，英國最大的國營養馬場、練馬場、育種中心，和賽馬博物館全都在此。這裡的人早餐吃的是馬兒最愛的燕麥片，親切的打招呼聲媲美悅耳的馬嘯。

如果你既非阿拉伯人又沒有生在紐馬克特，卻硬想扮賽馬通，那該怎麼辦呢？首先，也是最重要的一點：別一開口就是蠢問題！絕對嚴禁的問題有：「你賭馬嗎？」、「真有所謂的內線消息嗎？」、「你去過雅士谷（Ascot）賽馬場嗎？」（全球歷史最悠久的賽馬盛會「德比賽馬節」〔Derby Festival〕，其實並非在雅士谷舉行，而是在愛普生〔Epsom〕賽馬場）。

其次，你必須具備一些基本知識。一般人說到「賽馬」，指的是傳統的古典賽馬，比賽規則跟十八世紀在愛普生舉辦的德比賽馬一模一樣。但賽馬的方式當然不只一種，其他的方式還有：危險卻備受好評的狩獵賽馬（障礙賽），或譁眾取寵的輕駕車賽馬等。但為避免轉移焦點，這部分我們先略而不談。

古典賽馬的重要性絕非其他運動賽事可比，賽馬不單是為了展示傑出的體能。賽馬的所有努力，都是為了一項更高的目的：不斷精進的遺傳實驗。換言之，賽馬是為了找出最好的公馬和母馬以利育種。在賽馬場上成就輝煌的名駒，轉戰配種場也可成為炙手可熱的種馬。其實，賽馬真正追求的是：培育出終極完美的馬。這種馬必須兼具二種互相衝突的特質：一方面要靈活快速，一方面要粗壯耐操。

再補充一些有關賽馬的重要知識：古希臘時期就已經有賽馬活動了。古希臘詩人荷馬在《伊利亞德》（*Ilias*）裡描述過奧林匹克競技場上有騎師赤裸著身體騎馬。但賽馬傳統最早可追溯至中東的沙漠民族。第一個系統化育種、養馬的民族，是生活在兩河流域北部的亞述人。波斯人之所以能成為史上第一個軍事強權也是拜善騎所賜，史上第一支戰力強大的騎兵部隊就是他們建立的。史上第一個懂得怎麼跟馬「輕聲細語」[1]的練馬師，則當屬雅典的西蒙（Simon of Athens），他在西元前五世紀創立了（有史可考的）第一所馬術學校。可惜，西蒙的傑作《論騎馬之藝術》（*On Horsemanship*）只留下了斷簡殘篇，但它很可能是唯一一本經得起時間考驗、在二千六百年後仍充滿參考價值的實用書。雅典的西蒙認為，真正的「馬術」（跟馬相處的藝術）並非在於馴服和壓制馬的意願，而是在如何建立騎師與（生性膽小又缺乏安全感的）馬之間的信賴感。

羅馬人懂得愛馬，乃是承襲自希臘人和波斯人。羅馬人曾在羅馬帝國所屬的大不列顛島上舉辦過賽馬。根據官方記載，英國土地上最早出現的賽馬活動是西元二百一十年在奈特比村（Netherby，今英國北部的約克郡境內）舉辦的賽馬。英國晉升為賽馬強國則是十八世紀以後的事了，並且和三個名字密不可分。基本上，你只要知道**這三個**名字的來龍去脈，就足以跟真正的賽馬通高談闊論好幾個鐘頭。這三個名字是：拜耶爾土耳其（Byerley Turk）、達利阿拉伯（Darley Arabian），和高多芬阿拉伯（Godolphin Arabian）。如今有為數約二十萬匹的純種馬，其血統可追溯至這三匹充滿傳奇的純種馬始祖。

拜耶爾土耳其是一匹阿拉伯公馬，據說是十七世紀末在大土耳其戰爭（也稱神聖聯盟戰

1　典出勞勃．瑞福一九九八年根據同名小說改編，自導自演的電影《輕聲細語》（*The Horse Whisperer*）。

爭）中，英國人從一名鄂圖曼士兵那裡偷來的。另外一種比較含蓄的說法是，這匹馬並非贓物而是戰利品。總之，最後牠落入英國軍官羅伯特・拜耶爾（Robert Byerley）手裡，他立刻看出牠是一匹絕世良駒，便將牠帶回英國，並且將這匹雄壯威武的公馬用於配種。只可惜，這匹阿拉伯公馬鍾愛窈窕的阿拉伯母馬，所以粗壯的英國母馬跟牠配種成功的馬數寥寥可數。幸好，在牠為數不多的後裔中，一七五八年出生的希律（Herod）算是名垂馬史的傳奇名駒，並且對爾後的英國純種馬培育貢獻良多（牠對母馬顯然比較不挑）。

英國純種馬的第二位始祖是達利阿拉伯，這匹馬原來的名字叫「任性」（Ras el Fedowi），是敘利亞酋長賣給英國領事的。但直到今天，阿拉伯人還是聲稱這匹馬是敘利亞酋長被英國外交官托馬斯・達利（Thomas Darley）騙走的。倘若真是詐騙，那應該會在中東的經濟史上留下一筆且遺臭萬年才對呀！總之，這匹馬被帶到了約克郡，雖未參加過馬賽，卻對育種貢獻卓越，直到高齡三十都還在交配，因牠而受孕的母馬有上百匹，子嗣皆以善跑、快速聞名。達利阿拉伯最有名的直系子孫，便是被十八世紀英國畫家喬治・史塔布斯（George Stubbs）描繪過多次的名駒日蝕（Eclipse, 1764-1789），其以十八次出場、十八次全勝的紀錄，成為賽馬史上最傳奇的馬匹。

第三匹始祖馬是這三匹中最出名的馬，牠就是一七二四年出生的柏柏爾公馬「閃」（Sham），不過賽馬史上稱牠為高多芬阿拉伯，因為牠幾經轉手後落腳英國貴族高多芬家族。據說，牠原本是突尼斯酋長送給法王路易十五的禮物。這匹馬精采的一生是許多小說家熱衷的題材（例如，美國女作家瑪格莉特．亨利〔Marguerite Henry〕就以牠為主角，寫出了兒童文學上的傑作《王之風》〔*King of the Wind*〕）。除此之外，高多芬之所以會這麼出名，還因為目前全球賽馬成績居冠的「高多芬集團」就是以牠來命名。高多芬集團將養馬場設在紐馬克特，藍色的騎師彩衣是此賽馬集團的標誌。此集團是杜拜酋長穆罕默德．本．拉希德．阿勒馬克圖姆（Mohammed bin Rashid Al Maktoum）的私人產業。光是二〇一三年，高多芬集團就橫掃全球二百二十八個賽馬冠軍，如果用足球隊來比喻的話，此集團簡直像同時擁有皇家馬德里隊、巴塞隆納隊，和拜仁慕尼黑隊。但如果我們也像育馬一樣，拿這些足球員的優良基因來配種（戰力最猛的頂尖球員強制參加），那麼絕對也能培育出最強的純種球員，並在足球場上締造出像高多芬集團般的輝煌戰績。

除了這三匹偉大的種馬外，你還可以時不時提一下其他名駒，好讓人覺得你對賽馬史真是瞭若指掌。這些名字包括：一九五〇年代在賽馬界獨領風騷的義大利育馬天才費德里克．泰西奧（Federico Tesio）所培育出來的二匹得意之作——尼爾可（Nearco）和里博（Ribot），以及在三〇年代美國經濟大蕭條時帶給美國社會巨大鼓舞、象徵力爭上游的海洋餅乾（Seabiscuit），還有六〇年代末被視為大自然奇蹟的愛爾蘭名駒尼真斯基（Nijinski）。但要說到有史以來最知名的賽馬，那絕對非愛爾蘭名駒識價（Shergar）莫屬。牠之所以名垂青史，不僅因為牠在一九八一年的德比賽事（愛普生賽馬場）中以十馬身（！）的距離遠遠超前對手、贏得冠軍（此紀錄至今無馬能破），還因為牠的不幸遭遇和悲慘故事。這故事太過血腥，聊天時如果有非常膽小或多愁善感的人士在場，勸你還是別聊。對了，如果你本身也是愛護動物人士，見不得動物受苦，下面幾頁請自行跳過。

識價的主人是阿迦汗四世，這匹名駒在愛爾蘭培育和訓練，牠是牠那個時代最轟動且受全球矚目的賽馬。一九八一年，牠在天才騎師萊斯特．皮戈特（Lester Piggott）的駕馭下贏得愛爾蘭德比大賽的冠軍。在場的馬評家簡直無法置信：騎師與駿馬輕而易舉的就把所有對手遠遠拋在腦後。英國廣播公司的記者激動莫名的對著麥克風驚叫：「天啊，識價贏得如此輕鬆，簡直像在練跑！」識價成了愛爾蘭的英雄。馬主阿迦汗在識價賽馬生涯的最高峰，釋出了三十四股給全球買主認購。當時每股價值約二十五萬英鎊（換算成台幣的話超過一千一百多萬），他自己則保留了六股。換言之，識價當時的身價超過四億五千萬。

一九八三年一個大霧瀰漫的冬日，識價驚傳被綁，並且從此下落不明。直到今天，識價的命運仍眾說紛紜。一九八三年二月八日，一群蒙面歹徒持槍闖入位於都柏林西郊的巴利馬尼（Ballymany）養馬場，逼迫負責照顧識價的吉姆．費茨傑羅（Jim Fitzgerald）將識價帶上運馬專用的卡車，然後連人帶馬一起綁走。在被槍抵著太陽穴三小時後，費茨傑羅被丟包在公路上。

識價從此不見蹤影。綁匪和阿迦汗談判過兩次，但都沒有談成——原因之一是，持有識價股份的馬主們意見分歧。綁案發生後數年，股東之一約翰．阿斯特（John Astor）在受訪時解釋：「我們非常願意跟綁匪協商，但我們絕對不能乖乖支付贖金。」他們擔心一旦付了贖金，爾後所有的名駒都將成為綁匪的目標。其實，阿迦汗是主張支付贖金的。可惜二次談判失敗後，綁匪再沒有跟他們聯絡。識價當時可能已經死亡。「如果綁匪完全沒有養賽馬的經驗，根本無法照顧像識價這樣一向受到妥善照料且非常敏感的賽馬，」負責照顧識價的吉姆．費茨傑羅後來分析：「在藏匿的過程中，識價很可能完全失控，綁匪會被牠嚇到。衝撞過程中，牠會傷到自己，傷勢嚴重的話，對方很可能不得不把牠就地射殺。」雖然各種揣測甚囂塵上，但直到今天沒有人能斷言綁匪是誰。有些人猜測綁匪應該是那不勒斯的黑手黨，整起綁架事件只是為了報復。阿迦汗的一位生意夥伴因痛失某筆交易，自認被阿迦汗給耍了，所以蓄意報復。另一說法是，愛馬成痴的利比亞獨裁者格達費（Muammar Gaddafi）才是整起事件的幕後主使。

但目前最廣為相信的版本，是由前愛爾蘭共和軍成員尚恩·奧卡拉漢（Sean O'Callaghan）所提供的第一手消息。奧卡拉漢在他那本大爆內幕的著作《告密者》（*The Informer*）裡直指愛爾蘭恐怖組織，說得更白一點，就是愛爾蘭共和軍首領凱文·馬隆（Kevin Mallon）才是這起擄馬勒贖事件的主謀。根據奧卡拉漢的說法，他們打算用識價的贖金去購買軍火。愛爾蘭共和軍的決策圈認為，綁馬應該比綁人容易，而且綁馬比較不會受到社會輿論的指責。可惜他們嚴重錯估了。他們忘了愛爾蘭是個為馬瘋狂的國家。之後，又有別的愛爾蘭共和軍成員同樣證實了這項指控。搞到最後，連一向支持愛爾蘭共和軍的共和人士也對他們非常不諒解。

雪上加霜的是，幾年前又有另一位前愛爾蘭共和軍成員親口向倫敦《週日電訊報》（*Sunday Telegraph*）記者保證識價已死。他說：「他們用衝鋒槍射殺識價，過程慘不忍睹。到處是血，那匹馬還被自己的血給滑倒了。但牠就是不肯死，大家被搞得氣急敗壞，咒罵聲不絕於耳。」其實，除非是熟知解剖學、非常了解馬的身體結構的人，否則無法將牠一槍斃命，因為即便受盡不必要的折磨，馬也沒那麼容易斷氣。瞄準頭部開槍的話，能讓馬一槍斃命的範圍不超過一片拇指指甲的大小。前愛爾蘭共和軍的爆料如果屬實，可憐的識價就是在受盡折磨後才失血過多而亡。

據說，識價慘死後被草草掩埋於北愛爾蘭利特里姆郡（County Leitrim），此地還埋藏了愛爾蘭共和軍數十年來無數恐怖行動的祕密。但識價慘案肯定是最殘忍的祕密之一。

不管政治立場如何分歧，英國人和愛爾蘭人至少在識價這件事上取得了共識：這種下三濫的恐怖分子行徑必須受到譴責。還有，識價確實是一匹值得尊敬的寶馬，其巔峰時期所締造的成就，簡直像希臘神話中的飛馬珀伽索斯（Pegasus）仙馬下凡。英國每年八月都會在雅士谷舉辦的「識價盃」賽馬，就是為了紀念這匹獨一無二的名駒。

話題20
性

派對上可以聊「性」嗎？當然可以。但根據古老的經驗法則：牛皮吹得越大的人，命根子越小！基本上，英國上流社會閉口不談性事，但誰都知道濫交是全英國人（不分階級）最愛的運動（僅次於板球）。相反的，全地球最愛誇口性事、歌頌性事、描寫性事的西班牙，卻養出了世上最忠心的男人和最難勾引上床的女子。

性在日常生活中的重要性被普遍高估了。讓我們心蕩神馳的，其實是對性的**想像**。實務上，性既累又麻煩且浪費時間。根據佛洛伊德的說法，驅動人類各種行為的是**欲**而非**性**。沒有那份欲，就不會造就出藝術與文化。古代的吟遊詩人在意中人的窗前歌唱，要的也只是藉歌傳情。沒有吟遊詩人的情歌，就不會有爾後的歐洲文學、古典音樂、莫扎特、貓王等等等。至於性高潮——那是最後的終極目標，但真正關鍵且充滿情色趣味的卻是過程。性高潮是椿該被嚴肅看待的事。法國人是第一個懂得嚴肅看待性高潮的民族，他們將其正名為「小死一回」（la petite mort）。在達到「高潮」的那一刻，你根本感知不到自己，你只覺得**渾然**忘我。根據神經生物學家的說法，高潮時的大腦狀態跟瀕死很像：靈魂就像脫離了身體（靈魂出竅），在那短短的幾秒鐘內，你將徹底擺脫生之負累、重量、想法，和人世間的一切。

燃起我們欲望的，是交媾和達到高潮的**想法**，而非交媾本身，此一事實同時解釋了何以《格雷的五十道陰影》這類書籍能夠大賣。做愛時如果一直被鞭打，我想大多數人都會覺得很痛苦，但如果只是幻想（在腦中模擬）卻會讓人很興奮。色情影音網站Youporn大受歡迎（每天的點閱率超過六千萬），同樣說明了：比較吸引人的（尤其是男人）是對性的想像，而非上床實戰。這樣的結論令人沮喪。倘若對性的渴望是人類行為的內在動機，那麼男人有了像Youporn這樣的色情網站後，滿足欲望的實際行動將被取代。

網路色情將蒙蔽人類的原始本能，讓我們得以便宜行事的解決掉性欲。光用看的、光用想的，這種概念式的東西，希臘哲學家稱之為「觀念」（idea）。如果性欲驅使我們去做的事，藉「觀念」，換言之藉圖像就能獲得滿足，那麼肢體接觸將被純視覺的觀看所取代。人類藉網路為自己創造出一個懶人的數位極樂世界。從前得像狩獵般付出勞力、苦苦追求才能得到的東西，現在滑鼠一按就能心滿意足。近來，數位性愛所帶來的負面影響逐漸成為話題。美國出現了「NoFap」運動，「fapping」這個字是手淫或自衛的口語說法，而「NoFap」就是「拒手淫」。此運動最著名的代表人物並非什麼天主教衛道人士，而是當紅的匪幫說唱

（Gangsta-Rap）饒舌歌手五角。他透過推特提供粉絲具體的建議和作法，教導大家如何戒除自慰成癮。他們還設立了一個網站，讓自慰成癮者彼此分享自己的情況、戒癮成功經驗和生活點滴。

有色情影音成癮問題的，幾乎全是男性。所以男人比較懶？男人對實際做愛的興趣遠不及女人？最新的性學研究推翻了許多大家原本堅信的「謠言」，並大大撼動了男性世界。這些謠言包括：男人比較花心，總想找機會跟女人上床；女人比較忠心，嚮往一夫一妻制。加拿大皇后大學女教授梅雷迪斯．契弗斯（Meredith Chivers）找了許多人來進行實驗，結果發現：其實女人比男人更容易被挑起性欲，但我們的社會教育女性必須否認或隱藏這項事實。契弗斯教授的實驗中，有一項是讓女性受試者看各式各樣的影片，然後測量她們的興奮反應。影片內容包括團體性愛、暴力性愛、男男性愛等。測量結果：看過這些影片後，女性受試者明顯出現了興奮反應。但要求她們填寫問卷時，女性卻全盤否認自己的感受。換言之，女性在真實感受和被允許感受（受到文化塑造和影響）之間存在著極大落差。男人的情況剛好相反，他們很愛吹噓，實際上卻沒有那容易「硬」起來。

紐約的科學新知記者丹尼爾．貝爾格納（Daniel Bergner）將過去幾年的性學新知彙整於他的大作《女性想要什麼？》（*What Do Women Want?*）中。如果你認定女人一定是乖巧、保守含蓄、嚮往一夫一妻制的，那麼勸你不要去讀這本書。裡面引述的最新研究叫人驚訝，尤其令男人震撼。例如，學界早已證實：在相處多年後，男人還是會對同一個女人產生「性」趣，但女人在與她的男人相處五年後，就已經對他毫無「性」致了。此外，男人才是真正的一夫一妻動物，女人並不是，這一點跟大家熟知的陳腔濫調剛好相反。不過就人類歷史來看，長久以來這一點似乎不造成問題。畢竟，人類（尤其是男人）對生活的期待與要求本來就不高！

學者同樣研究了怎麼樣的男人對女人具有吸引力。女人喜歡讓她們有安全感、可靠的男人，據說此一印象形成於百分之一秒。而且女人偏好行動敏捷的獵人。換言之，懶男人或那些因網路而喪失狩獵本能的男人，在求愛市場上嚴重屈居劣勢。這也正是關鍵所在：何以花花公子總能成功擄獲女人，因為他們具有強烈的企圖心，願意不怕麻煩、不畏艱辛的去追求女人、征服女人。真正具有騎士精神、風流倜儻的男子漢，是對女人真的感興趣的男人，但他們常被其他男人奚落為「只會討好女人」。這種男人之所以能成功的擄獲女人，正因為他們是真心喜歡跟女人在一起，他們（就像優秀的獵人）對「獵物」具有同理心，能看穿獵物的心理。換言之，他們是真的在跟獵物**周旋**，但也因此被其他男人看不順眼。

在此，我想舉二個實際範例。一個是阿里汗（Aly Khan）王子，一個是波費里奧．魯維羅薩（Porfirio Rubirosa）。此二人堪稱二十世紀最偉大的花花公子（並無競爭關係）。二戰前後是他們倆的輝煌時期，二人都隸屬「噴射機掛」（那時候的富豪流行乘噴射客機到處旅行）。兩人的共通點還有：他們都因為喜歡開快車而死於車禍意外。阿里汗曾自述：「我就是喜歡窩在女人堆裡，唯有在女人堆裡，我才能感覺生龍活虎。我的生活如果少了女人就毫無意義了。」他是伊斯蘭教伊斯瑪儀派（Isma'ilism）精神領袖阿迦汗三世的兒子兼繼承人，一生都在追逐漂亮的女人，當時的八卦新聞全靠他的緋聞和婚姻在撐場面。阿里汗的風流史始於十八歲被父親送往倫敦時（他父親這麼做是為了不讓他受到他母親的影響）。阿迦汗三世將兒子安頓在一座皇宮般的豪宅裡，配備無數傭人和極優渥的生活費，並且給了兒子一些社交建言，例如賽馬——除此之外，完全不管他。不久之後，他便成了倫敦所有貴公子的頭號公敵，和所有年輕仕女的心儀對象。

他的著名情史除了包括美國四〇年代性感女神麗塔・海華斯（Rita Hayworth）之外（而且還是從美國知名導演暨演員奧森・威爾斯〔Orson Welles〕身邊搶過來！），還有佛奈斯子爵夫人（當時她還是威爾斯親王〔後來的愛德華八世和溫莎公爵〕的情婦）。他們相識於紐約的一場派對，他當場邀請她隔天共進晚餐，接著隔天又再邀請她。當他得知她必須返回倫敦時，便幾近哀求的挽留她，但她卻笑說：「不行，我明天一定得走。」隔天當她踏進船艙，發現裡頭布滿了玫瑰，每束花上還都附上一張濃情蜜意的小卡片：「妳怎麼能就這樣離開！」、「愛妳的阿里！」、「倫敦見！」。隔天一早，船艙的電話響了，阿里汗在電話的那頭說：「親愛的，我們去吃早餐吧！」原來，他瞞著她偷偷上了船。在五〇年代倫敦的上流社會裡，名女人如果能勾搭上阿里汗可是件非常光彩且能博得美名的事！阿里汗之所以能成為傳奇，重點在於他追求女人的技巧，以及他製造風流韻事的功力。當他看上一個女人，他會把整個世界捧到她面前獻給她，不但祭出珠寶攻勢，還會想盡辦法帶她去浪漫的地方度假。據說有天早上他偷偷安排了管弦樂團，甚至還有男高音，到心儀女子家中的庭院去演奏，只為了用情歌將她喚醒，然後共進早餐。

但他的兒子、現任伊斯瑪儀派領袖阿迦汗四世卻無緣締造花花公子傳奇，因為他缺少了那份魅力。他從來就不是個「suave」（溫文儒雅）的人。「suave」這個字不好翻譯，它結合了優雅、迷人、老練、聰明等等特質。羅傑・摩爾（Roger Moore）演的詹姆士・龐德非常suave，但丹尼爾・克雷格扮演的〇〇七就一點也不suave了。

最能體現溫文儒雅的人，非來自聖多明哥的波費里奧・魯維羅薩莫屬。他一個人的緋聞，就足以滿足所有拉丁美洲人的八卦需求。英國諷刺大師伊夫林・沃形容他是「外交部暨大使館裡那個品味有點詭異的機伶小夥子」。魯維羅薩原本只是個無名小卒，一個在社交場合不受其他男人重視的傢伙。他一共結過五次婚，其中一次是娶了百貨業巨擘伍爾沃斯（Woolworth）的女繼承人，亦即美國知名的「貧窮女富豪」芭芭拉・赫頓（Barbara Hutton），他們的婚姻一共維持了七十二天。但魯維羅薩之所以能躋身上流，全是拜第一任妻子之賜：弗洛爾・德・奧羅（Flor de Oro，意為「黃金花朵」）是多明尼加獨裁者特魯希略

（Trujillo）將軍的女兒。為了讓女婿的身分足以跟自己的女兒匹配，特魯希略特意拔擢魯維羅薩成為外交官，一開始出使柏林，後來到巴黎，之後又派駐布宜諾斯艾利斯。但他在阿根廷膽大妄為到竟勾搭上總統夫人伊娃．裴隆（Eva Perón），此事一度引起多明尼加共和國和阿根廷之間的外交危機。直到今天（就像我們在餐廳裡看到的），阿根廷人還稱大尺寸的胡椒研磨罐為「魯維羅薩」，藉此影射他那根巨無霸的性器。據說，魯維羅薩每天都得服用一種用日本菌菇密煉而成的神祕藥粉來維持傲人的性能力，但這很可能只是他的情敵（手下敗將）刻意造謠。據可靠人士透漏給我的消息，魯維羅薩那方面的能力並沒有多麼異於常人。比優異的床上功夫更重要的其實是：他體貼女人、了解女人的心思與能力，他非常會奉承女人。這是莎莎．嘉寶告訴我的。她曾經一度跟他打得火熱，後來他為了無趣的艾娃．嘉德納（Ava Lavinia Gardner）離開了她。我向莎莎．嘉寶探詢魯維羅薩的事，她一臉陶醉的說：「親愛的，他當然是個很棒的情人，但更棒的情人我也遇到過不少！可是唯有跟魯維羅薩在一起，你才能感覺到自己是全世界最重要、最有趣、最迷人的尤物。那種感覺性感極了，比性愛還要性感！」

話題21
時間

「好可惜，他們沒時間來。」時間！一旦有人提到時間，就是你順勢拋出震撼彈的大好時機。打從人類會思考開始就一直在探討時間，卻沒人能對「時間到底是什麼」提出確切的答案。

在牛頓的古典世界觀裡，時間是穩定、持續、不變的，此看法卻被愛因斯坦給推翻了。那年愛因斯坦才二十三歲，剛獲得人生第一份工作：伯恩專利局三等技師。當時他和後來的妻子米列娃（Mileva）一起住在著名的愛因斯坦故居雜貨街四十九號。他每天早上搭電車上班，在候車亭裡時總會望著伯恩時鐘塔。那是一座建於中世紀、以精美天文鐘聞名於世的鐘樓。由於當時還沒有手機和平板，沒辦法隨時隨地查看信件，所以愛因斯坦有時間胡思亂想，終至想出了離經叛道的東西。他那顆聰明絕頂的腦袋肯定跟我這顆大不相同，但還是讓我幫大家約略的模擬一下：「我每天早上望著鐘樓上那個無聊的鐘。要看見時間的話，就得藉光線反射時鐘上的訊息到我眼裡。光線反射的速度極快，是光速。可一旦我坐上電車，如果電車也以**極快**的速度遠離鐘樓，那麼會發生什麼事？電車（我坐在裡面）遠離鐘樓的速度，如果和光反射到我眼睛裡的速度一樣會怎麼樣？時間會停止！從我的觀點來看，時間停止了。這時如果旁邊正好有個人在悠閒散步，即便我覺得時間不動，在那個人的感覺裡，時間依舊是正常的。」愛因斯坦因此認為時間跟我們的觀點有關，是相對的。相對論的核心思想於焉奠定。愛因斯坦後來又證明，我們將時間劃分為「現在」、「剛才」、「待會兒」全是相對的，全跟我們所在的位置有關。例如，有顆星球突然爆炸，上面有個人正在午餐，那頓飯被迫永遠中斷。星球爆炸而產生的光在一千年後抵達地球，當我們知道有那頓午餐時，飯菜早就涼了。

愛因斯坦說的話就一定對？其實要證明時間是相對的，根本不必搞得這麼複雜。柏林諺語早就說過：「親美女十秒鐘太短，坐在火爐上十秒鐘太長。」如果牛頓還在世，真會乖乖聽從愛因斯坦的話，還是會捍衛己見，堅持十秒就是十秒？算了，什麼叫十秒就是十秒？在哪兒能成立？何時能成立？怎麼樣才算成立？只在我們這個宇宙成立？如果再加上電車的因素呢？時間之所以會停止，乃因為看的是伯恩那面獨一無二的鐘，還是世上所有的鐘都一樣？又或者是光線在傳遞**資訊**的過程發生了什麼問題，導致仍在繼續前進的時間無法被看的人接收到？會不會不管人有沒有在看，時間都不受影響，自有其獨立於人之外的運作方式？

但這些問題，正常人大概不會問，因為：幹嘛呀！你想跟愛因斯坦爭辯嗎？

其實，絕對正確的知識並不存在。科學的本質原就是：只能提供一段時間內有效的結論。所有的科學研究都涉及「時間」。正因為對於時間我們還有許多未知的部分，科學研究才能令人如此興致盎然。也許有人會問：愛因斯坦會不會是受感官的混淆才產生那樣的時間觀？乍看之下，這問題很白痴，繼而想想其實很有道理。或許，時間感根本不屬於物理問題，而是心理問題。安迪．沃荷的摯友、以發表辛辣社論見稱的女作家弗蘭．勒波維茨（Frances Lebowitz）說過：「一過五十歲，你會覺得才三個月怎麼又要過聖誕節了。」但對年幼的兒童而言，一週長得像永遠。每次兒子問：「我生日什麼時候到呀？」「再睡七個晚上就到了！」即便我這麼安慰他也沒用，因為七天對他來講似乎——不，不是似乎，而是**確定**遙不可及。相反的，每次我覺得才過三天，事實上已經過了一星期。心理學家甚至能推算出每個人的主觀時間。研究過程中，他們找來青少年、成年人，和老年人進行實驗，測量每個人的一分鐘有多長。青少年喊「時間到」通常已經遲了一分鐘，成年人大多可以答對，但年過七十歲的老人嚴重時會提前三十秒就說時間到。

所以，或許結論是時間根本不能測量，它只是我們的一種幻覺。「時間」此概念只代表了人類的徒勞無功：我們企圖掌握某些只隸屬於神，根本不能為我們所理解、所測量，並替它命名的東西，也就是「此刻」。據說，禪宗有些修行可以讓人進入永恆的狀態：排除所有妄念、全心全意、無所為的去從事，即便只是在洗手，也能進入某種禪定狀態。有人宣稱，在那樣的狀態中見證了當下，亦即時間的靜止。

「時間」——從古至今，超越時間的——一直都是項奧祕，未來想必依舊如此（將永遠如此？）。既無定論，當然誰都可以對它大發議論，或藉機跟別人唱點反調。怕只怕突然冒出個專門研究時間的傢伙。但即使碰到這種人，其實也不用怕（尤其是在社交場合），因為他們通常無法把話說清楚。況且，縱使有人說自己讀過霍金的《時間簡史》，十之八九也是在說大話。眾所周知，這本書是「買回家卻沒閱讀的暢銷書」排名第一；雖然它全球狂銷千萬冊，被譯成四十多種語言，但真正讀過的人大概只有那可憐的四十幾個——就是那些譯者。他們迫於工作不得不讀，據我所知，不少人譯完就直接去接受心理治療了。我也想挑戰看看，於是讀了專為外行人出的簡易版《圖解時間簡史》，看到一半已經頭痛欲裂，得躺進沙發裡呻吟了。但他的另一本書《我的人生簡史》卻出奇的好讀（總要對這個作家同行說點好話吧），而且有趣；他在這本書裡解釋了何以人類不可能操控時間，也永遠（這個字用得頗具爭議！）不可能造出類似時光機的東西：「如果造得出來，我們早該被來自未來的遊客給擠爆了。」

人類到底「為什麼」、又是從「何時」開始想要測量時間？第一個把「測量時間」排在「優先待辦事項」的高度文明是馬雅文化。馬雅人非常熱衷於研究時間，他們甚至制定出二

套曆法，一套為神而設，一套給平民使用。為神而設的曆法只有祭司和統治者能學，屬於祕密知識。馬雅人已經具備非常高超的計算能力，能解決無數複雜的計算問題。令人驚訝的是，馬雅的天文學家已能精確計算出天體運行的週期（但如此高度文明的馬雅人，竟為了確保太陽明天會升起，極盡殘酷之能事的在盛大的祭典中，動輒獻祭數千名無辜百姓）。

馬雅人之前或許也有別的文明探索和計算過時間，但因為沒有留下（像馬雅文化一樣的血腥）線索，所以不為人知？人類**何時**開始執著於非測量時間不可，這點其實沒人知道。但為什麼非測量不可，理由就清楚多了。因為我們的祖先想知道太陽的運行規律，想了解季節的變換，尤其是當他們開始定居後。有了這些知識才能決定何時播種、何時收成。此外，這些知識也讓古埃及人得以精準預測尼羅河每年的氾濫時間。

此後又過了一千五百年，人類才想到要劃分一天的時間。古希臘羅馬人並不在乎「現在幾點」。中世紀的人看著太陽大概推估一下時間已經很滿足。如果要測量一小段時間，就會用沙漏或水漏。確切的劃分「幾點」大約出現在二百年前，就人類歷史來看，還真是剛出現不久！我們的宇宙已存在一百四十億年。在此宇宙形成之前有時間嗎？這問題大概沒人能回答。沒有空間，就沒有時間。真是如此嗎？天體物理學最迷人的地方就在：這門學問總會遇到一些人類一無所知的狀況。但有一點是確定的：我們的世界曾經有很長一段時間，雖不計算時間卻還是活得好好的。

如今呢？現代人的生活已經跟時令、節氣通通脫鉤了，但那曾經是人類播種和收成的依據。現在的農產品來自占地遼闊、架滿人工光源的溫室。人類也已經不需要放牧，不需要因為隆冬將至而把牛羊趕到別處去。現在的畜牧場全由電腦自動監控溫度。所以，我們應該比較驚訝：如今在不需要的情況下，我們竟還一味的恪守時間劃分。也許是基於習慣吧。也許是基於人類對秩序（規矩）的要求；有了時間的計算，講好三點在星巴克見，才不會有人遲到，害另一個人枯等。其實，這麼想很可惜！等待可以是人生中最美好的時光。只要你不心浮氣躁的一直看錶，就能靜靜享受這緊鑼密鼓的生活中，突然降臨的片刻悠閒。每次我的朋友、當代心靈大師艾克哈特．托勒看見匆匆趕來、一臉歉意、不停說抱歉的遲到者就會說：「別在意！我根本沒在等，我享受得很呢！」靜靜的享受獨處、懂得這麼做，而非不斷「滑」3C產品來殺時間的人，無異於為自己贏得了一項極為珍貴的文化能力。

現在幾點？這問題其實已經不那麼重要。許多商家二十四小時營業。雖然我們名義上還有星期天和假日，但它們跟上班日有差別嗎？我們在家一樣不得安寧啊！我們生活在一個一天二十四小時、一週七天、全年無休的世界裡。從前的人說紐約是不夜城，今天不管是奧地利的格拉茨或德國的比勒費爾德，哪個城市不是不夜城！這樣的生活型態，媒體和新聞業首當其衝。從前報紙還有分早報、午報、晚報，現在以我任職的《畫報》為例，早就變成二十四小時不斷更新資訊流了。我們就寢時，身處世界另一端的同事已經起床，開始研讀我們的報導，然後接力把故事寫下去。我們已經不在一大早開晨會討論一天的「流程」了。現在我們隨時隨地在開會，無時無刻不在披掛上陣。新聞從業人員大概是最早領悟到這一點的人：早就沒有什麼時間不時間的了，現代人永遠得「活在當下」。

話題22

吉普賽人

鬼牌話題最後要談的主題，只要你一開口，不管當時大家聊得多開心，都會立刻愣住。光是「吉普賽」這三個字，就足以叫所有有文化、有水準的德國人心頭一凜，甚至反應激烈；輕則皺起眉頭，重則當場踹你一腳。話雖如此，這話題如果掌握得當，不但可以炒熱氣氛，還能盡顯你的見識卓越，聊完後保證所有人一臉欽佩的望著你。這時你正好留下瀟灑的背影，氣宇非凡的走向自助餐區大快朵頤！

要聊這個話題，你得先知道：別自作聰明的用「辛提人和羅姆人（Roma）」來代替「吉普賽人」，這麼做既一廂情願又羞辱人！因為吉普賽人包含了許多民族，如果你只用辛提人和羅姆人來以偏概全，那麼拉勒里人（Lalleri）、加列人（Kale），和索拉參納人（Xoraxane）就全被你排除在外了。況且，在德國已經定居好幾代的辛提人，根本不願意被跟東南歐的羅姆人（以及他們某些不合時宜的特殊風俗）混為一談。德國攝影師兼作家羅夫・鮑爾迪克（Rolf Bauerdick）對東南歐事務之熟稔，就像戰地記者彼得・紹耳・拉圖爾（Peter Sholl-Latour）對中東局勢一樣。他是少數幾個並非閉門造車而是實地走訪過當地的東南歐專家，還曾跟我說過：「當然，如果某個辛提人，無論男女，不願意被稱作吉普賽人，你還稱他為吉普賽人，當然就是不尊重。但是，把『吉普賽』這個名稱看作是一個具有貶意的詞，對他們而言更是一種羞辱。」

諾貝爾文學獎得主、羅馬尼亞裔德文作家荷塔・慕勒（Herta Müller）曾寫道：「我懷抱著『羅姆人』這個名詞去到羅馬尼亞。我在跟當地人交談時，一開始也用這個詞，但我很快便發現，根本沒人知道它代表什麼。他們告訴我，『羅姆人』這個詞很虛偽、很刻意，我們是吉普賽人，只要大家好好對待我們，吉普賽人這個詞沒什麼不好。」所以說，「吉普賽」這個詞原本並不具貶意？二〇〇七年過世的德國萊茵蘭（Rheinland）居民約瑟夫・迪米特（Josef Demeter），家人在他的墓碑上刻下「吉普賽總統」的稱號。二〇一二年過世的德國辛提聯盟（Sinti Allianz Deutschland）主席娜塔莎・溫特（Natascha Winter）曾義正詞嚴的為「吉普賽」這個詞抗爭過。她總說：「我很高興自己是一個真正的吉普賽人，並以此為榮！」她一直想要與德國辛提和羅姆中央委員會（Zentralrat der Sinti und Roma）劃清界線，此組織在德國以主流自居，自認能代表絕大多數吉普賽後裔發言，但其實從未獲得眾人授權。「全都是為了拿到補助款，」娜塔莎・溫特非常感慨，「我們的文化全因補助款而犧牲了。」只要是自稱吉普賽人的就別想分一杯羹，辛提和羅姆中央委員會徹底壟斷了這些少數民族的定義權。

為了給納粹時期被殺的吉普賽人立碑，德國社會吵翻了天，當時歷史學家艾博哈特・耶克爾（Eberhard Jäckel）曾說過，所謂的「辛提人和羅姆人」是在一九八二年中央委員會的宣傳下才廣為人知，「但吉普賽人這個詞已經存在好幾百年，它從來就不具貶意。好比猶太人，他們絕不會因為有反猶太主義者，就要替自己更名」。此話一出，立刻在網路上引起激烈論戰。辛提和羅姆中央委員會主席羅馬尼・羅斯（Romani Rose）稱耶克爾的發言為「醜聞」，是對其族人的莫大「汙辱和不尊重」，他說歷史學家應該要學會「不去強化劊子手的語言」。羅斯想刮別人的鬍子，刮到的卻是自己的。殊不知，他罵的這位歷史學家，曾在一九八〇年代勇敢的站出來譴責納粹屠殺吉普賽人的惡行，不僅獲頒一等勳章，還是獎勵道德勇氣與反抗文學最力的紹爾兄妹文學獎（Geschwister Scholl Preis）得主；耶克爾絕對是最不屑使用「劊子手語言」的人。

「我們是吉普賽人，羅姆人這個詞沒聽過。」二〇一三年秋天，帶著我造訪「第五區」的年輕女士克里娜（Crina）曾這麼說。第五區是位於羅馬尼亞首都布加勒斯特南方一個聲名狼藉的聚落，我去過一次就永生難忘。有則新聞曾登上全球頭版：一名西方的金髮女孩出現在希臘吉普賽家庭裡。此新聞喧騰一時，大家紛紛揣測她是人口交易的犧牲者、誘童案的受害者。我向報社主管表達了以下想法：去巴爾幹地區做一次有關吉普賽人的深入報導。我想尋找真正的吉普賽人，不是那種出現在德國「集體安置區」，例如難民營裡的吉普賽人。那種地方我去過，也做過報導。我想去一個吉普賽人是真正大多數人的地方。我讀了許多有關這個神祕民族的報導，據說他們在一千年前由印度遷徙至歐洲，從此一直是社會的邊緣人。我想造訪真正的「風之子」，一如作家羅傑．摩諾（Roger Moreau）在他一九九九年的書裡對他們的稱呼。

羅馬尼亞境內集結了全球最多的吉普賽人。第五區橫跨了拉合瓦（Rahova）、費倫塔里（Ferentari），和集吉麓伊（Giurgiului）這三個相連的地區，堪稱全歐最窮、最悲慘的地方。以前我一直認為，貧民窟只存在於亞洲和非洲的大城市邊緣。沒想到「第三世界」就位於維也納的東南方，而且距它只有幾小時車程。多少人生活在第五區？三萬還是八萬？沒人知道。因為他們根本不存在於官方資料。他們沒有戶籍，也並未出現在任何統計數字上。身為外國人，大家都勸我不要去，也沒有計程車肯去。即便是警方，除非迫不得已否則不會進去，去的話也會全副武裝，穿上防彈背心，甚至請求軍方支援。

我的當地導遊克里娜，是位非常受當地人信賴的女士。她是第五區居民和（僅剩的幾個）救援組織的聯繫者。她告訴我她三十幾歲，但她看起來像五十幾，眼袋很深，皮膚蒼白，一臉風霜和悲傷。我們約好在地鐵站碰面，那一站的站名是「康斯坦丁．勃蘭科韋努」

（Constantin Brancoveanu, 1654-1714），此人是羅馬尼亞的民族英雄，遭土耳其人斬首而亡。空氣中瀰漫著燃燒塑膠的氣味、廢氣，和垃圾的臭味。我步步為營，因為到處是隨手丟棄的注射器，一不小心就會踩到。第五區堆滿了垃圾。怎麼會這樣？克里娜說：「這裡沒有垃圾清運的服務。」

我們的目的地是ASIS總部。ASIS是當地的一個慈善機構，從地鐵站走過去十分鐘。途經廢棄生鏽的車子，成堆的垃圾，和一棟棟破舊不堪、看似要倒的公寓，這些公寓蓋於獨裁者西奧塞古（Ceauşescu）統治期間。這裡七、八坪大的空間要住八到十個人，只有百分之三十的家庭有自來水，百分之十二的家庭有電。這是指合法使用，但這裡的人大多會私接電線。許多有線電視的小耳朵天線，就用自行車鍊固定在窗邊。路上到處是窮凶惡極的野狗，牠們瘦得皮包骨。我們不停的左右換邊走，克里娜說：「這些狗沒人養，牠們很凶，比人還危險。」一群年輕人朝我們圍過來，我嚇得幾乎尿褲子，克里娜不為所動的繼續走，喝斥他們走開。「放心，他們只是想販毒，通常不會怎麼樣。」後來我才知道克里娜何以如此有恃無恐，原來她叔叔是當地最有權勢的族長之一。

我們終於到達掛著ASIS招牌的木屋。他們安排我在那裡採訪一名社工。ASIS是縮寫，全名是「社會融合促進協會」（Die Asociatia Sprijinirea Integrarii Sociale），此協會成立的宗旨，在於解決吉普賽人離群索居、無法融入主流社會的問題。協會採取的重要措施有哪些？首要目標是讓吉普賽父母送孩子去上學。羅馬尼亞雖施行義務教育，依規定每個小孩都得上學，但就像所有的法律，一到第五區就會自動失效。後來我問克里娜，怎麼都沒看到小孩？他們哪裡去了？她冷冷的看了我一眼。那天是下午，我在街上看見賣玉米和葵花仔的老婆婆，還有聚在一起抽菸的年輕男子，卻完全看不到小孩的蹤影。我從克里娜嘴裡問不出所以然。她避而不答，所以我的問題也沒有答案。

克里娜只告訴我，這裡的人永遠別想得到正常的工作機會。「沒有人會雇用來自第五區的人。這就像是我們身上的烙印，永遠除不掉。」ASIS的社工願意提供的資訊極為有限。訪談了一小時，我的筆記上只寫了一句：「政府根本不管這些人的死活。真正願意提供協助的只有非政府組織。」

晚上我們回到布加勒斯特，協會的一名員工偷偷告訴我第五區的孩子哪兒去了：「父母把他們借給了別人，或者這麼說吧：租出去了。租給幫會首領。女孩十二歲起就到西方國家的馬路邊當流鶯，男孩則當扒手。首領喜歡利用小孩，因為法律拿他們沒轍。」前面提到的羅夫．鮑爾迪克為了不讓我懷抱不切實際的夢想，出發前對我說過：「受吉普賽人之害最深的，其實是吉普賽人自己、被家暴的婦女、被濫用和剝削的女童，以及被不當利用的男孩。」

布加勒斯特流傳著一則有關辛特斯提村（Sintesti，位於布加勒斯特郊區）的謠言。據說，幫會首領住在那裡，他們有錢得要命！這些有錢人蓋了五彩繽紛的皇宮，但裡面沒有浴室和廁所。因為那些房子只是為了炫耀身分地位，他們其實住在房子後面的露營車裡！

辛特斯提村住著很多治鐵的人，他們是鐵匠和補鍋師傅的後裔，可惜這項技藝已經無用武之地。如今人們已經不向沿街叫賣的鐵匠買鍋子，賣場裡有的是來自中國和越南的便宜貨。縱使鍋子壞了，也沒人會去找補鍋師傅修理，而是直接買新的。這些人的行業徹底走入了歷史。不過，他們早已另尋出路。談這件事其實政治很不正確，但為了政治正確而刻意漠視它則是愚蠢。「整個歐洲的竊盜、扒手等犯罪集團，全聽令於辛特斯提的眾多首領。」布加勒斯特一位專門負責偵辦犯罪組織的警官這麼告訴我。這些犯罪組織都是家族企業，犯的都是些偷竊、組織乞討集團等小奸小惡，抓他們的主要目的並不是為了懲罰他們，「最嚴重的問題在於，他們利用小孩來犯罪」。

羅馬尼亞是歐洲境內最多吉普賽人的國家，大約有二百萬人。在歐盟的援助下，羅馬尼亞政府正推動一系列族群融合計畫。例如，每個學校都必須為吉普賽學生保留座位。問題是：那些座位上經常沒人。吉普賽小孩根本無法上學，他們必須為首領賺錢。但是，當這些孩子化作犯罪數字出現在德國媒體上時，我們下的結論總是如此不曾深究：「兒童和青少年犯罪比例大幅提高！」，或「非國人的犯罪案件之所以增加，主要歸咎於外來的流動性犯罪集團」。

我央求計程車司機載我去見識一棟吉普賽宮殿。那房子的屋頂特別漂亮，裝飾著五彩鋅板，另一特色是：監視錄影器特別多。路邊有個包著頭巾、身穿及地長裙的老婦人正在掃落葉，她原本看來氣定神閒，一見我下車立刻提高警覺。她拿著掃帚走過來，同時間其他梳著黑辮子、穿著鮮豔長裙的女子也全圍了上來，她們七嘴八舌的喝斥聲遠比老婦人凶。

不到幾秒，一輛ＢＭＷ跑車已經開抵，在我們身邊用力煞住。四個穿皮衣的彪形大漢迅速下車。我急中生智：現在唯一能救我的法寶是嘲諷女性。「你們怎麼受得了呀？這裡的女人好吵！」我口操德文，其中一名年輕人顯然聽懂了，他聞言大笑，並翻譯給其他人聽。彪形大漢全都深有同感的笑了。一名肚子很大、手戴勞力士錶的氣派男子，從有著五彩屋頂的房子裡走了出來。彪形大漢立刻讓開，嘈雜的女人隨即閉嘴。這人是首領，是他們的族長。「這房子好漂亮，」我立刻搭話，並指著停在車庫裡的賓士說，「好棒的車。是我們德國車耶！」年輕男子立刻翻譯，同時也為我翻譯了首領的回答。「滾！」拜託，讓我問二個簡單的問題就好！首領紳士的點了點頭。「我們這些西方人總害怕你們會大批、大批的湧向我們的國家，對此您有什麼看法？」「歐盟各國之間的邊界已經開放許多年了，」首領回答，「是你們自己搞不清楚狀況。」我只剩最後一個提問機會：「你們靠什麼賺錢？」他隨即不悅的轉身，並朝彪形大漢揮了揮手。「滾！快滾！」替我翻譯的年輕人表情陰晴不定的吼道。計程車司機已經嚇得臉色發白，背部也被冷汗徹底浸濕。我答應給他五倍車資，他才願意載我到這兒。他確實沒有白收我的錢！

在距離布加勒斯特這汙穢醜陋的第五區很遙遠的彼方，在喀爾巴阡山麓一個叫特蘭西瓦尼亞（Transsilvanien）的地方，我終究見到了夢想中的吉普賽人！他們仍維持著古老傳說中的生活方式。塞凱伊蘭（Szekelrland）位於特蘭西瓦尼亞東邊的區域，朋友載我造訪了那裡的一個小村莊，那裡住著他的朋友捷爾吉．拉卡托斯（György Lakatos）及其族人。對我這種總是在滑手機、一刻不得閒的都市人而言，和捷爾吉一起坐在陽光下喝茶，看著他一邊編籐籃，簡直像心理治療。這裡沒有電，手機也完全收不到信號。這裡的時間彷彿停止了。捷爾吉到底幾歲？他的妻子伊隆卡（Ilonka）告訴我：「大概六十吧。」他們的兒子德拉岡（Dragan）三十左右。這裡有好多孩子，孩子們圍著我們嬉鬧，有的正在拉扯慵懶的站在太陽下不願意移動的驢子。德拉岡的妻子伊娃（Eva）才二十歲，長得很漂亮。她驕傲的指著她的大肚子對我說：「是男孩，我的第三個孩子。」她怎麼能確定是男孩？她說：「貓偷偷告訴我的。」說到重點了！我趕緊追問：「村裡有人會算命嗎？會預言未來嗎？」伊隆卡叫我朝她手心吐點口水，然後放上紙鈔。我聽話照做。然後她同樣朝自己的手心吐了點口水，接著握起拳頭，把紙鈔揉成一團。她扯下我的一根頭髮，同樣握在拳頭裡。她唸唸有詞的說了一串我聽不懂的話，最後宣布：「你將來會成為一個大富翁！」所有人聞言大笑。

吉普賽人的古老傳統呢？我想知道他們如何保有傳統。「比方說，你們這裡還有吉普賽貴族嗎？還有所謂的族長嗎？」「有啊，」捷爾吉說，「我們隸屬於拉卡托斯族，意思是宮廷鐵匠。但老族長過世後，我們沒有再選出新的族長，因為年輕人已經不了解、也不遵守這些古老傳統了。」

我在布加勒斯特有多失望，在塞凱伊蘭就有多傷心。特蘭西瓦尼亞美得像人間仙境。它有點像德國位於阿爾卑斯山麓下的阿爾高（Allgäu）地區，只是少了寬敞的道路、電線桿，和名牌暢貨中心。另外就是馬車代替了汽車，孩子玩的是自己動手做的玩具而非手機。百年前我們也這般生活過呀！可惜，十年後這裡肯定也會有大幅改變。我問德拉岡：你的孩子將來要靠什麼賺錢？他沒回答，只是一臉詫異不解的望著我。山下，位於平地的瑪吉阿黑瑪尼村（Magyarhermány），居民們對吉普賽人的風評很差。他們不准吉普賽人進村，頂多只能留在外圍。一名老農向我抱怨：「他們會偷田裡的農作。」學校老師也說吉普賽小孩很少來上學，「即便來了，也不好好聽課。不管跟他們說什麼都沒在聽」。相反的，村裡的人對另一個村子貝林（Bellin）卻讚譽有加。在歐盟的援助下，那裡成功的推行了族群融合計畫，許多吉普賽人被教化成了「優秀的羅馬尼亞公民」。於是，我去了趟貝林。那裡的人住在整齊清潔的房屋裡，門前有美麗的庭院。孩子都乖乖的去上學，父母都有安穩的工作。我訪問了幾個青少年：他們以自己是吉普賽人為榮嗎？他們的回答是：「我們父母或許還是吉普賽人，但我們不是！絕不是！沒有人會肯雇用吉普賽人！」

在文化上，大約有七百萬歐盟居民具有吉普賽背景。但是，如果一個人再也不認同自己的吉普賽身分，他還能算是吉普賽人嗎？這些人在一千年前來到歐洲（至少古代文獻上是這麼紀載的），從此被人討厭、被排擠、被驅趕。因為他們不同於我們，因為我們容不下異己、容不下差異。

如果聊天時談到吉普賽人，並且有人理所當然的說，應該要協助他們盡快融入我們的社會，這時你不妨回答，「這問題」很快就會自動解決。因為，最後留下來的畢竟都是「人」，只不過這一群人雖被「融合」，卻也因此失去了他們的文化根源，並將繼續被排擠、被整個社會視為邊緣人。原來，在我們的社會裡，要晉升為一個正常人，往往得以失去自己原有的文化認同為代價。

第3篇
魅惑話題

我人在電梯裡。不久之後門打開，一個我覺得滿可愛的女同事走進來。她這個人很樂於交談，可惜從不知該如何打開話匣子。「怎麼樣？」她總是以此開場。「就這樣囉！」我也總是以此作答。基本上這樣的互動也算完美，有點像心照不宣的互眨眼睛，只是換成有聲版。如果是狗，大概就是互吠兩聲。可惜同事間，換言之在職場上，就不適合這麼做了。公司高層肯定不樂見同仁間出現這種打暗號似的交談方式。接著，我這位女同事又開口了：「對了，我每次都想問你，你對天主教有什麼看法？」大哉問，我們足足還有三層樓的時間可以探討這個橫跨二千年的宗教問題。難度未免太高。但這種情況就是會發生。乾脆不答太沒禮貌，簡單一句「這個嘛……」又顯得沒誠意，但這種花整晚都不一定聊得完的話題，要掐頭去尾的聊實在不恰當。

再舉個例子：宴會上大家開始互相介紹。這時簡單的寒暄其實就夠了。典型的開場白有：「您來過這裡嗎？」這樣的聊法雖然不會出錯，卻也無趣。我在前東德外交官守則上讀到過這樣的範本：如果對方來自遙遠國度，官方接待會上外交人員可以這樣寒暄：「您出使這裡多久啦？」然後繼續問，「德國菜您吃得慣嗎？」這種聊天內容未免有辱外交官的美名！

此外，聊天過程還可能出現以下情況：你自覺現在不引人注意才是明智之舉！你只想隱身人群，一點也不想賣弄聰明，更不想受人矚目。這種情況大多發生在大家聊得正起勁而且有趣時。每個人都希望自己的發言能延續這種氣氛，卻又怕說錯話就會毀了這一片融洽。

那要怎麼做才能不出錯？哪些話題能在這時發揮畫龍點睛的效果？我由衷希望，接下來的這些主題能為各位提供具此功能的聊天素材。

一場熱鬧的聊天，就像群鳥嘰嘰喳喳的喧鬧，也像貓咪此起彼落的喵叫，或舒伯特的即興曲，或一首起起伏伏、時消時長的和諧旋律。重點真的不在**說什麼**。陌生人聊天時，真正交流的大多是非語言的資訊。畢竟，我們只是在互相試探、互打招呼，只不過人類做得比動物細膩、精緻些。

在進入單一主題前，我想先跟大家介紹一個有用的小技巧。這項技巧特別適合用於「過場」，也就是聊天中的過渡時期；你希望就這麼把時間挨過去，卻又不知該講什麼。我稱這項技巧為鸚鵡密技；換言之，就是持續重複別人說的最後一句話！尤其是當你碰到自以為了不起的傢伙時，這項密技的效果會特別好。先讓我簡單示範一下：

自以為了不起的傢伙：「嗯，我昨天去看了話劇！」

聊天達人：「話劇？」

自以為了不起的傢伙立刻接話：「編導方式前衛極了，但簡直是災難！天啊，尤其是布景，根本慘不忍睹！」

聊天達人：「慘不忍睹？」

這樣的對話方式，會讓那個自以為了不起的傢伙無從發現自己正在自言自語！他會一路獨白到終於有人受不了，把話題岔開。

我稱下面要介紹的這些主題為魅惑話題，其實有些不恰當。我之所以用這個名稱，是為了強調它具有讓人聽了之後會渾然忘我、迷迷糊糊的作用，也就是麻醉效果。但麻醉會令人失去意識，這並非我想要的結果。所以，最適合這一章的名稱應該是「萬靈丹話題」。萬靈丹或百寶丸（Theriak）乃古代一種含嗎啡的常見萬用藥，一般病痛皆可服用，有時只是用來舒緩症狀。下面這些主題的目的也在凝聚共識、營造愉悅舒緩的感覺，讓談話氣氛更加融洽。

不出錯的話題，不一定就是沉悶的話題。聊天像打球，傳過來揮過去，請不要擊出快狠準的乒乓球，而是要和緩的拍打羽毛球。密技就在：選擇具高度共識的話題，並輕鬆看待各式各樣的對立論點。

讓我再強調一次：聊天最忌讓人覺得無聊。古羅馬人用「molestus」（糾纏不清且令人生厭的人）稱呼無聊的傢伙。這個詞用得真是傳神，因為molestus不只代表令人不舒服，還有另人受傷的意思。無聊確實會對我們的身體造成傷害。羅馬詩人賀拉斯（Horaz）在他的諷刺文章裡描述過無聊者的經典形象。有個molestus說：「我知道你現在唯一的念頭就是擺脫我。這點我看得一清二楚。但別白費力氣了，我會像藤蔓一樣緊緊糾纏著你。」無聊者就有這份能耐。他能讓我們擺脫不了他；他能用喋喋不休、冗長的不知所云勒住我們的脖子；他特別喜歡鉅細靡遺的贅述多餘細節。「事情發生在一九八九年的夏天。或者更早？算了，沒關係，這個無所謂。我姊夫跟我……嗯，好像還有我姊，唉呀，沒關係，應該只有我姊夫跟我。不過我姊好像也在，總之就是我姊夫，我姊和我，不過這真的不是重點……」救命啊！但切記，對付這種人一定要有耐心！耐心是對付他們唯一有效的辦法！一旦讓這種人察覺你想逃，他就會更拚命的想纏住你。所以，請聽他們講！其實他們大多是很親切的人。要擺脫這種人的絕佳對策，就是別讓他們覺得你想擺脫他。

做得到嗎？要怎麼做才能明明對方說的話無聊至極，卻還能擺出興致盎然的模樣？跟言語乏味的人該如何互動？怎樣才能維持表情既從容又專注？對此，丹麥王室有一套非常有效的訓練方式。為了讓年輕的王子、公主能雍容自在的應付沉悶冗長的談話，公主、王子必須經常自我訓練，而且是對著空沙發訓練——沙發上會插著「英國大使」、「法院院長」等重要人物的照片。

連跟沙發都能聊得津津有味，到了社交場合怎能不無往不利？所以，趕緊回家找沙發好好練習！待會兒就去跟它促膝長談一下美國的外交政策，而且沙發絕不會反駁你！如果在麵包店排隊時偶遇鄰居，雖只有幾分鐘，也請把握機會練習聊天——這其實跟找沙發聊天有異曲同工之妙。

話題23 美國的外交政策

不管聊什麼，聊天技巧基本上大同小異：千萬別要求非得正確不可，要盡量說出獨具見解的話，並展現詼諧風趣。尤其是在下面這個話題上！聊美國外交政策時，如果你表現得無所不知，那就太蠢了，絕對大錯特錯。因為這樣一下子就會讓人覺得你是個愛說大話的自大狂。

嚴格來講，這話題曾是最佳的政治話題。只要一提到它們，在場的人立刻會有共識，甚至群情激憤。參與這種話題，只要照著社論上的看法，人云亦云即可。但如今呢？大家的政治立場不再一目了然，看法也莫衷一是，**什麼意見**都可能冒出來，想藉政治議題凝聚共識和引起公憤已非易事。不過有句話或許是例外：「歐巴馬把布希辛苦建立起來的一切全毀了！」此話一出，或許能讓你獲頒美國軍方的紫心勳章，但倘若你沒有季辛吉的口若懸河，可能無法在親歐巴馬的社交圈全身而退喔！

說到季辛吉，我與他曾有一面之緣。那次是在多明尼加共和國，我跟姊夫圖恩暨塔克希斯侯爵約翰納斯一同搭乘遊艇艾格隆號暢遊加勒比海。我因開學在即不得不先行離開真是可惜，因為艾格隆號接著又航向古巴，姊夫順道拜訪了好友卡斯楚，我竟沒有跟到。唯一安慰的是，那趟旅行我見到了季辛吉。那天，我們是在已故服裝設計大師奧斯卡・德拉倫塔（Oscar de la Renta）家中。《時尚》雜誌總編輯安娜・溫圖（Anna Wintour）、時裝女王黛安娜・馮・弗斯騰博格（Diana von Furstenberg），以及許多服裝界的大人物當天都在場。那天真是我的幸運日；夾在這些時尚人物當中季辛吉備感無聊，姊夫又忙著跟晚宴主人聊天，無暇管他。於是，季辛吉成了我專屬的聊天對象。

我冒冒失失的（年輕人之所以令人討厭，正是因為如此）一屁股坐到他旁邊，隨即打開話匣子。他根本來不及逃，因為他深陷軟沙發中，想起身難度極高。我跟他聊了一整晚，全程使用德文。八〇年代晚期的美國外交政策可謂一清二楚，所以一開始我們聊的是足球。後來聊啊聊就提到一個我真正感興趣的主題（當時西歐人大多對此不感興趣）：東西德分裂。我說，我對英國外長近日在專訪中提到他對東西德分裂完全不感興趣深感憤怒。季辛吉說他對這種外交上的失禮同樣非常憤慨，但我注意到更令他憤慨的是：侍者端著一盤可口的魚子醬吐司從他面前走過卻沒有停下來。我好不容易把他的注意力拉回來，他終於耐著性子跟我解釋：對邊界的居民而言，東西德分裂當然是「無法接受」的事，但對地球上的其他人而言，就只是一件既存事實而已。但著眼於分裂為兩邊所帶來的潛在威脅，實在不得不說，借鏡歷史，這樣的分裂確有引發大戰的可能。

當晚，季辛吉向我預言了二件事。就當時的情況而言，這二項預言實在離譜，不過後來卻一一實現了。預言一：倘若德國真有一天不再分裂，那麼目前的國際均勢將被打破，不過世界局勢卻不會因此變得比較安全、比較和平。的確如此，幾年後柯林頓甚至萬般感慨的說：「天啊，我真懷念冷戰時期！」季辛吉的第二項預言是：其故鄉的足球隊菲爾特隊（Greuther Fürth）將晉級德國足球甲級聯賽。後來，菲爾特隊雖然只短暫踢進了甲級聯賽，但也算預言成真。

最近，季辛吉在接受《明鏡》雜誌專訪時又做出了最新預言：小布希的歷史聲望將迅速回升——因為他是世界領袖中唯一早就認清伊斯蘭極端分子將破壞世界和平，他曾嚴正警告過那些流氓國家和恐怖分子，要他們別懷疑美國維持世界和平的決心。

可惜，這樣的決心到了歐巴馬卻變了。所以，我還要提出另一項預言（這預言是我說的，不是季辛吉說的）：二〇一三年八月二十一日（敘利亞政府使用化學武器），將成為歷史的轉折點，一如一九八九年十一月九日（柏林圍牆倒塌）和二〇〇一年九月十一日（九一一恐怖攻擊）。二〇一三年八月二十一日，敘利亞政府在大馬士革東郊使用化學武器，對反對派發動襲擊。美國總統歐巴馬之前還信誓旦旦的警告：化學武器是不容碰觸的

「紅線」，一旦越線無異於逼美國出兵。只可惜干預行動最後無疾而終。從此大家發現，美國連對付一個三流的獨裁政權都軟弱不堪。我的好友、戰地記者朱利安・萊赫特（Julian Reichelt）感嘆道：「如果有一天中國併吞了台灣，俄國出兵占領波羅的海國家，大家將立刻聯想到二〇一三年八月二十一日的敘利亞化武事件。」德國《時代週報》發行人之一，同時也是外交專家和《美國的帝國誘惑》（*Überpower: The Imperial Temptation of America*）作者約瑟夫・喬飛曾寫道：「權力的退縮無異於發出邀請。」

所以，現在如果要談美國外交政策，如何才能說得頭頭是道，既不搞砸聊天氣氛，又不顯得陳腔濫調？技巧就在：故意跟大家唱點反調。大家怎麼說，你就往反方向說，但態度切記要謙和，最後還得不忘補上「個人淺見或有不周之處」這句話找台階下——畢竟你可不是季辛吉或德國前外長費雪之流的外交奇才。下面讓我們就三個最常聽到有關美國外交政策的既定印象來沙盤推演一下。

既定印象一：只要事關石油，美國就一定出兵

只要聊到美國外交政策，就幾乎一定會有人小心翼翼的拋出這個問題：「購買石油比占領產油區要便宜多了吧？」聽到這問題，你可以放心去吃你的點心了，因為聊天會突然中斷，大家會好一會兒答不上來。如果你想幫大家打破僵局，不妨聊聊喬治・克隆尼（George

Clooney）那部描述能源爭奪戰的電影《諜對諜》（*Syriana*）。這部電影甚至解釋了何以日漸稀少的石油會是所有人的煩惱，唯獨不是美國人的問題。飾演阿拉伯王子財經顧問的麥特・戴蒙（Matt Damon）告訴他的中東主子：「幾代人以前，你們住在沙漠的帳篷裡，彼此征戰、砍殺。不久之後，你們將重返那樣的生活。」這段話讓人不禁聯想到杜拜傳奇酋長阿勒馬克圖姆說過的一段名言：「我祖父騎駱駝，我父親騎駱駝，我開賓士，我兒子開賓士，但我孫子很可能得重騎駱駝了。」為求石油經濟結束後，幅員渺小的杜拜依舊能屹立不搖，他領導杜拜轉型為一個全球矚目的商業堡壘。

石油總有開採完的一天。這是所有中東產油國必須面對的問題，也是歐洲人必須面對的問題。但對美國而言，這反而能帶來戰略優勢。美國與中東的關係正在逐漸鬆動，中東也因此失去了威脅美國的唯一工具，尤其是近年來美國藉新的鑽探技術和頁岩氣開採技術（亦即所謂的「水力壓裂法」），已大幅提升自己的能源獨立性了。

既定印象二：美國一心想成為世界霸主

當真如此嗎？假如這是真的，為什麼美國軍隊每次一占領某地，就開始研擬「撤兵計畫」？反觀羅馬人在占領高盧後可沒想過要撤離，大英帝國殖民印度更是沒有。

這會不會正是美國的問題所在？美國實際上已經是帝國，卻害怕承認自己是。美國大兵總是剛落腳國外，就已經想重回故鄉的懷抱了。曾經名揚四海的英國人的殖民魂，在美國人身上幾乎看不見。美國總統羅斯福曾對他的戰友英國首相邱吉爾說：「你們的占領本能，已經在你們的血液裡流竄四百年了，」羅斯福很喜歡挖苦英國人在世界各地廣設殖民地的作法，「即便那裡只有岩石或一小段沙灘。英國人永遠無法理解，一個國家不必因為有機會，就非得把別人的領土占為己有。」

其實，不懂的是羅斯福：對穿著燈籠褲、戴著圓形硬殼遮陽帽的英國人而言，殖民關乎的是榮譽。英國人之所以要建立大英帝國，乃因為自覺肩負散播文明至全世界之重任：他們要將自己效能卓著的行政系統、教育體系、衛生保健制度推廣到全世界，要打造完善的交通網，要把他們優秀的板球玩法和美味的血腥瑪麗調酒配方教給大家。但這份「自覺」就美國傳統而言是陌生的。美國的建國神話奠基於反殖民主義。所以，美國人寧願在家附近蓋購物中心，也不要到世界的盡頭去建殖民地。但上一次美國偏離本性有所作為時，卻是當代史中美國外交政策表現最佳的一次，那次是：打敗納粹德國，並藉由馬歇爾計畫重建了民主西德。因此，我們是不是該鼓勵美國再膽大妄為一點，別老是一出兵就急著擬撤兵計畫？

但你當然也可以找到許多支持美國正在朝世界霸主邁進的證據。不過這些證據「反過來說」也說得通：是各國在拱美國成為世界霸主。雖然美國如今已成為史無前例的軍事強權，但美國的領導地位真的僅奠基於它的「火力強大」嗎？或者，更奠基於這個傳奇國度的自由精神與創造力？以及美國發明出來的許多被世人廣為喜愛且大肆流行的東西？沒有人強迫我們使用推特、臉書、iPhone，也沒有人硬逼我們穿牛仔褲、喝可口可樂。這些全是**我們自願的**，而且是大家都想要的；無論是在柏林、巴格達人或阿迪斯阿貝巴，大家都想要。另外，值得一提的是，麥當勞在全球一百二十幾個國家有分店，但美國（實際上）只有在四十幾個國家有軍事據點。

既定印象三：美國的外交政策總是自行其是

是這樣沒錯；至少很長一段時間是如此。相應的觀念就叫「單邊主義」（Unilateralism），但要解釋何謂單邊主義，不是喝杯葡萄酒的時間就能講得清楚的。冷戰結束後，世人一度寄望出現全新的世界秩序，聯合國也被視為是理所當然的世界警察。一個嶄新、團結的歐洲於焉誕生，許多人期許歐洲的外交政策從此能由歐洲人自己作主。但這所有的美夢，這專屬於歐洲的光榮時刻，全部結束於八千多名波士尼亞穆斯林平民在斯雷布雷尼察（Srebrenica）被殺，而且還是在「聯軍」的保護下，被塞爾維亞將領拉特科・姆拉迪奇（Ratko Mladić）的軍隊所殺；換言之，他們是在法國指揮官統帥的聯合國荷蘭和平部隊面前被殺。斯雷布雷尼察大屠殺的結果是：包括巴黎、柏林、倫敦在內的歐洲各主要國終於讓步，同意美國對歐洲事務進行干預，因此才有了後來的北約轟炸南斯拉夫，巴爾幹半島終於恢復和平。但北約所發動的那次空襲，其實事前並未獲得聯合國批准。後來南斯拉夫總統米洛塞維奇（Slobodan

Milošević）都投降了，安理會才通過一二四四號出兵決議文。英國歷史學家奈吉爾·弗格森（Nigel Ferguson）有感而發的說：美國在科索沃戰爭（Kosovo War）中學到了兩件事。其一：「原來這是可行的：先炸了再說，炸完以後再去申請安理會批准也不遲。」其二：「美軍統帥韋斯利·克拉克（Wesley Clark）終於見識到北約決策過程之窒礙難行，跟聯合國幾乎不分軒輊。」

有了一九九〇年代的慘痛教訓，美國人很難再叫自己信服：出兵維持國際秩序，一定要先獲得安理會裡吊兒郎當的法國人和在天安門發動過大屠殺的中國人同意才算合法。那些主張歐洲外長、聯合國外交官、聯合國和平部隊乃國際正義之最高道德防線的人，終究難以規避這樣的質疑：為什麼這些人會坐視胡圖族（Hutu）對圖西族（Tutsi）發動種族屠殺？對於這段才發生不久、噩夢般的當代歷史，聯合國，尤其是法國，必須負很大的責任。聯合國在處理種族屠殺的問題上，各國代表總是遲遲無法達成共識，或表現得異常冷漠，或既無共識又冷漠。所以，我們怎麼能說獨行其是的「單邊主義」，一定劣於達成共識的「多邊主義」呢？

倘若導致美國霸主地位明顯鬆動的歐巴馬路線在他卸任後依舊延續，那麼美國外交政策就依然會是聊天的好話題。不過，當這本書再版時，我猜這一章的標題或許該換成〈中國的外交政策〉了。

話題24

末日預言

有時候大家聊得正愉快，這時建議你別搞破壞，還是找些大家都認同的話題繼續往下聊。比方說，世界末日就是個好話題。它不僅是個千古話題，還是個越來越熱門的最夯話題，所以特別適合搬出來延續熱絡而愉快的聊天氣氛。末日總有一天會到，這點幾乎沒有爭議。越來越多人引頸期盼世界末日到來；換言之，越早到越好！因為煩人的稅還沒繳，待回的信件還有三百二十七封，逆子孽女的學費又得交了，婆婆龜毛得叫人抓狂，背痛得要死，車子又壞了得進廠，千篇一律的上班路線……結論是：這樣的日子，哪天才有個盡頭啊？唯有結束、唯有重新來過才有希望。於是，越來越多過勞、疲憊不堪的現代人，渴望解脫、渴望復歸於零。

好消息是：末日保證會來！因為太陽的壽命是算得出來的。太陽終有燃燒殆盡的一天。過程中太陽的直徑和強度會大幅增加，地球最終會被烤乾，所有生命都會毀滅。壞消息是：

末日沒這麼快來，所以你得再等等！根據科學家最新發表的數據，大概還要再等十三億年。地球已存在五十億年，再等個十三億年——小事一樁啦，很快就到了。不過，煩人的稅得先去繳。

許多末日預言家把希望寄託在小行星身上。美國航空暨太空總署NASA將超過千顆的天體標記為具威脅性，其中一顆小行星叫阿波菲斯（Apophis），直徑大到三百公尺！若阿波菲斯撞到地球，勢必引爆驚人的地震與海嘯。傳唱已久的狂歡節歌謠說得沒錯？「五月三十世界末日，我們再活沒多久了！我們再活沒多久了！」但阿波菲斯也得等到二〇二九年才會離我們夠近，近到我們能確切計算出七年後它會不會撞上地球，那就是二〇三六年了。歐洲太空總署（ESA）早已擬訂對策：「唐吉軻德任務」，目標在於把所有威脅地球的小行星，例如阿波菲斯，導離原本航道。可惜歐洲太空總署後來被迫（遺憾且憂心的）發出聲明：唐吉軻德任務必須擱置，因為這時代什麼預算都得砍！好吧，即便阿波菲斯真的撞上地球，要世界末日還是有點小問題：這一撞或許會為地球帶來可怕的傷害，但要導致末日，力道可能還差得遠（不信你去問恐龍！）。

如果從宗教的角度來看，末日的可能性就具體多了！根據佛書，我們**現在**正處於「黑暗時代」，亦即佛陀誕生後的第四個時代，也就是最後一個時代。印度教也認為我們早置身末日了，他們稱我們的時代為「伽梨玉迦」（Kaliyuga），也就是伽梨時代。印度教的聖典之一

《薄伽梵往世書》如此描述過這個時代：男女因外在且表面的誘因而結合，功成名就奠基於互相欺騙，活著的目的只為填飽肚子，寡廉鮮恥成為普世價值。

想就此相信末日已臨的人，必須先了解一件事：東方宇宙論中的時間觀不是直線的，末日代表的往往只是一個循環的終點。結束之後，一切將重新開始。

相較於此，盛行於西方文化圈的一神論宗教觀就極端許多。對猶太教和基督教而言，末日代表一切真的結束了，而且將以非常恐怖的方式結束。把末日景象描述得最具體的，就是《聖經》的最後一章〈啟示錄〉。使徒嘴裡說出的景象既超現實又迷幻，但絕對是貨真價實的恐怖片。末日景象真會像使徒描述的那般可怕嗎？〈啟示錄〉十三章一節說：「一個獸從海中上來，有十角七頭……」如果真是如此，一定會立刻登上明鏡即時播網站（Spiegel Online）和德國N24 新聞台的頭條！

德國神學家克勞斯．貝爾格爾（Klaus Berger）專門處理這類棘手難題。貝爾格爾教授（他是天主教徒喔！）從一九七四年起至退休，都任教於海德堡大學基督教神學院，專攻《新約聖經》。他認為，我們在《聖經》中讀到有關末日預言的具體描述過於狹隘：「我們不該用字面方式去理解使徒約翰所描述的恐怖景象。它代表的只是我們能想像到的一切將要結束。」

〈啟示錄〉強調的只是屆時景況會很震撼。隨著教會越來越順應時代潮流，末日景象也越來越不再強調恐怖，因為這樣才不會嚇到前來作禮拜的小教徒。但貝爾格爾教授並不贊成這種作法，他認為著眼於教育、不強調恐怖也有其缺點：「人若不再心存恐懼，將無法喚醒其追求幸福天堂之渴望。」貝爾格爾教授曾在文章裡提到：末日預言這個詞很容易讓人忽略其真正的核心意義，那就是根據基督教義，末日最重要的意義應在於可怕景象發生**後**的平靜與祥和！「啟示」一詞原本具有「揭露」之意，揭開後隨之而來的應該是歡欣鼓舞：在善與惡全面開戰、歷經恐怖的終極戰鬥後，我們將親眼見證上帝全面接管這個世界。這是一場最後的戰爭，結果已定：善的一方終將獲勝！

「彼時上帝將統治祂所創造出的一切，魔鬼將被消滅，悲傷也隨之消失，」這段話是出自西元一世紀的希伯萊文經書《摩西升天記》，摩西向約書亞預言未來。「所有關於末日預言的文章，」貝爾格爾說，「都奠基於希望。」世界末日帶來的將是「偉大的撥亂反正」，在世間受難的人將獲得救贖，彼時所有的不公不義都將恢復成正義。一如聖歌〈頌揚聖母瑪利亞〉（Der Lobgesang der Jungfrau Maria）中寫道：「神將推翻寶座上之當權者，框扶卑微之人。神將賜與飢餓者恩寵，讓為富不仁者失其所有。」就基督教義而言，末日代表的是上帝的國度正式展開，乃最值得歡慶的一刻。

即便做了上述釐清，有個問題還是沒有解決：世界末日到底**何時**會來？和耶穌同時代的人只知道「日子近了」，耶穌本人也只給過這樣的提示：「但那日子，那時辰，沒有人知道，連上天的使者也不知道，子也不知道，惟有父知道。你們要謹慎，儆醒祈禱，因為你們不曉得那日期幾時來到。」（〈馬可福音〉十三章，三十二至三十三節）

教宗西爾維斯特二世（在位期間西元九九九年四月至一〇〇三年）曾獨斷的擴充了耶穌的說法，並斬釘截鐵的預言世界末日為西元九九九年十二月三十一日。所以第一個千禧年時，歐洲人想必過得膽戰心驚。馬丁．路德（Martin Luther）亦曾三度預言世界末日：一五三二年、一五三八年，和一五四一年。但三次預言都沒有成真後，他就閉嘴了。祕教人士曾言之鑿鑿的說，世界末日會發生在二〇一二年，好萊塢甚至以此為題拍出了許多賣座大片——可惜末日同樣未到。

無論是猶太教或基督教的末日預言，都沒有給出確切的日期。所以，說不定我們已置身末日而不自知呢！

話題25

《法蘭克福匯報》副刊

在大城市裡繞一圈——都市人最愛接收媒體的即時資訊——你大有機會聽到這樣的抱怨：「德國人什麼時候也辦一本德國版的《紐約客》呀！」但這根本是無的放矢，基於禮貌你只能跟著點頭。但說出來肯定叫你驚訝：大西洋對岸的美國人也很羨慕我們的時報文化。美國之所以會出現《紐約客》，其實是因為仰慕歐洲的「咖啡廳與時報文化」。

外來的和尚會唸經。你完全可以想像在紐約的雞尾酒會上，有人脫口而出：多希望美國也有像《法蘭克福匯報》那樣的副刊！的確，美國那兒沒有可與之媲美的副刊。《紐約時報》文藝版上刊的全是評論，各種細膩的生活觀察和社會爭議根本不見蹤影。

沒有任何「聊天區塊」不出現在《法蘭克福匯報》的副刊上。援引副刊總編明克瑪（Minkmar）或奧地利導演賽德爾（Seidl）在副刊上發表的最新文章，乃正牌文青聚會時展現學識淵博的絕佳方法。《法蘭克福匯報》的副刊，堪稱優質聊天的最佳題材來源。所有當前最重要的話題，全印在這份副刊上了，內容不僅涉及文化，還包含政治、天氣，和經濟，甚至自然科學與八卦，可謂**無所不包**，且篇篇精采、見解獨到，執筆的全是國內最具洞見的作家。此副刊之所以能成為傳奇，除作家本身傑出外，還得歸功二〇一四年英年早逝的共同發行人法蘭克・旬馬赫，其鮮明的個人風格至今令人難忘。

幾乎**所有的**作家都提到過，有段時間人們在《法蘭克福匯報》上讀到的世界，就像是戴著「旬馬赫眼鏡」在看世界。一九九七年，報社爆發了一波出走潮，社內許多重量級人物跟旬馬赫終於鬧翻。現在回顧，那似乎也不是壞事，因為空出來的位子剛好可以讓高爾夫世代（Generation Golf）[1]遞補上去，並將他們那個世代的精神傳播到全世界，甚至回過頭來影響德國境內其他各報風格與內容。至於那波出走潮的原因，許多人已經寫過或渲染過。旬馬赫的罪名從踐踏他人名譽，到罔顧兄弟道義，到欺師滅祖不一而足，控訴內容精采絕倫到可以出一本駭人聽聞的驚悚小說了。

出走的人當中，後來也真的有人用筆名（但真名很快被揭發）寫了本偵探小說，他在小說裡安排頂頭上司死於非命。小說裡的頂頭上司當然不叫旬馬赫，但從他的行為模式和穿衣風格看來，還有這位當時已轉任《南德日報》的作者急於撇清的態度來判斷，答案簡直昭然若揭。書中的暴力描述和慘死橋段，在旬馬赫真的過世後讀起來格外不厚道。但這一切讓人不禁想問，《法蘭克福匯報》的這個共同發行人到底做了什麼，足以讓人產生這麼大的怨念？

為什麼有這麼多人恨他？何以有些人一提到他就不寒而慄？

最廣為流傳且富傳奇色彩的說法是：這一切其實得歸咎於曾任該報副刊總編的約阿希姆・費斯特（Joachim Fest），旬馬赫是他一手栽培起來的接班人。這項傳聞只要有一半為真就足以證實：旬馬赫是個謀略高手，既然師承費斯特，必要時絕不會吝於不擇手段或寡廉鮮恥。一位曾與旬馬赫嚴重不合的編輯在其追悼文中罕見的直接開罵，他說旬馬赫手段「惡劣」，並提及同仁如何與他對抗，如何每天「膽戰心驚」的進辦公室，繃緊神經到下班後才敢鬆一口氣。另一名出走者給旬馬赫安的罪名則是：旬馬赫徹底毀了《法蘭克福匯報》原本嚴謹的辦報風格，導致它淪為與一般庸俗媒體無異，充斥著歇斯底里的作風。「為了把傳統知識分子相對低調的副刊風格，變成現代媒體的譁眾取寵」，旬馬赫愛用迎合大眾口味的聳動文字。這位過去的同事說，每當旬馬赫選定一個主題後，就會極盡誇張的在相關文章裡祭出「從未有人探討過」，或「從未被真的理解過」這類措辭來自吹自擂。他這麼做只是在表現一種任性的熱情，不僅情緒化還私心自用，旨在樹立個人權威，這讓人非常感冒。

1　指出生於一九六〇年代後期和一九七〇年代、成長於一九八〇年代的德國人，家庭經濟優渥。此世代的父母流行在他們高中畢業時送一台福斯高爾夫（Golf）系列的車子當禮物，因而被稱之為「高爾夫世代」。這個世代的特色是不婚不生，不太注重金錢事業，感情與性觀念開放。

德國文化圈常有人說，把副刊從文化報導的窄巷中解放出來，變成探討社會、政治問題之平台的是旬馬赫，這其實不是事實。讓副刊變成百家爭鳴之論壇的，是他的前輩兼栽培者費斯特。一九八〇年代最具爭議的話題，無疑是納粹罪行的歷史定位。《法蘭克福匯報》的副刊便曾以此為題大肆報導。這種爭議主題確實深具渲染效果，費斯特要的就是藉此擴張自己的舞台——不僅在內容上，更在空間上！一九七三年，高層要他接手副刊時，他的條件之一便是：他要辦一本屬於自己的「書」。換言之，副刊得擴大篇幅和頁數，並且獨立出來。這也是馬塞爾·賴希·拉尼茨基（Marcel Reich-Ranicki）會從《時代週報》跳槽至《法蘭克福匯報》的主因。拉尼茨基後來之所以能贏得文學批評教皇的美名，其實是拜弗里德里希·希堡打下的基礎。希堡這個人雖才華洋溢卻也充滿爭議。希堡原本是《法蘭克福報》（《法蘭克福匯報》前身）派駐巴黎的記者，後任職副刊，傳承的是知名主編約瑟夫·羅斯（Joseph Roth）的衣缽。但《法蘭克福報》最出名的副刊主編，要算齊格弗里德·柯拉考爾（Siegfried Kracauer），他堪稱是上世紀二〇年代都市文學的核心人物。經過這一路細數可知：《法蘭克福匯報》副刊這一脈相承的資歷有多深、人物有多顯赫。

一九七三年，約阿希姆·費斯特接下副刊總編後，開始導正副刊風格，朝嚴肅的方向修正，一改以往二〇年代都市文學風的副刊傳統——過去的副刊總以嘲諷、挑釁、揶揄的筆調為主，代表人物有卡爾·克勞斯（Karl Kraus）、阿爾弗雷德·克爾（Alfred Kerr）、阿爾弗雷德·波爾加（Alfred Polgar），尤其重要的當然是齊格弗里德·柯拉考爾。柯拉考爾的敏銳觀察力至今無人能及，在路邊偶爾觀察到一幕，就足以讓他對時代、對社會提出獨具創建的針砭與分析。卡爾·克勞斯則說過這樣的名言：「編副刊就像要在光頭上編出鬈髮。」阿爾弗雷德·波爾加認為副刊（他稱副刊為「那張紙」）「其實毫無內容，卻要讓它看起來高級得像絲綢」。約阿希姆·費斯特一改這樣的作風，一心朝嚴肅的學術方向邁進。其實在老《法蘭克福報》時期，副刊也曾是許多學者專家發表高見的天地。總之，副刊的路線分兩派：一派想當咖啡廳讀物，一派想成為學術論壇。

嚴肅的事用不嚴肅的方式來講原本是副刊的特權，但這絕非費斯特的風格。他曾經提到，父親禁止他看托馬斯·曼（Thomas Mann）的《布登勃洛克家族》（*Buddenbrooks*），因為「小說之流的東西是女傭讀的」。身為副刊總編，他只做過一次戲謔嘲諷之事；他批准將作家米夏埃爾·施瓦茨（Michael Schwarze）的一篇文章登在副刊上，那篇文章的內容寫道：為促進聖誕節闔家團聚的品質，德國政府和電視台達成共識，聖誕節將暫停播放電視節目。結果，基於匯報副刊的端正形象，沒人把這篇文章當作反諷。隔天德國ARD和ZDF電視台的電話立刻被打爆，抗議聲浪鋪天蓋地而來，甚至有觀眾揚言要自殺。

這次事件當然是費斯特任內絕無僅有的一次例外，但他其實是把引爆論戰的重責大任交給了每星期五發刊、隨報附贈的《法蘭克福匯報雜誌》，以及他的好友約翰納斯·格勞斯。

睿智的格勞斯是天生的批判好手，他在《法蘭克福匯報雜誌》上的專欄（此專欄名為〈筆記本〉）寫下過無數雋永的名言和深入人心的評論——當然也引爆過一波波激烈論戰。比方說，他曾語不驚人死不休的寫道：反戰分子既反戰，那還有什麼資格去爭鬥；或嘲笑諾貝爾文學獎得主鈞特・葛拉斯（Günter Wilhelm Grass）的政治散文不入流（「完全媲美基民黨政客賴納・巴澤爾〔Rainer Barzel〕的陳腔濫調」）；或引用大思想家阿多諾（Theodor W. Adorno）根本不會對奧斯威辛（Auschwitz）之後不該寫詩下此結論：「實情是阿多諾的金句[2]，對奧斯威辛之前也不會寫啊。」連大詩人席勒在格勞斯的專欄裡也討不到便宜；格勞斯認為，席勒的理念「所有人都該像手足般互相友愛」，根本是「獨生子的痴人說夢」。

一九九四年一月一日，旬馬赫接替費斯特走馬上任；這次的新官上任絕非「大幅改變」足以形容。這絕對是一場徹徹底底的改朝換代。旬馬赫當時才三十五歲，是有史以來坐上這總編大位最年輕的一位。其實，當初他二十九歲便當上文學主編就已經震驚整個報業了。當時連美國《時代》雜誌都注意到這件事了，並且將他選為（三十歲以下）全球最具影響力的人物之一。

2 阿多諾的原句是：「奧斯威辛之後，寫詩是野蠻的。」奧斯威辛位於波蘭，是納粹很重要的集中營。

話題26

連續劇

在公眾場合談論自己的「上癮」事蹟明智嗎？坦白講，看情況。聊天時，最適合拿來講的「上癮」有二種：一是購物，買東西買到上癮，這類話題很能引起共鳴，惹得眾人哈哈大笑；另一個則是連續劇，追劇上癮，這是許多人的共同經驗。但聊到連續劇，拜託，千萬別擺出學究般的正經模樣。是、是、是，我知道，連續劇無異於現代版的長篇小說。十九世紀英國文豪狄更斯就已經在月刊上分批連載他的小說了，而且還附上「前情提要」和「精采預告」。不過現在連續劇一天到晚重播，前情提要和精采預告已經不重要了。

眾所周知，許多拿過奧斯卡金像獎的大導演，如馬丁・史柯西斯（Martin Scorsese，後來拍了電視影集《海濱帝國》〔*Boardwalk Empire*〕）、史帝芬・索德柏（Steven Soderbergh，後來拍了《燭愛琴人》〔*Behind the Candelabra*〕），和艾倫・索金（Aaron Sorkin，拍了《新聞急先鋒》〔*Newsroom*〕）都早就棄影從視，轉投電視的懷抱了。《六呎風雲》（*Six Feet Under*）和《摩登家庭》（*Modern Family*），這兩部影集在同性戀議題上對美國中產階級的影響，遠超過任何專題報導或政論節目。二劇播出後許多人不再以異樣眼光看待同性戀，諸如此類的巨大影響力早已有目共睹。

聊連續劇，如果有人一開口就一副知識淵博的模樣，直接引述德國學者戴德里克森（Diedrich Diederichsens）對影集《黑道家族》（*Sopranos*）的評論（他那本專書也叫《黑道家族》），只會讓人想逃：黑道老大東尼・沙普藍諾（Tony Soprano，詹姆士・甘多費尼〔James Gandolfini〕飾）的女心理醫師梅爾菲（Dr. Melfi）在影集裡所具有的文學功能，就像希臘悲劇裡的合唱團，是旁觀命運的超然之聲。天啊！聊連續劇圖的就是輕鬆，能不能聊得活潑一點，單純說說自己最愛的影集就好？

其實，聊連續劇是一場非常有趣的社交遊戲，它能洩漏許多人的真性情！喜歡看《廣告狂人》（*Mad Men*）和《唐頓莊園》（*Downton*）的人比較老派、比較知足，並且喜歡來段無傷大雅的地下戀情。至於準時收看《摩登家庭》的人通常親切又和藹。《飆風不歸路》（*Sons of Anarchy*）的忠實觀眾則個性複雜、難以捉摸。會看《冰與火之歌：權力遊戲》（*Game of Thrones*）的人通常個性無聊，不然就是知識分子（但最糟的是：個性無聊又是知識分子）。至於收視率高到不可思議的《絕命毒師》（*Breaking Bad*）則是已經被聊到爛，再拿出來聊就庸俗了，除非你還能提出什麼有趣的新觀點。

我個人聊連續劇通常會從《雙峰》（*Twin Peaks*）下手，接著談《六呎風雲》，然後是《二十四小時反恐任務》（*24*），再來是《夢魘殺魔》（*Dexter*），最後則提《無間警探》（*True Detective*），聊的順序跟一般人差不多。但如果要以記者的身分發言，我會先舉《盧・格蘭特》（*Lou Grant*）為例，然後再聊艾倫・索金的《新聞急先鋒》。

如果重點是幽默好笑，那我會聊《歡樂酒店》（*Cheers*）和《歡樂一家親》（*Frasier*），當然不可不提的還有我固定追蹤的喜劇泰斗拉里・大衛（Larry David）和女星艾咪・舒默（Amy Schumer）的作品。另外，我也喜歡看蘿拉・鄧（Laura Dern）和麥克・懷特（Mike White）演的《頓悟人生》（*Enlightened*）。但說到這齣劇就讓人感慨了，播出二季後竟因收視不佳匆匆下檔。《頓悟人生》講的是一個具有自我毀滅傾向的職場女性（蘿拉・鄧飾）在接受心理治療後，終於能正常的回歸職場與家庭——但這樣的劇情，唉，難怪不受青睞。

如果聊的重點是美感，那麼《美國恐怖故事》（*America Horror Story*）第三季的《女巫集會》（*Coven*）堪稱傑作！它的每個鏡頭都足以登上《時尚》雜誌，而且得用二頁全開來印：飾演超級女巫的潔西卡・蘭芝（Jessica Lange）充滿時尚感，全身散發著凡人無法擋的魅力與另類優雅，即便這部影集的劇情乏善可陳，但光看那些演員的表情和姿態還是精采萬分。

至於《黑道家族》，我實在不想對它做什麼嚴肅的探討。不過，這套影集確實一舉開創新紀元：它讓電視變成知識分子逃避現實生活的避難所，讓小說淪為只剩社會分析功能的讀物。在這套宛如紐澤西黑道史詩的影集突然畫下句點前，我們和黑道老大東尼以及他那個大家族至少共度七十個小時。東尼在第八十六集突然死掉——就是那場眾所周知、令人無法接受的戲。看完那集，我立刻失心瘋似的坐在電腦前拚命搜尋，整整二個小時我只想查清楚：現在到底發生了什麼事？製作人大衛．切斯（David Chase）到底想幹嘛？他怎麼能這樣對待我和千千萬萬的觀眾？怎麼好端端的一場到餐廳用餐的戲就這麼突然中斷，然後畫面全黑。

據說很多人以為電視壞了。在大家氣急敗壞、飽受折磨的盯著全黑的螢幕好幾分鐘後，片尾曲緩緩奏起，並以旅行者樂團（Journey）那首不怎麼悲傷、也不特別有意義的〈別停止相信〉（Don't Stop Believing）作為謝幕曲。大衛．切斯沒有公開解釋過為什麼他們要安排這樣的結局，他只是任由評論家去根據畫面、鏡頭大作文章，並推測東尼．沙普藍諾應該是被人從背後射殺了。

《黑道家族》令人憤怒的結局甚至登上了美國新聞，並成為許多新聞節目探討的主題。這齣劇的突然結束和莫名其妙的結局，讓無數觀眾（令人驚訝的是，許多知名劇評家竟然也是這齣劇的鐵粉）義憤填膺。但這樣的劇情安排，其實呼應了真實人生。真實世界裡的死亡，通常也是毫無預警就發生了。死亡不會事先敲鑼打鼓通知我們，尤其是在沙普藍諾家族從事的黑道業裡——砰砰砰——人生就這麼結束了。我非常能體會粉絲的震驚和無法接受。

畢竟，我們從電視劇裡獲得的人生意義遠比真實世界多，而這也是戲劇之所以迷人的原因。但只要有人把「現實」置入「虛構」中，戲劇最重要也最撫慰人心的功能就會被徹底取消，這無異於硬要把意義強加在無意義之中！

但切斯也許就是想藉此讓大家意識到：他的戲劇影響力之大，足以製造出另一個「平行現實」。影集下檔後，許多人確實覺得生活像少了什麼東西，畢竟這齣劇一播就是八年。許多人的生命像出現了重大缺口！我安慰自己：巴爾札克的小說你不也反覆看了好幾遍！所以，有時我會把《黑道家族》找出來，再從頭開始看。二〇一三年，東尼．沙普藍諾（實際上是詹姆士．甘多費尼）在從羅馬前往西西里的路上**真的**死了。當時我好傷心，突然對一個我根本不認識的人感到無比懷念；這個人陪我度過的人生，比真實世界裡的許多朋友都還多、還深刻。他的死就像**真的有劇本**讓他照著演：一個平凡無奇的夜晚，晚餐後突然心臟病發。他死在共和廣場旁的博思科洛酒店（Boscolo Hotel）四四九號房，一間在建築上充滿德國青年風的酒店。

瞧！從剛才到現在，其實我沒有說出什麼特別有趣、特別具爭議，或特別有水準的話，我只是隨便亂聊，卻已經成功的切入主題了。所以，真的沒有比連續劇更理想的魅惑話題了！唯一的例外是，當你遇到自命清高的人，那種人在派對上聊連續劇的方式叫人退步三舍。例如，你才剛提到二〇一三年的美國影集《紙牌屋》（*House of Cards*），那人就立刻開示：這原來是英國BBC一九九〇年的迷你影集，講的是柴契爾夫人的倒台始末，BBC的那個版本才真的叫「好—好—好」呢！或者，當大家聊到HBO的影集《捫心問診》（*In Treatment*）時，突然好多人都非常有水準的說自己看過以色列的原版，而且看的還是希伯來語發音、法文字幕那個本版喔！為了彰顯自己的與眾不同，這時肯定會有人跳出來說自己專攻斯堪地那維亞半島的高水準影集，甚至脫口而出丹麥話「Forbrydelsen」——《謀殺拼圖》，這是一齣丹麥影集。是呀，是呀，好有水準！好厲害！但連續劇這麼輕鬆的話題，一下子就能被他們搞得拘謹又嚴肅。

話說回來，連續劇進入「後《黑道家族》時代」，確實變得越來越不可愛、越來越嚴肅了。《黑道家族》最棒的地方，就在它一開始就非常平易近人。影集最初的重點只在：一個只能算是中產階級的黑幫老大陷入中年危機，並開始尋求心理醫師的協助。類似的電影開始出現，甚至大獲成功，這讓《黑道家族》的製作人很不開心。一九九九年由勞勃．狄尼洛（Robert De Niro）和比利．克里斯托（Billy Crystal）主演的賣座大片《老大靠邊閃》（*Analyze This*），基本上沿用了《黑道家族》最初的概念和點子。不過難能可貴的是，《黑道家族》隨即從最初的劇情中跳脫出來，逐漸形成獨樹一格的生命力，甚至發展成史詩般的偉大故事。

反觀今天的連續劇，常常一開始就把自己設定為高水準、高文學性、能反映社會現實的偉大鉅作。這種連續劇已經沒有耐性慢慢去鋪陳了，比方說二〇一一年的《風雲市長》（*Boss*），從第一集開始就嚴肅、崇高得叫人不敢領教。這讓人不禁想念起年代久遠的電視劇，例如《舊金山風物記》（*The Streets of San Francisco*, 1972-1977），每一集都是獨立的故事，不會有六條主線同時發展、看得人腦袋打結的問題。那種連續劇漏掉一、二集再看，還是可以毫無困難的接下去。

連續劇的內容越來越嚴肅，這樣的發展趨勢不只是為了跳脫上一代經典影集的窠臼，例如《黑道家族》，也因為有人把電視看作是肩負文化傳播之重責大任的崇高媒體——此想法其來有自，美國當代最偉大的二位作家大衛・福斯特・華萊士（David Foster Wallace, 1962-2008）和強納森・法蘭岑（Jonathan Franzen, 1959-）就都這樣認為。已故的華萊士在一九九三年曾公開對同世代的作家喊話：看電視是美國人除了睡覺以外最愛做的休閒活動，所以有為的作家千萬別自以為高尚而不屑為電視台寫作。三年後，法蘭岑更在《哈潑雜誌》（*Harper's Magazine*）上發表了一篇轟動一時的文章[1]，探討了一個嚴肅的問題：值此「影像

1 這篇文章名為〈偶然作夢——在影像世紀還寫小說的一個原因〉（Perchance to Dream: In the Age of Images, a Reason to Write Novels）。

時代」，我們還需要古典小說嗎？古典小說還有生存的空間嗎？

二十年後的今天，我們再來探討這個老問題，能為我們帶來什麼新啟發嗎？電視機在上個世紀九〇年代乃家家必備的重要設備。但如今呢？電視機早就被平板和智慧型手機取代了。說不定，過不了多久，我們看連續劇用的就是虛擬實境眼罩了。所以，電視的時代過去了？或許，又該有具先見之明的人出來預言：未來幫我們說故事的將是電玩！

所以，觀眾將進入虛擬世界去實際參與劇情？玩家的互動將影響劇情的發展？拜越來越先進的科技之賜、拜運算速度越來越快的電腦之賜，不久的將來我們逃避現實、跳脫日常的方式將全面更新？

盛行於九〇年代的電視機，將變得像從前的路邊劇場、奇珍館、蠟像屋，或手搖故事機那樣過時而罕見？無論如何，可以確定的是：一定有一種目前仍不為人知的上癮方式，正在前頭等著我們！

話題27
德國前總理赫爾穆特・施密特

赫爾穆特・施密特（Helmut Schmidt, 1918-2015）[1]之於德國，就像影集《廣告狂人》之於美國。施密特代表了一個時代，一個你可以在電梯裡直視女人豐滿的事業線，可以在公園裡隨手亂扔啤酒瓶，可以隨時隨地想抽菸就抽菸的時代。

尤其重要的是：抽菸！

聊天時只要你說：我覺得施密特酷斃了，接下來的話題就由你主導啦！連只肯上有機店買東西的衛道人士，都會忍不住跟你大聊特聊老菸槍頑童施密特的種種事蹟。幾年前他到美國開會，會中他拿出最愛的雷諾牌薄荷菸——雖然會議廳裡根本沒菸灰缸，他還是泰然自若

1 施密特任德國總理期間為一九七四年至一九八二年。

的將菸點著。但是，這可是紐約啊！在這兒連手持打火機大概都違法吧！施密特才不管。美國外交部人員驚慌失措又無法置信的衝出去找菸灰缸，但在紐約應該連菸灰缸都早禁了吧！退而求其次，他趕緊用小餐盤應急。施密特正想把菸灰抖在地上，千鈞一髮之際，外交部官員衝回會議廳，遞上餐盤。最近，另一個老菸槍、德國專欄作家法蘭茨．約瑟夫．華格納（Franz Josef Wagner）在《畫報》上援引菸槍界權威施密特為自己的惡習自圓其說：「他探視病榻上的同僚，等待他們嚥氣，嘴裡卻還是叼著菸。但這其實是要讓死者在人生的最後一刻，除了想起親愛的母親外，還能享受到人間的最後一口香菸。」

這就是屬於赫爾穆特．施密特的傳奇。

那一年，二十一世紀才剛展開，老總理來到柏林參加政論節目現場錄影，女主持人桑德菈．邁施貝格爾（Sandra Maischberger）唸了一份聲明，這是德國社民黨青年團（Jusos）貼在網站上的一份聲明。內容提及二十年後的今天，他們才知道施密特在一九七〇年代末，竟罔顧黨內左翼同志的嚴正抗議，獨斷的簽屬了「北約雙軌決議」（NATO Double-Track Decision）[2]。女主持人就此事詢問老總理的看法（他也是社民黨的黨員）。網路對老人家來講是全然陌生的國度，他根本不知道「網站」是什麼地方。這些新名詞當時方興未艾。老總理略顯不悅的喃喃自語，一副搞不清楚狀況的模樣。女主持人努力想解釋什麼是「網站」，老總理聽得一頭霧水，最後仍豪邁的回答：「我不知道那是什麼，但如果那上面這麼寫，那就是這樣了。」說完他像《魔戒》裡的甘道夫一樣，氣定神閒的呼出一圈煙。這就是赫爾穆特・施密特！酷斃了！

施密特任《時代週報》共同發行人長達三十多年。他的一位老同事跟我談起一些發生在充滿傳奇色彩的「乳酪會議」中的故事。乳酪會議固定在《時代週報》漢堡報社大樓七樓舉行（報社總編、各部會主管、主編，和發行人都會參加。之所以叫乳酪會議，是因為開會時大家會喝點紅酒增加靈感，而喝紅酒傳統上一定要配乳酪）：許多新進編輯由於對報社文化仍不熟悉，所以在報告時常忐忑不安，不知自己的企劃案到底受不受青睞。這時，施密特就是最好的觀察指標：只要他開始漫不經心的把玩手上的菸盒，就代表高層對此企劃案不會感興趣。如果他開始無聊的摳弄菸盒上的印花稅貼紙，你就該知道自己講的全是廢話，聰明的話趕緊閉嘴，別再白費唇舌了。如果你講到一半，突然看見他用力的調整助聽器，恭喜你，報告內容相當可取！

聊天時，如果你想聊得輕鬆自在又不出錯，就該好好學學施密特的談話技巧。**兼容並蓄**

2 一九七九年，北約對華沙公約國提出限武提議（限制中程和中長程飛彈之使用），並聲明倘若華沙公約國不同意，北約將在西歐部屬核武。換言之，德國總理簽屬此決議後，美國便能在西德設置導彈。

是他的看家本領：他可以把普魯士精神和社會主義說到一起，可以把百年洪水和反恐政策合起來講，可以把基督教經濟倫理學和天主教社會學擺在一塊兒談。他是不可多得的折衷大師，是共識製造機，而且他說過的話大多應驗了。他說：我們應該跟中國打好關係，中國將是下一個世界強權；成立歐盟是唯一的辦法，我們別無選擇；多點約束和紀律對我們只有好處。諸如此類的施密特名言，聊天時拿出來引用絕對不會錯。除此之外，更值得我們學習的是他的**從容自在**。如果下禮拜就是世界末日，他肯定會不慌不忙的到漢堡劇院（Hamburger Schauspielhaus）辦一場《時代週報》論壇，並邀請另外二位共同發行人約瑟夫．喬飛和米夏埃爾．瑙曼（Michael Naumann）來一起討論何以現在是發生世界末日的最佳時機，而且不忘重申自己二十年前就預言了現在會發生世界末日。

有些人很喜歡批評施密特的政治言論，那其實是沒搞懂一件事、一件非常根本的事：對施密特而言，政治上最重要的不是「要做什麼」，而是「要怎麼做」。英國政治哲學家霍布斯（Hobbes）在十七世紀見證了克倫威爾（Cromwell）和斯圖亞特王朝（The House of Stuart）的政爭及其引發的英國內戰，所以他的政治學說旨在不要後人重蹈覆轍、不要英國再發生內戰和出現無法律可循的社會失序狀態。因此，霍布斯才會說：制定法律的是權威，而非真理。施密特的政治主張，其實比任何德國激進派政治家都貼近霍布斯。至少那些人不敢公開承認自己贊成霍布斯（除非他們嫌公關部門不夠忙，想再丟出一顆超級震撼彈），但施密特不一樣，他有過太多的人生歷練，所以看待世事總能跳脫成見，從真正的大處著眼。說來弔詭，假如施密特把傷者送往醫院，就其政治考量來分析，百分之九十九・八肯定是基於冰冷的現實因素，只有百分之〇・二是基於道德良知（至少這是他留給外界的印象，至於他心裡到底怎麼想，他總是隱藏得很好，不曝露在公眾面前），但這樣的施密特卻是全德國公認最有資格成為德國政治良心的人。

封他為德國良心或許沒有錯，他並不像外表看起來那麼現實。在無數有關他的專訪、報導，和紀錄片中（容我插句話，自從我有電視後，我發現只要有施密特參與的談話性節目〔大多討論公共和法律問題〕播放頻率之高，簡直媲美足球賽，或吉多・克諾普〔Guido Knopp〕製作的珍貴紀錄片，或民謠歌手弗洛里安・希爾博愛森〔Florian Silbereisen〕的歌唱節目），曾有過那麼一幕，那一幕讓我們得以一窺德國共和超人也有真情流露的一面。事情是這樣的：二戰結束前發生了段小插曲，戰地指揮官在前線戰事吃緊、誰都不准擅離崗位的情況下，竟批准了中尉施密特的假，讓他從布萊梅趕回德東和妻子一起安葬才幾個月大就因腦膜炎過世的兒子。身為一流記者的女主持人桑德菈・邁施貝格爾，在節目末了當然不會放過這個問題。她問老總理，面對孩子驟逝，他當時有何「感覺」。一向從容的施密特竟為之語塞，只回答：「我不想談這件事。」

我何其有幸曾專訪過施密特一次，當時我才十七歲。那次的機會全拜《時代週報》共同發行人和總編輯瑪莉昂・登霍夫女士的推薦。我的任務是幫《君子》雜誌（*Esquire*）寫篇有關《時代週報》的專訪。在那篇專訪的最後，我對施密特先生下了這樣的結論：「與赫爾穆特・施密特的一席談話——結論是？二小時歷史課和十根香菸。他抽了六根，我四根。」瑪莉昂說我這樣的結論可惡又狂妄（她罵得真對！）。是啊，人年輕的時候就會幹些輕浮、自大，又討人厭的事！但話說回來，人不輕狂枉少年啊！

話題28

狗

無論什麼時候，聊狗總是沒錯。如果聊天氣，能講的全都講光了，那就聊狗吧。「狗」話題的特色是：「放心大膽的聊吧，絕對無害！」

容我先畫蛇添足的介紹一下有關狗的知識。第一位進入太空的人類是一九六一年的蘇俄太空人尤里．加加林（Juri Gaharin），這件事廣為人知。但下面這件事就不太有人知道了：狗比他足足早十年進入太空。那兩隻狗的名字是茨岡（Tsygan）和德齊克（Dezik）。牠們是流浪狗，被捕後先針對太空任務受訓了一年，然後穿上為牠們量身打造的太空服和球形壓克力頭盔，以完美的造型搭乘Typ R-1火箭（據說是抄襲惡名昭彰的納粹在二戰時期研製的V-2火箭）射向太空，飛行高度一百一十公里，最後毫髮無傷的折返地面、成功降落。歡欣鼓舞的二條狗搖著尾巴繞著火箭跑，彷彿知道自己締造了歷史上的豐功偉業！科學家朝牠們奔去，牠們報以熱烈回應，拚命舔他們的臉。德齊克甚至二度升空，可惜在那次的任務中殉職了。茨岡比較幸運，光榮退役後還被太空科學家安納托利・阿卡德耶維奇・伯拉貢拉瓦（Anatoli Arkadjewitsch Blagonrawow）領養。在人類敢安心飛奔太空前，早有無數狗兒和動物為人類的太空計畫打先鋒。

狗不僅在科學發展史上走在人類前面，牠們在西方最重要的哲學思潮之一犬儒主義裡（犬儒主義「Cynicism」的字面意思是「狗性」），同樣扮演著舉足輕重的角色。狗代表著智慧，修煉到登峰造極的犬儒主義者，就能像狗一樣不忮不求、從容自在，並且永遠活在當下，不被虛妄、遙遠的理想和目標所迷惑。對世人的追逐名利（沒錯，自命不凡、自以為是的傢伙自古有之，古希臘也不例外！），犬儒主義者只是不予置評的淡然一笑（「這干我們這些狗什麼事啊！」）。犬儒主義者當中最酷的一條狗，當屬錫諾普（Sinope）的第歐根尼，此人生於西元前四世紀，據說他無欲無求到住在一個木桶裡。有一天，亞歷山大大帝親自來拜訪他，結果擋到他曬太陽，他還請皇帝閃一邊去！

偉大的作家一碰到狗，就會變得濃情蜜意、滿懷溫柔。這會不會是基於人類對「忠心」的嚮往？狗對人的那份忠心，是人在其他人身上一輩子無法獲得的。

托馬斯・曼描寫人的時候，從未像他在《主人與狗》（*Herr und Hund*）裡描寫心愛的雜種狗寶善（Bauschan）那樣溫柔。托馬斯・曼筆尖充滿情感的敘述著寶善和他如何沿著博根豪森（Bogenhausen，當初仍屬慕尼黑市郊）的街道散步。托馬斯・曼確實該感激寶善（「牠總能為我解悶、逗我開心，讓我精神抖擻」），因為寶善總能成功的幫他擺脫腦中幽靈。似乎只有在寶善的陪伴下，他才能掙脫可怕的腦中牢籠，暫時不去聽那個永遠停不下來的腦中廣播站。寶善過世時，托馬斯・曼甚至在慕尼黑一份報紙上刊登了「給『寶善』的訃文，除了措辭優美外，還印了一個大大的十字架」。

海明威在一九五〇年代也養了一條名為「小黑」（Blackie）的長毛獵犬，眾所周知這段友情最後以悲劇收場。一九五七年，海明威生活在他「自選」的故鄉古巴，當時的小黑已經很老，幾乎又聾又瞎。有一天，古巴獨裁者巴蒂斯塔（Batista）的士兵突然闖進海明威的住處。一心護主的忠狗小黑對著闖入者狂吠，牠又老又弱根本毫無威脅，卻還是被一名士兵當場射殺。海明威終其一生都對這件事非常內疚。

連一向予人冷漠印象的《第凡內早餐》（*Breakfast at Tiffany's*）作者楚門・卡波提（Trueman Garcia Capote）也對狗特別慈悲。卡波提未完成的殘篇小說《應許的祈禱》（*Answered Prayers*）內容相當血腥，唯獨跟狗有關的部分描寫得出奇溫柔：一隻小狗被抓進韓國餐廳，準備宰殺後做成美味的狗排。一位有錢的女士在千鈞一髮之際將狗救下，這條狗從此跟她一起生活在紐約上東城的香閨裡。卡波提的正牌女友或許並非美國鐵路大亨女繼承人葛洛莉亞・范德比爾特（Gloria Vanderbilt），而是他養的鬥牛犬美琪（Maggie）。

《一個戀愛中的男人》（*Ein Liebender Mann*）作者馬丁・瓦瑟（Martin Walser）曾說過：

「根據我的個人經驗，動物雖從人類身上學到很多，但我們也從牠們身上學到了不少。」這話說得有道理又獨具慧眼，並引出了一個我們真正感興趣的問題：狼到底是從什麼時候開始——尤其重要的是為什麼——從野生的掠食動物，變成人類最好的朋友？據說狗跟人一起生活後才開始會吠，在跟人類建立共生關係前只會嗥和嚎。狗開始吠是為了跟人溝通，例如，通知人類有危險。嗯，這說法值得深思。到底人和狗的夥伴關係是怎麼形成的呢？

根據印地安人的古老傳說：很久很久以前，有一隻森林之狼遇到了一隻生活在荒野的郊狼，牠們很快成為好朋友，決定一起打獵。後來原野的動物變少了，牠們能捕獲的食物也越來越少，於是常常挨餓。有一次牠們連續幾天沒進食，餓得都快沒力氣了，這時牠們行經印地安人的營地。印地安人正在烤一隻肥美的鹿。「我們過去問他們可不可以分我們一點，」兩隻狼討論了起來，「也許他們會驅趕我們，甚至殺了我們，但如果我們再找不到東西吃，也一樣會死。」二隻狼用盡最後力氣走向營地，人類的友善令牠們大感意外。人類不但給牠們東西吃，還讓牠們睡在營火旁。二隻狼在營地過了一夜又一夜。有一天，郊狼對森林之狼說：「我們就留下來吧，人類對我們這麼好，實在沒理由再回荒野了。」印地安人聽了非常高興，甚至動手幫牠們打造專屬小屋。大家忙著幫牠們建小屋時，森林之狼察覺根本沒人在看守肉，於是偷偷溜進帳篷，叼走所有牠找得到的肉，並藏到岩縫中。牠告訴郊狼：「我們已經得到遠超過我們需要的肉了。今晚就走，我們回荒野去！」郊狼難過的問：「你為什麼要偷人類的東西？人類對我們這麼好，把那些肉還回去吧！」森林之狼一臉不屑的瞧著郊狼，語帶諷刺的問：「難道你忘了這才是狼該做的事？」這時人類發現了森林之狼偷肉，他們用武器指著森林之狼：「這就是你回報我們的方式？我們大可殺了你，但看在你朋友份上我們不殺你。滾，再也不要回來！以後只要你出現在我們面前，我們就會殺了你！」森林之狼逃回森林，郊狼繼續留在人類身邊。人類餵養郊狼，郊狼為人看守營地，尤其當夜裡人們都睡著時。漸漸的，郊狼變成了狗，人類和森林之狼之間從此也充滿了敵意。

許多古老的傳說或童話，總精準預言了科學研究的結果。確實有學者主張：狼和人一起生活是從人類開始定居起，也就是大約二萬年前。他們認為農作物誘使狼接近村莊，並逐漸被人馴化。不過，最近又有人提出：人和狼之間的友誼其實超過五萬年，當獵人和採集者到荒野尋找食物時，狼就已經跟隨在後了。

狗和狼都擁有一項在動物界罕見的能力，那就是牠們能學習別種動物的長處。換言之，別種動物聰明的地方。會不會是因為有狼覺得狩獵很累，不想再狩獵了，於是便模仿人——所以才會變得越來越像人、越來越跟人合得來？

奧地利哲學教授、同時也是愛狗人士的艾哈德·厄澤爾（Erhard Oeser），在他的大作《狗與人》（*Hund und Mensch*）中提出了一項有趣的觀點，此觀點跟一般的看法剛好相反：不是狼模仿人，而是原始人模仿狼——模仿了狼的社會智能。厄澤爾認為，這是猿演化成人的關鍵因素。最新的遺傳學研究也證實了猿的「人化」和狼的「狗化」，兩者在空間和時間上確有驚人的巧合。此二物種的合作，在感官和能力上的互補，的確很可能是造就智人出現的原因。

厄澤爾甚至進一步推論：犬科動物，換言之，家犬的各種祖先，在數萬年前曾經在社會連結的形式上啟發過人類祖先，並且讓人類得以從狹窄的家庭關係中拓展出去。人類祖先很可能因為觀察狼群，所以學到對演化非常有利的行為方式：與其為了爭奪食物而拿起棍棒互毆、砍得你死我活，不如學習狼群形成社會組織，藉此分配和共享食物。於是，一群人開始共同生活，之後更發展出同情心，並學會了互相關懷和照顧。

如果以上推論屬實，那麼人類歷史，尤其是精神史，就好玩了：原來人道主義之父是狗！

話題29

紐約

一般而言，紐約人的話不多。有關紐約的事，就紐約人來看應該三言兩語就足以道盡：中央公園東邊住著含金湯匙出生的富貴人家。另一邊，也就是上西城，住的是自認民主的社會菁英。住到雀兒喜區去的，是在上西城買不起房子的人。至於過去的波希米亞區，也就是如今的蘇活區、翠貝卡區（Tribeca），和東村（East Village），住的是有錢的投資銀行家。下東城雖然還見得到藝術家和創作者，但真正的先驅早就搬到威廉斯堡（Williamsburg）、阿斯托利亞（Astoria），或布朗克斯（Bronx）了，但這些地方二十年前還是紐約最落後、最恐怖的區域呢。對紐約人而言，紐約就是宇宙的中心，南通佛羅里達州，西至加利福尼亞州，在漢普頓（Hampton）東邊很遠很遠的地方，有片叫歐洲和亞洲的區域，紐約人對這個區域的了解全來自《時代》雜誌，此外一概不知。

有關紐約的事就這樣，講完了。紐約人討厭聊天，他們不屑閒話家常，只愛互相毒舌。

在這兒如果你親切的跟人聊天氣，會被人當作智障。無論是在電梯裡或派對上，跟陌生人主動攀談的結果，通常是以被控性騷擾作結。

但這就是紐約了嗎？非紐約人聽完一定不滿意。對我們而言，紐約可是充滿魔力的大都會，是你我這輩子非得朝聖一次不可的地方！在古代它就是巴比倫，就是雅典，就是羅馬！至少現在還是，在我這本書出版時，紐約還是都市中的都市，是世界之都！再過幾年或許就換成上海了，但現在紐約仍是聊天達人必備的口袋話題，而且不管你有沒有去過，都可以盡情的聊紐約！

但要聊紐約得具備哪些背景知識？

紐約之所以成為神話，是因為這個城市體現了一項人類自古以來的夢想：渴望世界完全由人塑造。從凡夫俗子躍升為造物者，這當然是一種作亂、一種造反，因為這麼做背叛了上帝。就像普羅米修斯偷火，也像打造巴別塔。紐約人蓋了那麼多摩天大樓，莫非真想造現代版的巴別塔？荷蘭建築師雷姆．庫哈斯（Rem Koolhaas）稱紐約的精神為「曼哈頓主義」（Manhattismus），目標是「活在一個全然由人類打造的世界裡」。

紐約信奉的宗教是資本主義。打建新阿姆斯特丹（紐約舊名）的是商人，而非統治者！第一個航抵曼哈頓南端的歐洲人是航海家亨利．哈德遜（Henry Hudson），一六〇九年他受荷蘭商人委託航行至此，阿爾岡昆族（Algonquin）的印地安人熱情的迎接他們。哈德遜的一位船員記下當時的盛況：「共有二十八艘獨木舟，上面坐滿男男女女和小孩，他們歡欣鼓舞的迎接我們到來。」荷蘭水手一眼就看出此地不可多得，「這是個能遮風避浪的絕佳港灣」。哈德遜和他的船員找到世上最棒的天然港灣，開闊卻又能提供完美的屏障。據說，這些荷蘭人只花了六十個荷蘭盾，就從印地安人手裡買下了（騙到了）這個被他們稱之為「曼納哈塔」（Manna-hata，意為「丘陵地」）的小島。不管這則傳說是真是假，它都點出了紐約的商業本質。一提到紐約，大家最愛標榜的就是它的自由與民主，但實際上這座城之所以能崛起，全拜商業交易之賜，說得更白一點：靠的是奴隸買賣。新阿姆斯特丹在荷蘭總督彼得．史華文森（Peter Stuyvesant，任期從一六四七年至一六六四年被英國占領前）的帶領下，藉獲利極高的奴隸交易，從一個原本不起眼的聚落變成了繁華的商業都市。

另一個很適合拿出來聊的切入點是紐約人的基因，也就是其強盜般的人格特質。除了妓女和孤兒外，最初移民至新阿姆斯特丹的白人絕大多數是作奸犯科的罪犯。雖然荷蘭西印度公司也知道，要建設殖民地，就該找些優秀的人來移民（條件異常優渥，甚至能免費獲贈一塊土地），但優秀、條件好的荷蘭人哪肯移民到這世界的邊陲。無計可施之下，最後只好把整座監獄的犯人、救濟院的窮人，和孤兒院的兒童強制送往新阿姆斯特丹。

一六六四年，英國（未經打仗就）從荷蘭人手中取得新阿姆斯特丹，並將它改名為紐約（意思是「新約克」），此時的紐約已是聚集無數來自世界各地、各文化，和各膚色人種的大城市。紐約的風氣似乎自古開明。眾所周知，英國最早的總督之一康柏里勛爵愛德華．海德（Lord Cornbury, Edward Hyde）喜歡做女性打扮，就保守的新教徒而言，這樣的行為實屬罕見。他那幅掛在紐約歷史學會博物館（New York Historical Society Museum）裡的女裝肖像，還是他自己請畫家畫的。有一次政敵針對他的女性裝扮大肆攻擊，他只請人轉告對方：身為英國總督，他代表的是一位女性（亦即他的表姊英國女王安妮），所以他本當「竭盡所能從各方面來效法她」。沒錯，這正是紐約客的精神，敢於特立獨行又充滿自信！

桃樂絲．帕克（Dorothy Parker）同樣是這樣的一號人物，她號稱紐約史上最毒舌的女人，是商業世界裡的一股反動清流。每次我去紐約都會投宿位於四十四街的阿爾岡昆酒店（Algonquin Hotel），阿爾岡昆族是最早定居在紐約的印地安原住民。我選擇投宿這家酒店，理由一：優待記者和作家是這裡的傳統；理由二：跟時髦新穎的連鎖飯店比起來，這裡的陳舊氣氛益顯優雅；理由三：這裡隨房附贈風雅，一住進去你就會覺得自己已經是紐約文化圈的一分子了。阿爾岡昆酒店有隻鎮店之貓，牠常駐酒店，沒人管牠，可自由進出，餓了工作人員會餵牠，有飯店地下總管的稱號。但比這隻貓更傳奇、更出名的房客，其實是桃樂絲．帕克。

帕克是一九二〇年代到五〇年代最著名的美國劇評家。如果你想知道什麼是紐約精神，一定要去一趟阿爾岡昆酒店的櫟樹廳（Oak Room），瞻仰那幅掛在木牆上的畫；畫中桃樂絲．帕克置身友人之中，這群人每天在此聚會吃午餐。名聞遐邇的阿爾岡昆圓桌（Algonquin Round Table）乃二〇年代紐約文化圈的核心聚會，但阿爾岡昆酒店的昂貴午餐豈是這群人吃得起的，飯店經理面對高額欠帳卻視若無睹，因為他很清楚這群窮酸文人能為酒店贏得無價美名。整個二〇年代，桃樂絲．帕克都住在阿爾岡昆酒店裡，她擁有自己的大套房，但同時得面對自己動手整理房間的挑戰——這項挑戰似乎完全超出了她的能力（她雖然結過幾次婚，卻完全不會做家事）。她這輩子應該連熱水都沒燒過，遑論整理床鋪。但無論她住哪兒，她都會養動物。她將一隻鸚鵡取名俄南（Onan），但這樣的嘲諷應該只有熟讀《聖經》的人才看得懂。有次她在計程車裡撿到兩隻小鱷魚，竟然把牠們帶回酒店，並養在浴缸裡，簡直快把飯店人員逼瘋。

一九二九年時，帕克為了賺錢，不得不離開紐約到好萊塢當編劇。對她來講，這無異於噩夢；曼哈頓是世上唯一她覺得能忍受的地方。離開阿爾岡昆酒店前，她已經在那兒住了將近十年；換言之，她欠了酒店鉅額房款。據說退房那天她跟酒店經理就像在玩捉迷藏，帕克唯恐跟經理撞個正著。說到紐約的女作家，如今大家第一個想到的就是《慾望城市》的女主角凱莉，但跟不留口德又聰明絕頂的專欄作家桃樂絲．帕克相比，凱莉簡直是拙於言辭。

在帕克因劇評和文學評論享譽美國的那個時代，公開發表和印出來的文字具有莫大的力量與光環，這絕非如今網路世代的讀者所能想像。一言興邦、一言喪邦，評論者的一句話就足以讓整個文化圈大地震。百老匯每齣劇的勝敗和票房（當時電影才剛問世），全操在劇評家手中。由於清楚自己的影響力，劇評家總是寫得充滿自覺又小心翼翼，每項評論都盡可能的有憑有據。但就在這一片保守中，桃樂絲．帕克卻以獨樹一格的諷刺筆調在二〇年代的劇評界異軍突起。如果她不喜歡那齣劇，她就會在《浮華世界》，後來在《紐約客》和《生活》（*Life*）等雜誌上，發表尖酸刻薄的評論：「如果你想有個精采的夜晚，那麼看完第一幕後請起身離開劇院，到附近散個提神醒腦的步，然後在最後一幕開始前再回到座位上。」或「如果女主角沒有幸運的被同台的演員及時殺死，我一定會忍不住衝上台親手宰了她！」史上得過最多次奧斯卡金像獎的女演員凱薩琳．赫本（Katharine Hepburn）當時仍默默無聞，但帕克卻在《紐約客》上獨具慧眼的盛讚她「赫本小姐情緒豐沛，收放自如，拿捏到位」。

帕克同時是社交圈裡的可怕人物。她最愛捉弄的對象是：上東城的名媛貴婦。只見她笑容可掬的對著一位年輕小姐說：「過兩天我打電話給妳，我們聊個痛快！」一轉身，她便唯恐大家聽不見似的大聲嘲諷：「據說這位小姐會講八國語言，但怎麼連個『不』字都不會說啊！」

美國幽默大師科瑞．福特（Corey Ford）追憶道：當時紐約文化圈最盛行的運動，就是援引桃樂絲．帕克或他們那群圓桌午餐成員說出來的名言。時至今日，知道桃樂絲．帕克的人寥寥可數，圓桌午餐的成員也大多被淡忘了。

帕克這個人充滿矛盾，但這正是典型的紐約風格。她喜歡甜美的生活，欣賞甘迺迪總統夫人賈姬的魅力，著迷於紐約的上流社會，卻又不屑貴婦名媛的庸俗膚淺，瞧不起她們活著只為吃午餐和逛街購物。後來，她成為一個充滿熱情的左派分子，並在主張反共的麥卡錫主義（McCarthyism）盛行時被列為黑名單，因而失業。死後，她將所有遺物連同著作權，捐給了馬丁．路德．金恩牧師（Martin Luther King）和美國全國有色人種協進會（NAACP）。桃樂絲．帕克受不了有錢人，卻又因財務窘境不得不一再接受富豪朋友的資助。富豪們樂於邀請她出席沙龍聚會，因為充滿魅力的她總能成為社交號召：只見她手拿酒杯，端坐上位，開始善盡義務的奚落和冒犯在場每位人士。

過世前，她的好友之一女富豪葛洛莉亞．范德比爾特又為她舉辦了一次盛大宴會。一九六七年三月的這場晚宴，至今仍是紐約人津津樂道的盛事。那是老紐約社交圈的最後一次光榮時刻。所有人光鮮亮麗的出席，只為向這位獨一無二的評論家和毒舌女王致上最後敬意。帕克當時景況悽慘、孤獨一人、又窮又病，並且充滿防衛心。但這最後一次的登場，她仍擺出了女皇般的姿態，盡情享受——即便自知屬於她的時代早已過去。她身穿金色絲質長袍（葛洛莉亞．范德比爾特贊助），踏進華爾道夫酒店宴會廳時，目光篤定的逐一環顧過所有珠光寶氣的貴婦，再定睛欣賞餐桌上摺得硬挺的餐巾，和滿室洋溢著節慶氣氛的燭光，並再一次享受到人生的幸福滋味。

帕克晚年僅剩的幾位朋友之一，作家兼編劇懷亞特·庫柏（Wyatt Cooper）於一九六八年，也就是她死後一年，在《君子》雜誌上追憶：「她走進大廳，身體微微顫抖，但她看起來完美極了……一個如此脆弱卻高貴的人……她是這樣的一位女性，即便極為貧窮卑微，還是對自身的重要性充滿自信。」

那場傳奇晚宴後三個月，桃樂絲·帕克辭世，享年七十三歲。直到今天，她的寫作風格、她的冷嘲熱諷、她的熱愛奢華和左派立場，都深深影響著紐約的知識分子與文人。走進阿爾岡昆酒店，在大廳裡坐下來，幸運的話，數小時不會有人來問你：「請問要點些什麼飲料？」這時你正好可以悠閒的拿出《桃樂絲·帕克作品集（攜帶版）》（*The Portable Dorothy Parker*）好好閱讀，這是企鵝出版社為紀念帕克特別出的書，裡頭收集了她最美、最悲傷、最風趣、最諷刺，且最溫柔的短篇故事、評論和詩。在這本書裡，你能見識到在別處絕對見識不到的紐約。因為桃樂絲·帕克就是紐約，紐約就是桃樂絲·帕克。她愛這座城，光是離開幾星期都會讓她受不了。每次回到紐約，她都雀躍無比（至少在剛回來時是這樣）。沒有人比她更了解紐約。「這就是紐約的特殊之處，」她說過，「這裡的每一天都是嶄新的。它讓你每天早上都想高喊：『出發吧！讓我們繼續打拚！』」

紐約，這座城本身就是個奧祕，它是世上唯一一座聞其名便猶如聽見承諾的都市——它承諾著將永遠為世人打造新意！

話題30 名導演昆汀・塔倫提諾

好萊塢大導演東尼・史考特（Tony Scott）決定自殺或許是因為：身為知識分子，他覺得再繼續這麼活下去沒價值了。他受不了自己只能拍商業電影，只能當賣座片的導演（例如《捍衛戰士》〔*Top Gun*〕、《比佛利山超級警探二：轟天雷》〔*Beverly Hills Cop II*〕）；他覺得自己這輩子別想有成就、別想被認同了，尤其是在哥哥雷利・史考特（Ridley Scott）的盛名下（雷利的賣座大片有《銀翼殺手》〔*Blade Runner*〕、《異形》〔*Alien*〕、《末路狂花》〔*Thelma & Louise*〕等）。

這真是個悲劇（不只是形容，而是事實），因為在東尼死後，根據學院派的評價，現在幾乎所有人都認為弟弟才是成就較高者，雖然他們倆都是電影界舉足輕重的大人物。東尼的成就之所以比較高，不只因為雷利的拍片功力沒他好，還因為他比哥哥更熱愛表演、更能精準掌握角色的性格（這些哥哥都不在行），尤其重要的是：東尼・史考特其實是後現代主義最重要的一位導演——這位電影工作者在二〇一二年八月十九日，從洛杉磯文森・湯瑪斯橋上一躍而下自殺身亡。他成功的將嚴肅的題材與娛樂融為一爐，更難能可貴的是完全不耍花招、不譁眾取寵，只是讓這種融合變成符合時代精神的一種理所當然。兄弟倆都畢業於藝術學院，從小父母就很重視他們的教育。但入行後雷利總想把膚淺庸俗的東西包裝得像極有深度，總想用高深的哲理來標榜自己的電影；此外，他還喜歡揣度風向、討影評的歡心。但東尼・史考特卻是個誠實、純真的後現代主義之子；在他眼裡，電影沒有「高不高級」、「有沒有深度」，只有「好壞」之別。

為什麼扯這麼一大堆？這一章不是要聊昆汀・塔倫提諾（Quentin Jerome Tarantino）？怎麼一直在講東尼・史考特？

因為「塔倫提諾」是個在長度和廣度上都非常討喜、一天到晚被拿出來閒話家常的主題，你若想聊得比別人精采實在很難。除非你懂得從史考特與塔倫提諾的攜手合作切入，這樣才比較可能讓人豎起耳朵。至於塔倫提諾是不是在九〇年代時由東尼・史考特發掘出來的（有些人堅持是知名演員哈維・凱托〔Harvey Keitel〕發掘的），這一點並不重要。比較有趣的是，塔倫提諾最棒的電影都不是他自己導的，而是東尼・史考特出任導演，他只是編劇。但帥呆了的是：讓布萊德・彼特（Brad Pitt）演一個抽大麻的頹廢爛咖；棒透了的是：讓蓋瑞・歐德曼（Gary Leonard Oldman）演一個自覺是黑人的白人皮條客。以上情節出自《絕命大煞星》（*True Romance*），這部電影絕對是聊塔倫提諾那些精采的對白，以及東尼・史考特出神入化之掌鏡功力的最佳範例。

如果你能再提到這部電影裡最有名的「西西里橋段」，那麼在場人士絕對會對你登峰造極的流行文化造詣佩服不已。《絕命大煞星》講的是一個年輕男子愛上妓女的故事。男子跟她一夜風流後娶了她，為了向妻子證明自己有能力保護她，便單槍匹馬去到皮條客那裡，甚至殺了對方。年輕男子原本想拿走裝有妻子衣物的皮箱，不料匆忙間竟拿了裝滿古柯鹼的皮箱，結果引來黑白兩道（警方和黑手黨）追殺。

剛才提到的「西西里橋段」描述的是，飾演黑幫老大的克里斯多夫・華肯（Christopher Walken）刑求男子的父親，想藉此問出男子的下落。飾演父親的丹尼斯・霍柏（Dennis Hopper）雖被痛毆，卻還是氣定神閒的跟這些黑手黨瞎扯（飾演其中一名黑道嘍囉的，竟是後來因《黑道家族》爆紅的詹姆士・甘多費尼！）。只見霍柏開始精采的獨白（這樣的場景只有塔倫提諾寫得出來）：他說他喜歡閱讀，尤其喜歡讀歷史，他記得在一本書上看到過西西里人的祖先來自北非。原本西西里人是金髮碧眼的民族，後來因西西里被北非的摩爾人（Moors）占領，摩爾人在島上瘋狂播種，徹底改變了西西里人的血統。所以，現代西西里人其實是黑鬼（Nigger）雜種的後裔。丹尼斯・霍柏的這番話嚴重羞辱了黑幫老大，下場當然是一說完立刻被槍殺，但也因此免去受凌虐的痛苦。這麼棒的情節大概連塔倫提諾自己都很難超越，許多人認為那場戲的對白設計是近代電影史上最成功的。總之，這部片絕對是一九九〇年代的頂尖之作！

數年後塔倫提諾曾說，那場「西西里橋段」是他從一個黑人那裡聽來的。有次他跟一個黑人一起呼大麻，那人跟他說了這故事，他聽完後覺得妙極了，當場誇下海口，有朝一日一定要把這故事寫進電影裡。東尼．史考特第一次看到劇本和那些對白時興奮得像個孩子，但這樣的內容就一九九三年當時的社會而言實在太過敏感。即便如此，東尼．史考特還是沒打算把它改得含蓄一點。剛好相反。塔倫提諾回憶道：東尼在跟美國電影協會交涉時，就分級問題做了讓步，甚至願意修改其他劇情，但就是堅持不能動「西西里橋段」，東尼要讓它原汁原味的上映。

聊「塔倫提諾」免不了要涉及這個問題：塔倫提諾老愛誇張的使用充滿歧視意味的「N開頭的那個字」（n-word意指黑鬼Nigger），這到底是一種高明的嘲諷還是語言暴力？就像他電影裡的其他暴力，他總是極盡誇張的去呈現它們，以至於到最後真的令人搞不清這種暴力到底還有沒有效果？它只能淪為像漫畫一樣，僅止於好笑卻無法令人心生恐懼，或者正因為這種玩笑似的理所當然，反而讓觀眾得以一窺人性中最不堪的黑暗面。

但這項爭議已經被討論過八百萬次了，所以再聊就真的太無聊了。同樣不聰明的還有，擺出一副電影專家的模樣，開始一一細數塔倫提諾在電影史上的經典台詞和畫面。（不過還是要提一下我個人的最愛，那一幕出現在《黑色終結令》（*Jackie Brown*）裡，電影裡的電視正在播放一部赫爾穆特・貝爾格（*Helmut Berger*）[1]的電影。）

與其沒完沒了的細數，不如挑重點講，並提出獨樹一格的看法。例如，塔倫提諾慣用的手法——讓充滿暴力的傢伙突然身陷荒謬可笑的情境，卻仍不忘對當前流行文化大發議論——如今已過時了，因為有太多人抄襲。這種手法其實不是塔倫提諾所創，而是作家布雷特・伊斯頓・埃利斯（Bret Easton Ellis）。在埃利斯一九九一年的小說《美國殺人魔》（*American Psycho*）裡（後來有改拍成電影），男主角華爾街的雅痞一邊瘋狂行凶，一邊對名牌鞋、名牌襯衫大發議論，或喋喋不休的敘述為什麼女歌手惠妮・休斯頓（Whitney Houston）那麼討人厭。無論如何，第一個將此手法應用在電影上的確實是昆汀・塔倫提諾。從當時到現在，此手法已經被抄襲過太多次，德國男星蒂爾・施威格（Til Schweiger）在他自製自演的第一部電影《敲開天堂的門》（*Knockin' on Heaven's Door*）裡，同樣讓男主角一邊搶劫一邊大發議論——此情此景不禁讓人感嘆：這樣的手法真的太老套了！

---

1 歐洲巨星，一九四四年出生於奧地利，曾參與《教父》第三集的演出。本書作者在《窮得有品味》中，曾特別以〈跌落凡塵的歐洲巨星——貝爾格〉一章介紹過他。

塔倫提諾或許不是這種「荒謬、滑稽」台詞的原創者，但他絕對是最會運用這種手法的大師。你可以再舉一、二個例子證明自己內行，例如：在塔倫提諾導的第一部電影《霸道橫行》（*Reservoir Dogs*）裡，只見平克先生（Mr. Pink）義正詞嚴的針對「小費」發表演說，還有《赤色風暴》（*Crimson Tide*）裡也能見到艦長和大副為了利比扎馬（Lipizzaner）源自何處而激烈爭辯。舉完這些例子，大概沒人敢再懷疑你不是昆汀．塔倫提諾專家，或不折服於你對「塔倫提諾對白藝術」的鑽研。

很少人知道，其實塔倫提諾為東尼．史考特效過一次力。當時東尼正在籌拍《赤色風暴》，這是一部緊張刺激的驚悚片，描寫冷戰時期發生在美國核子潛艇上的一樁叛變。東尼非常喜歡這個故事，但覺得劇本和台詞都太平庸。他轉而求助塔倫提諾，請他為劇本潤筆、增色。不信的話，你仔細去看看這部電影——二十年後的今天看依舊精采絕倫——到處是塔倫提諾的影子。由金．哈克曼（Gene Hackman）飾演的核子潛艇艦長，以及由丹佐．華盛頓（Denzel Washington）飾演的大副之間的不和，早在兩人為了利比扎馬的起源爭論不休時，就能看出端倪和伏筆。艦長說：「葡萄牙。」大副不干示弱的回：「西班牙！」可惜塔倫提諾在電影裡最終沒有給出正確的答案，而且艦長和大副都說錯了。（或者塔倫提諾自己也不知道？）因維也納馬術學校而享譽國際的利比扎馬，其實源於今日斯洛維尼亞的利比卡（Libica）。

東尼・史考特的《赤色風暴》上映後不久，一九九四年塔倫提諾也推出了自己的佳作《黑色追緝令》（*Pulp Fiction*）。一流的編劇讓塔倫提諾一舉囊括無數大獎：奧斯卡金像獎、金棕櫚獎、英國電影學院獎、法國凱撒電影獎、金球獎等。塔倫提諾在當代電影界的權威地位就此確立。他擅長諷刺，他能在不好笑的地方引爆十足的笑點，這些全都變得毫無爭議。

聊到這裡，如果你還想更令人刮目相看，不妨就塔倫提諾的後現代解構主義（The Postmodern Deconstructionism）「成分」提出質疑。雖然塔倫提諾也曾標榜自己是革命分子（「革——命——」二字請好好的拉長強調），但其實他對「庸俗」非常在意，且拚命的抵抗，可見他骨子裡還是非常保守的。在他心裡依舊存在著「高不高級」、「有沒有水準」的問題（話說現在的德國人幾乎已經沒人敢公開表示自己看不起庸俗、沒水準）。舉例來講，對塔倫提諾而言，把美國電影《藍波》（*Rambo*）說得跟席勒的巨著《華倫斯坦》（*Wallenstein*）一樣偉大，實在太超過了。現代人習慣把高尚和庸俗的東西等量齊觀、混為一談——比方東尼・史考特就是這樣。其實塔倫提諾最想拍的是有知識、有水準的大片，而非充斥嘲諷和黑色幽默的庸俗商業電影；換言之，他想拍能獲得知識分子青睞的經典之作。

也許塔倫提諾的想法並沒有錯。東尼・史考特雖秉持不論高不高尚、只管好壞的態度，並拍出了多部賣座大片，卻始終不開心。「知識與教養」這種古典、美好、充滿傳統德式標準的說法，聽起來雖然像在講滿布灰塵的古董書，但對後現代主義者其實充滿了吸引力（德文的「知識／教養」〔Bildung〕一詞，就像德文的「閃電戰」〔Blitzkrieg〕、「恐懼」〔Angst〕，和「幼稚園」〔Kindergarten〕一樣，都被美國人直接沿用，並且變成他們的慣用詞彙）。塔倫提諾想必非常欣賞跟他合作過多次的演員克里斯多夫．華茲（Christoph Waltz），因為他曾揶揄過華茲「有**那麼**後現代解構主義者嗎？」。這樣的揶揄原來是盛讚。

話題31
滑雪

有人問我：「最近上哪兒滑雪了啊？」我回答：「德北的代特莫爾德（Detmold）。」柏林的旅行社真有這樣的滑雪行程，上次我帶孩子去東威斯特法倫平原找親戚玩時，我們順道去了那裡的滑雪場。聽完我的回答，問我這問題的人滿臉尷尬，好像他嚴重的羞辱了我。總之，如果有人問你滑雪，你沒有回答：「喔，我剛去了趟阿爾卑斯山區（位於南德），度過了一次驚險刺激的滑雪假期！」你就會立刻被歧視。

所以，最佳的應對之道是「吹牛」！

乾脆賣弄一下滑雪知識，說得像你剛去過全球最知名的滑雪場一樣：法國萊薩爾克滑雪場（Les Arcs）那條位於二千一百二十六公尺高，一路從紅針峰（Aiguille Rouge）俯衝至維拉羅熱村（Villaroger）的滑雪道。這裡堪稱歐洲最美的滑雪道，雖不及瑞士伯恩高地的勞伯角（Lauberhorn）或雪朗峰（Schilthorn）滑雪道那般驚險刺激和高難度，但沿途風景之美、之變化無窮卻是舉世無雙，先是上面嚴峻的阿爾卑斯山峰，到了下面卻變成坡度和緩的森林幽徑。不過要說到壯觀，當然比不上加拿大卡里布（Cariboo）地區那白茫茫一片、綿延數公里，宛如處女地般的直升機滑雪場……。經你這番虛張聲勢，包管那些只去過奧地利上陶恩地區貝騰堡（Obertauern, Bettenburg）某座滑雪場的傢伙不敢再氣焰囂張了。

但你也可以選擇用B計畫回應：乾脆坦承自己多年沒去滑雪了！

就說我吧，我都快忘了自己上次去冬季度假村是什麼時候了。那次我們是去瑞士的聖莫里茨，住的是希臘首富尼阿喬斯（Niarchos）在那裡的別墅。當晚我覺得頭暈，在亟需新鮮空氣的情況下，我穿著正式的晚宴服走出木屋，直接躺進雪地裡，僅覺輕飄飄的雪花落在我身上真是美好。後來哥哥找到了我。待我清醒後他告訴我，他發現時我已經完全被一層白雪覆蓋。其實我對聖莫里茨的印象非常模糊，我們在那裡應該有去滑雪吧，但我印象最深刻的卻是：某間滑雪木屋內有家名叫「德古拉」的酒吧。另外就是宮殿飯店富麗堂皇的大廳。那裡簡直是豪華馬戲團的現場，只有全世界最美和最有錢的人才能進去：義大利女伯爵肩披柔軟的喀什米爾頂級羊毛圍巾；滿頭白髮、彷彿陷在沙發裡的英國紳士正一臉嚴肅讀著《金融時報》（*Financial Times*）；希臘富豪專心的下著西洋棋；運動細胞極發達的德國鋼鐵王國繼承人挽著新寵正在調情；所有人都壓低了音量，彷彿是一個正在力抗嘈雜和大聲嘻笑的祕密集團。無數不起眼的侍者穿梭其間，侍者全是義大利人，正在為這些嬌客分送芳香的茶飲、美味的黃瓜三明治和雪茄。壁爐裡劈啪作響的柴火是最美妙的背景。這所有的一切在落地窗前上演；窗外是景色壯麗、覆滿冷杉的阿爾卑斯山谷。拜落地窗之賜，嬌客們（在夜晚沉甸甸的窗簾拉上前）得以盡情觀賞如電影般精采的山谷光影大秀。酒店大廳裡清一色非富即貴，如果能課到這些人的稅，再把三個前東歐共產國家納入歐盟也不成問題！

弗里德里希．希堡曾在一九五〇年代描述過停放在酒店前的車，並藉此精準的描繪出宮殿酒店的氛圍：「有些車子被厚厚的白雪覆蓋，幸好從外型上還看得出是車。倘若車窗上有一隅未被厚雪遮蔽的空隙，從小洞往內窺看，你會發現裡頭美好而舒適。一頂粉紅色的仕女皮草帽，一柄捲起的紅色雨傘，甚至還有盒開封的巧克力夾心糖，靜靜的躺在後座的蘇格蘭菱格紋絨布墊上。但這些東西在酒店裡全派不上用場……有部車尤其令人激賞，雖沒開出去過卻也沒被白雪覆蓋；它像隨時要出發。那是輛勞斯萊斯，保守的古典車款，黑底銀邊，雖不過時也不算新，卻盡顯氣派豪華。從車牌上可以看出，那輛車的主人是駐哥本哈根的哥倫比亞外交官。這當真令人浮想連篇啊！一群在丹麥首都為了哥倫比亞的外交和經濟打拚的男人，他們一定累壞了，不，應該說精疲力竭。他們確實該來恩佳丁好好享樂一下。」這篇文章的標題叫〈撒了香水的白雪〉（Parfümierter Schnee）——我真的得說，再沒有比這更美的標題了！這篇文章當初發表在《法蘭克福匯報》的副刊上，希堡當時是該報的首席文學評論家。

有個廣為流傳的說法：聖莫里茨是滑雪運動的發源地。據說就像所有運動一樣，滑雪也是沉悶、無聊的英國人發明的。傳統上，英國大地主的第三或第五個兒子總是無所事事、遊手好閒。從十九世紀開始，他們流行到歐洲大陸來旅遊，一開始是去希臘和義大利，後來又發現山區滿好玩。基於交通因素，他們通常只在夏季造訪阿爾卑斯山。傳聞飯店業傳奇大亨約翰·巴德呂特在一八六四年夏天曾和六名英國遊客打賭：他向他們拍胸脯保證，冬天來阿爾卑斯山一樣能穿著薄襯衫在陽台上曬太陽。如果他輸了，他願意免費招待他們食宿，甚至幫他們付全部的旅費。但如果他所言不假，這些英國人必須幫他在英國社交圈廣為宣傳恩佳丁得天獨厚的冬季旅遊條件。英國年輕人的個性是寧願被抓去砍頭也要賭，於是他們答應了巴德呂特的邀約，並且真的在冬季時造訪了巴德呂特的恩佳丁庫爾姆旅館（Klum）。英國年輕人曬成一身古銅的回到倫敦，興奮不已的向社交圈描述自己精采的冬季假期。不久之後，喜歡附庸風雅的英國富商巨賈隨之蜂擁而至，生意興隆到巴德呂特終於有能力把他的小旅館改建成歐洲最豪華的飯店之一。

換作今天，巴德呂特應該會被稱作「科技奇才」。他命人在飯店附近建了一座小型發電廠。一八七八年的聖誕節，庫爾姆酒店的餐廳亮起了瑞士的第一批燈泡。在那個時代，電燈連在紐約這樣的大城市也很罕見，只有像范德比爾特家族這樣的美國富豪才用得起。但在這海拔超過二千公尺的瑞士高山上卻不但有電燈，還有電話、抽水馬桶、液壓電梯，和循環暖氣等高檔設施。

當時其實沒有人滑雪，男士到戶外頂多丟丟冰球（Curling），或打打冰上曲棍球，女士則乘坐馬拉的雪橇在結冰的湖上嬉戲。直到某個好奇的英國佬看見當地人腳套奇怪木板在雪地裡滑行，詢問巴德呂特先生並要求嘗試，才開啟了滑雪運動。那種套在腳上的木板，其實是林務人員或森林工人在雪地裡的移動工具。阿爾卑斯山的居民大概沒想過這種滑雪板也可以拿來當娛樂工具。聽到遊客要買他們的滑雪板，口操羅曼什語（這是一種碩果僅存的口語拉丁文兼凱爾特族方言）的村民忍不住埋怨這些奇怪的外國人真是莫名其妙——但終究還是賣了幾雙給巴德呂特。

上恩佳丁於是成為世上第一個將滑雪當作休閒娛樂的地方，直到今天它還是從事這項活動的最佳地點。其地理位置可謂得天獨厚，位於阿爾卑斯山南翼，得享南歐般的溫暖氣候，地勢卻又夠高，足以讓山上終年白雪靄靄。但海拔這麼高的山谷很少像它這般遼闊寬敞，且周遭景色又如此壯麗。

聖莫里茨在舉辦過一九四八年的冬季奧運後，對許多文人雅士而言已經太熱鬧了。為避開絡繹不絕、慕名而來的觀光客，原先的主顧們得另闢據點了。於是，五〇年代有批自命不凡的人把目光轉向薩嫩地區（Saanenland）一個名為格施塔德（Gstaad）的小村莊。這個村莊在此之前是少數行家才知道的旅遊祕境。聖莫里茨變得越來越進步、越來越摩登，但美麗的風景也被雜亂無章的建物給破壞了。相反的，格施塔德卻一直能維持原貌，當地政府只准業者興建滑雪木屋（直到今天依舊如此）。而且因地利之便，格施塔德一向是薩嫩菁英寄宿學校蘿實中學（Le Rosey）的冬季露營地；校方在此鍛鍊上流菁英之子的體能。曾就讀過這間學校的知名校友有前伊朗沙王穆罕默德．禮薩沙．巴勒維（Mohammad Reza Shah Pahlavi）、西班牙國王胡安．卡洛斯（Juan Carlos）、摩納哥王子瑞尼爾（Rainier），和阿迦汗四世等。沒錯，格施塔德確實隸屬小眾，跟聖莫里茨比起來，這裡堪稱樸實無華，來度假的也大多是曲高和寡的菁英。但說到滑雪，它跟聖莫里茨真的不能比，這裡的最高峰比海平面高不了多少，大概只到聖莫里茨最底下的購物大街。

但無論如何，格施塔德保留了美好的山村景致。在這兒大家穿的是粗獷的挪威式毛衣，而非昂貴的喀什米爾羊毛。美國老牌女星伊莉莎白．泰勒（Elizabeth Taylor）在這裡有間木屋，我借住過那兒一晚。她懊惱的向我們抱怨，華麗的珠寶在這兒全派不上用場，木屋裡沒有任何一間房間夠大，可以讓她把那些美麗的晚禮服全掛起來。帶晚禮服來這兒真是多此一舉，她嬌嗔道：「這裡的人走路都粗魯得像牧羊人！」她這當然是在惺惺作態的撒嬌，骨子裡她愛死薩嫩了！對她而言，格施塔德就是她夢想中的山林仙境，但滑雪——她當然敬謝不敏且從未滑過！

話題32 納稅義務

想聊天卻又沒有什麼真的想聊的話，那就聊納稅吧！這話題所有人都可以跟著抱怨，跟著義憤填膺。

收入還不錯的人聊納稅，就好比一般人聊天氣。你可以針對收入比你好的「上面那群」開罵：「這些人到底懂不懂什麼是納稅義務，有沒有良知啊，怎麼永遠貪得無厭。」是啊，真是令人遺憾。但「下面那群」也沒有比較好；為了逃漏稅而打黑工、開黑車、造假保險、造假單據，簡直無所不用其極。但與其東罵西罵，指責大家沒有納稅良知，更高明的聊法其實是：幫大家的逃漏稅行為找個義正詞嚴的好藉口。據說，社會底層逃漏稅是因為上行下效——高官都這麼為民表率了，升斗小民怎能不追隨！至於上流社會的逃漏稅則是公民不服從的一種義舉，為的是要抗議政府浪費公帑！或者更信口開河一點：有錢人逃漏稅真的是無心之過呀，因為他們壓根忘了自己在瑞士還有好幾筆毫不起眼的數百萬存款。

如果這時有個倒楣鬼自述逃漏稅被抓，更叫人開心了。「愚蠢，我竟以為自己不會被抓！」他一說完，所有人立刻在心底拍手叫好、幸災樂禍！荷蘭醫生伯納德．曼德維爾（Bernard Mandeville, 1670-1733）在他那本舉世聞名的《蜜蜂的寓言》（*Bienenfabel*）裡描述過一個完美的社會，那個社會之所以運作順暢是**因為**大家都在欺騙、都在說謊！富人只想更富，窮人則不擇手段、雞鳴狗盜，律師謊話連篇，醫生奸詐狡猾，政治家只想欺騙大眾。但社會因此欣欣向榮，所有一切運作順暢、發展蓬勃！可惜有一天他們意識到道德和良知的重要，開始追求誠實與節儉。繁榮的經濟逐漸蕭條，美好的社會於焉崩潰。「驕傲自大、奢侈浪費、欺瞞巧詐必須存在，民族才得以昌盛，」曼德維爾在這本以韻文寫成的傑作中下了這樣的結論。這本書的問世，肯定為英國早期一味鼓吹道德法治的市民社會帶來難以想像的解放感。雖然正版的《蜜蜂的寓言》賣得不貴，但據說盜版的冊數是正版的幾千倍——真是屢證不爽的真理啊：盜版才是廣為流傳的不二法門！曼德維爾寫這本書原是為了嘲諷時事，沒想到如此荒誕不經的內容竟讓他意外成了「反盧梭」的另類經濟學家，從馬克思乃至凱因斯都深受影響。類似的書應該再來一本，必要時可包裝成勵志書（書名就叫《逃稅大全！人人必備，教你上千招逃稅絕技》），肯定讓現代人受益無窮！

社交場合聊納稅，首重：談話內容對準在場人士的收入。你要能隨時轉換立場，無論與會人士位於光譜的那一端，都要能侃侃而談；管他推崇的是十九世紀思想家普魯東

（Proudhon）的見解（「財產即竊盜」），或是美式茶會上典型的自由派論調（「課稅即強取豪奪」）。

如果你的聊天對象是牙醫，建議你跟他聊前盧森堡總統、現任歐盟委員會主席容克（Juncker）的趣聞。德國前財政部長提奧・魏格爾（Theo Waiger）過生日，晚宴上德國前總理赫爾穆特・柯爾（Helmut Kohl）致詞時說：「親愛的提奧，連我們的好朋友容克也來跟你祝壽了。可惜，一看到他我就想到，德國人的黑錢全藏在盧森堡。」全場哄堂大笑。容克接著致詞：「親愛的赫爾穆特，如果德國能提出更好的財稅政策，我們盧森堡人立刻把錢存到那兒！」全場爆笑如雷。

如果你今天出席的是左派圈子的晚宴，那麼談鬱金香狂熱絕對錯不了！此歷史事件帶給我們的教訓是：如果民間資金過剩、存款過多，又不知道該往哪裡投資，會發生什麼樣的悲劇。人一旦有錢就愛交際，交際時最熱衷的就是比較，比較來比較去，張三投資了那樣東西，李四也絕不落人後，造就的便是可怕的泡沫經濟。每隔一段時間總會有一樣東西成為大家的「標的」，若不一窩蜂搶買，就好像自己跟不上潮流，跟大家不是一個圈子的。之前的狂買網際網路股票，或競標現代藝術家作品，都算殷鑑不遠。但最令人難忘的，還是十七世紀發生在荷蘭的鬱金香狂熱。據說，鬱金香是一個出使到君士坦丁堡的外交官布斯貝克（Busbeck）從東方帶回西歐的；總之，這花後來成為身分地位的象徵。要炫富靠的不再是珠寶，而是鬱金香。鬱金香的價格一路狂飆、狂飆，再狂飆。所有人競相把財富投入鬱金香交易中。一六三七年鬱金香泡沫終於破滅，破滅的原因同樣很可笑：有位投資大戶不滿意自己買到的貨，一時興起拿到市場低價拋售。此舉立刻引起恐慌，所有人跟著拋售，鬱金香一夕間身價暴跌。整個鬱金香王朝連同相關的企業，和成千上萬的投資人全都完蛋了。而這一切其實得歸咎於：有錢人太有錢了就會過度投資！

聊賦稅，有沒有什麼萬無一失且不偏不倚的中庸路線？

可惜沒有。

在達沃斯舉行的世界經濟論壇每年都會發表一份全球競爭力報告，為一百四十四個國家排序。老排在前面的有：瑞士、新加坡、芬蘭、瑞典。但這四個國家的賦稅政策大相逕庭，幾乎找不到共通點。這告訴了我們什麼？經濟發展跟稅賦高低其實沒什麼關係。真正重要的是可靠的政府和人民對經濟成長的信念——換言之，人格特質才是關鍵。

舉例來講，希臘的稅再低，也沒人肯繳。希臘人不肯納稅不是因為不守法、不誠實，而是因為對政府完全失去信心了。誰都曉得政府機關只會自肥；公務人員偷雞摸狗，還互相掩護；公部門充斥著結黨營私、貪汙賄賂；納稅義務人繳的錢都被拿去圖利自己、圖利特權了。所以，為什麼還要繳稅？反觀瑞典課的稅雖重，大家卻都願意乖乖繳納，因為人民信任政府，公務人員親切又廉潔，教育體制堪為全球表率，大眾運輸和公共設施規劃完善。國家帶給人民的，是很深的歸屬感。大家都覺得這錢繳得值得，都樂於納稅。

其實，稅務政策既救不了經濟，也搞不垮經濟，而且想藉稅制達到賦稅公平也是不可能的。近年來常聽經濟學家提倡開徵富人稅，這種稅其實只會加重富裕的小康階級負擔，然而這些社會中堅的經濟能力是最不該被削弱的。藉富人稅根本課不到真正富豪的稅。成功課到富人稅的好像只有古希臘，他們利用的是所謂的慶典捐獻（Liturgie），舉辦盛大宗教儀式時，富人必須捐錢給城邦，當中的一部分會被政府拿去充當財政收入。但這方法之所以能成功，或許是因為古希臘的富豪還沒辦法到維京群島設立空殼公司。

雖說強者應該幫助弱者，但勤奮和自食其力也是非常值得推崇的美德。如果放任市場調節，最後的結果一定是不公的。所以，我們通常會把這種任務交給政府。政府應該要努力讓人民信任它，讓人民覺得政府真的能把納稅人的錢用於謀人民的福祉。探討納稅義務，其實一言以蔽之就是：「納稅是我們建立文明社會的代價。」這句話刻在美國國稅局的大門上方。

「稅」自古有之，有關賦稅的記載最早見於埃及。未來，賦稅制度想必仍會繼續存在，畢竟它是國家收入的主要來源。其實，只要政府好好肩負起自己的責任，人民是樂於納稅的（誠如〈馬太福音〉第二十二章「納稅給該撒」：「該撒的物當歸給該撒。」）然而，為了對抗苛稅而起義的傳統也是有的。近年來許多歷史學家推翻原議，認為條頓堡森林戰役（這段被德國人視為媲美神話的輝煌歷史）之所以會發生，其實只是因為人民不甘心納稅。羅馬人打算提高賦稅，赫爾曼（那場戰役的日耳曼首領）和他那幫滿臉鬍渣的夥伴決定用最野蠻的方式阻止苛稅。巧的是，戰役地點就在如今的下薩克森邦歐斯納布魯克蘭（Osnabruck-Land）財政局（辦公室位於庫阿肯布魯克市〔Quakenbruck〕）的轄區內。透過漢諾威邦政府、布魯塞爾歐盟委員會，和歐洲社會福利基金，那地方徵收到的稅有好一部分作為補助款，流入了羅馬及其南部的地區。所以，這也算是羅馬將領瓦盧斯（Varus）和他那幫戰敗兄弟的遲來勝利!?

話題33

未來

還有一個話題是我們不能漏掉的，它絕對是聊天的最佳話題。沒有任何話題能像它一樣，即便我們對它一無所悉，也能暢所欲言。關於「未來」，有二句話我認為最為睿智，一是尼采講的，一是臉書創辦人祖克柏（Mark Zuckerberg）說的，後者更深得我心。尼采說：「未來總是緊咬著過去的尾巴。」祖克柏說：「沒有任何東西能永屬未來。」

這句話是祖克柏在一場金融策略論壇上提出的，在場的還有他的好友兼風險投資之王馬克·安德森（Marc Andreessen）。安德森曾是瀏覽器公司網景（Netscape）的創辦人之一，二十歲就是億萬富翁了，目前也是臉書董事，他無疑是矽谷最重要的金頭腦之一。二〇一一年時，他們在論壇上討論到臉書的未來。安德森當時認為行動終端機，例如平板電腦或智慧型手機乃網路之未來。祖克柏不全然贊同。「沒錯，」他說，「此刻我們將未來寄託於移動終端機，但沒有任何東西能永屬未來。」其實，祖克柏**真正**關心的問題是：智慧型手機之後呢？一年後，他花了近十億美元買下Instagram，二年後他又以天價一百九十億美元收購WhatsApp，這二個手機世代的通訊軟體，讓臉書成功從電腦轉移重鎮至手機。

這些年谷歌和臉書間上演的是活生生的爭食戰，爭的是最新科技。兩家公司常不惜耗費數十億美金爭購所謂的「車庫創業者」之最新科技。蘋果和亞馬遜的策略則相對低調，他們默默重金禮聘研發高手來為自己打造數位未來。總歸一句話，大家都深怕錯過了「下一場重頭戲」。

車庫創業者寫下的傳奇有多激勵人心，光看祖克柏最新一次的收購案就能一窺精髓：二〇一四年三月，臉書以超過二十億美元的天價（是當初買Instagram二倍多的價錢），從二十一歲的小伙子手中買下了歐庫拉（Oculus）這家公司。帕爾默．拉奇（Palmer Luckey）因此成為矽谷最年輕的億萬富翁。他正是車庫創業者的典型例子，霸在父母的車庫裡埋頭苦幹，什麼都靠自己，研發出來的東西卻比許多國際軟體巨人，例如微軟或Sony，多年來耗費巨資的成果更為傲人。拉奇專攻的領域是虛擬實境（Virtual Reality），簡稱ＶＲ。這家公司所研發出來的虛擬實境頭戴式顯示器Oculus Rift，乃虛擬實境眼罩界的勞斯萊斯，不但視野極為開闊，移動感應的速度和效能更是驚人。這款眼罩能讓使用者在打電玩時產生嚴重錯覺，以為自己真的「身歷其境」。如今，歐庫拉又邁向了新的里程碑：ＧＶＳ的應用。所謂的ＧＶＳ就是「Glavanic Vestibular Stimulation」，意為前庭電流刺激，也就是將電極直接連接在使用者頭上以操控其平衡感。這麼一來，玩家，比方說駕駛戰鬥機，就能栩栩如真的感受到墜機或側翼受攻擊的狀態了。

許多科技業分析師原先都認為，虛擬實境不過是個針對特定族群的小眾利基市場（Niche market，或稱縫隙市場），但在臉書收購歐庫斯之後，大家跌破了眼鏡。所以，虛擬實境將成為你我的必備設施，未來祖母生日即便我遠在千里之外，也能藉虛擬實境技術彷彿親臨？有一天你我在網上分享的，將不再是相片而是虛擬實境？祖克柏所看見的願景非常先進，買下歐庫斯之後他說：「這場競賽我們所追求的目標是：虛擬實境勢必成為你我的日常生活。」祖克柏甚至認為，有一天看醫生和商務聚餐，都可藉由虛擬實境來進行。

相較於臉書動輒數將十億美元投資在虛擬實境上（或悄悄的投資在新數據傳輸方式之研發上），谷歌對未來另有寄望。近年來，坐鎮山景城的「谷歌二人組」幾乎買遍了所有重要的機器人相關發明。光是收購開發「具學習能力之智慧型家庭裝置」Nest Labs，谷歌就付了三十二億美金。在此之前，它還收購了紅木機器人公司（Redwood Robotics）和專業擬真動態人物製作軟體DI-Guy，另外製造出「大狗機器人」（Gig Dog）的波士頓動力公司（Boston Dynamics）也早就被它納入旗下。大狗機器人用的是安卓作業系統，能在崎嶇複雜的地形上執行負重和運載任務，功能之優越目前尚無其他機器人能出其右。谷歌和亞馬遜都已布局機器人和無人機領域多年，短期目標在讓機器人代替人類從事裝卸或運輸等工作，對這二家公司而言，電子機器人正是它們的「未來」。

其實，目前我們已將不少重要工作託付給智慧型機器，人類對這類機器也漸漸發展出一定的依賴性。加州大學柏克萊分校的古歷史學教授蘇珊娜．艾姆（Susanna Elm）就認為，現代人和機器人之間的關係猶如古羅馬人和他們的奴隸。

機器人——無論它是科技為我們帶來的「未來」美夢（或噩夢）——其研發都已歷史悠久。想依人形創造出像人之物，此夢想至少有千年傳統。猶太傳說中有魔像（Golem）的描述：以黏土塑人偶，能聽人命令卻無法開口。或一七九七年，歌德以類似的故事創作出敘事詩《魔法學徒》（*Der Zauberlehrleling*），以及一八一八年瑪麗．雪萊的《科學怪人》。這還沒說一九五二年美國科幻小說泰斗艾西莫夫（Isaac Asimov）寫出的一系列機器人短篇集《我，機器人》（*I, Robot*）。

機器人從想像的世界裡具體出現在真實世界時，一開始其實是讓大家大失所望的。幸好經過漫長研究，許多人類做不了的事終於能由機器人代勞，比方說上火星探測岩石，或做些人類不願意做的事，例如拆除炸彈或吸塵。另外，汽車工業也很看重機器人的研發。不過，最早加入谷歌的功臣之一斯科特．哈桑（Scott Hassan）卻認為，機器人還有一個很重要的門檻和困境要突破：「現在它們還笨得跟稻草人一樣。」

哈桑所創辦的機器人公司「柳樹車庫」（Willow Garage）曾研發出一款叫「ＰＲ」的家

事機器人，推出後深受好評，堪稱創舉。這款機器人真的能代勞許多煩人的家務事，不但會倒垃圾，還能辨識屋內動線，甚至給客人倒茶——只不過有時它遞茶杯的對象不是客人而是掛衣架。

人工智慧自一九六〇年代起即有長足進步，現在的機器人不但能看，還能下棋。但遇到某些簡單至極、連蟲子都會的事，機器人又會突然失靈。比方說，光是要機器人在不平的地面上不跌倒，研究人員就花了將近十年的時間才成功。另外，像怎樣讓機器人分辨出某樣東西不屬於這裡，並且把那樣東西從地面上撿起，據說此功能的軟體至今尚未研發成功。換言之，現今的目標在於怎麼讓機器人具獨立思考的能力。美國國防部的研究單位每年都會在加州舉辦全球機器人大賽，為的就是要鼓勵大家提供解決這些問題的辦法。每項比賽的贏家（例如，爬樓梯比賽或開車比賽）都能獲得百萬美元的獎金，目的在鼓勵大家繼續研究，來年能以更優異的技術參加比賽。

目前機器人只會幫我們擦擦廚房地板，或在大工廠、倉庫、醫院從事一些制式的工作，但也許有一天它真能載著我們環遊世界。不過，無論它能提供我們多少便利，不可諱言機器人終將為我們帶來就業上的威脅。有項恐懼根深蒂固，那就是機器人總有一天會擁有高超的人工智慧，甚至能反過來宰制人類（所以現階段看見機器人如此笨手笨腳還真是令人安心）。捷克作家卡雷爾·恰佩克（Karel Capek）是寫出世上第一本「機器人」小說的作家，他在書中描述機器人一開始確實為人服務，後來卻反過來對付人類，最後甚至消滅了人類。這樣的看法或類似的疑慮，將永遠在我們的腦中揮之不去。

某些正在進行的真實研究，大概連恐怖片大師看了都要嚇得目瞪口呆：科學家開始在實驗室裡製造一種人與電腦結合的新人類。耶路撒冷歷史教授哈拉瑞（Yuval Harari）在他的大作《人類大歷史：從野獸到扮演上帝》（*Sapiens*）中提到，科學將帶領人類跨越生物學原本的界線。人將成為世界的主宰。哈拉瑞在書中舉了綠色螢光兔阿巴（Alba）為例。這是一隻由巴西和法國生物工程學家在實驗室裡共同創造出來的兔子：他們將水母的基因植入兔子胚胎中。哈拉瑞認為，目前的生物學革命將是地球有生命以來最重要的一次科學革命。世界經過了四十億年的天擇，螢光兔阿巴為我們開啟了一個全新的時代，一個生命可以全然根據人類需求來設計的時代——這就是所謂的「智慧設計」（Intelligent Design）。無神論的哈拉瑞寫道：「歷史從神造世人開始，將結束於人把自己變成了神。」

沒有人知道未來會變成什麼樣：虛擬實境、人工智慧、智慧設計，這些都已經是現在進行式。人類跟機器間甚至能發展出相當緊密的情感。至少在我拿到蘋果手錶時，我的歡欣鼓舞之情絕不亞於迎接家庭新成員。未來能為我們帶來慰藉的，會不會不只是智慧型手機和手錶，而是還有療癒系機器人？就像日本的機器海豹「帕羅」（Paro），許多日本和美國的養老院採用它當寵物，事實證明它能有效刺激老人失智症患者，為他們帶來莫大的慰藉。會不會有一天我們臨終時陪伴在我們身旁、握著我們手的只有機器人，因為老齡化社會再也沒有足夠的人力了？這會比孤獨死去更讓人傷心嗎？這些都是不久的將來我們得面對的問題。

在美國國防部舉辦的機器人大賽裡，有架名為Hubo的仿人機器人表現傑出，當場擄獲了所有人的心。只見Hubo成功的駕駛了吉普車，解決了一道道難題，靈活的使用各種工具，最後在眾人的歡呼聲中登上最後一級階梯，卻不敵強風驟襲，身體開始搖晃。它倒下時，在場的人無不驚呼「啊——」，緊張、失望之情溢於言表——這可是如假包換的同情反應。即便如此，我們還是不得不說，人類和機器間的關係未來會怎麼樣還不知道呢！最後我想援引桃樂絲・戴（Doris Day）在電影《擒凶記》裡的歌詞作結：

世事難料
順其自然吧
未來不是我們能看清的
順其自然吧
該來的就會來。

附錄1 最後忠告

有些人看書喜歡從後面看起。聽起來很奇怪，其實無傷大雅，甚至足以證明：我們真的快被資訊氾濫給煩死了。對喜歡從後面看起的讀者，和整天盯著手機的朋友（尤其是這類讀者），我覺得自己必須提供一份「在現實生活中」如何與人交談的實用指南給您。因此，我提綱挈領的做了這份濃縮版的摘要，希望為您節省閱讀整本書的時間與痲煩。

適用於任何雞尾酒會、招待會，或慶祝活動的十大金科玉律：

1. 抬頭挺胸！站要站得抬頭挺胸！走要走得抬頭挺胸！
2. 別讓你的聊天對象覺得你很無聊。別一邊跟他聊天，一邊左顧右盼的望向別人！
3. 請興致盎然！學學長袖善舞的柯林頓或列支敦士登駐德大使。聊天時他們能讓人覺得：今早他們之所以願意醒來，唯一目的就是要來見你！

4. 化解冷場！如果實在沒話講，不妨問對方：「今天有什麼讓你開心的事？」
5. 別一味逢迎。稍微唱點反調！
6. 千萬別自大，要贊同一下別人！
7. 越是侍者，越是工作人員，越要對他親切有禮！
8. 千萬別拿媽媽或狗亂開玩笑。
9. 永遠別把手機拿出來放在桌上。
10. 認真傾聽！

在社交場合最好避開的話題：

- 有關剃陰毛的事。
- 離職或解雇。
- 祖母的腫瘤有多大顆。
- 中東。
- 爽身噴霧或除臭劑。
- 個人的財務狀況。
- 離婚。

- 各種陰謀論。
- 腸胃問題。
- 泡疹。
- 後結構主義。
- 華德福教育。
- 節食與減肥。
- 紙媒就快完蛋了。
- 俄國總統普丁。
- 女主人的年紀。
- 美容院。
- 遺產稅。
- 酒的氣味。
- 聊天對象身上的任何氣味。

適用於任何社交場合的聊天話題：

- 對方的釦子。

- 與會女士的鞋子。
- 美國惠特尼美術館的最新展覽。
- 《時尚》雜誌。
- 無聊得要死的漫長午餐。
- 鋼琴的黑市交易。
- 一九七〇年代的慕尼黑。
- 八卦消息。
- 倫敦知名餐廳「生鴨」（Rawduck）的新菜單。
- 在日新月異的科技時代裡接連消失的日常用品（例如，電話亭、打字機）。
- 滑雪場。
- 新一代性學大師、牛津大學歷史系教授法拉梅茲·達伯霍瓦拉（Faramerz Dabhoiwala）的新書。
- 熱心公益，會演戲又是醫生的德國女星瑪莉亞·富特文勒（Maria Furtwaengler）。
- 印度傳統醫學阿育吠陀。
- 希臘萊斯沃斯島的橄欖油。
- 購物大街。

千萬別拿出來自誇：

- 常不收信、不讀信。
- 總把車洗得一塵不染。
- 戶頭裡的錢多到連自己都搞不清。
- 情人不只一個。
- 在旅館喜歡穿著拖鞋到處逛。
- 在蒙地卡羅的吉米（Jimmy's）夜總會永遠訂得到位。
- 自己跟利比亞狂人格達費的女兒艾莎·格達費（Ayesha al-Gaddafi）是朋友。

適合拿出來說嘴的：

- 喜歡睡午覺。
- 喜歡搭火車。
- 注重穿著打扮。
- 喜歡獨處。
- 喜歡跟朋友聚會。

千萬別抱怨：

- 食物。
- 電視節目。
- 維也納知名咖啡館哈維卡（Hawelka）的廁所。
- 孩子寄宿學校的學費。
- 服務生。
- 自己的頂頭上司。
- 打洞（耳洞、鼻洞、唇洞等等）。
- 德國總理梅克爾。

可以發發牢騷的事：

- 香檳的溫度。
- 自己的律師。
- 漢堡的計程車。
- 柏林十字山那家土耳其沙威瑪速食攤「穆斯塔法」（Mustafa）前的大排長龍。
- 柏林航空飛機上的咖啡。

能幫你順利打開話匣子的五種開場白：

1. 「你也聽說了嗎？瑞士名錶寶璣最近推出的夜光錶雖然也含放射性物質釙，但保證對人體無害。」（在跟俄國土豪或寡頭政治家聊天時適用。）
2. 「你最久幾天沒睡？」（適用於跟軍人聊天，或在柏林知名夜店伯格罕〔Berghain〕的舞池旁。）
3. 「如果你能犯罪卻不被逮到，你最想犯什麼罪？」（跟企業家聊天時適用。）
4. 「你最喜歡哪個哲學家？」（跟時髦、喜歡追求時尚的人聊天時適用。）
5. 「天啊，你真的好優秀！——你什麼時候發現自己有這些長才的？」（適用於跟自大狂聊天時。這招萬年不敗，超級有效！）

派對上常聽到的七件以訛傳訛的事：

1. 「沒麵包吃？那就吃蛋糕啊。」據說這句話出自法王路易十六的皇后瑪麗・安托瓦內特（Marie Antoinette）之口。雖然許多捏造出來的故事比史實更接近真相，但顯然不適用於上面這句話。這位法國末代皇后絕非冷酷無情的人，這種話她絕對說不出口。這句話應該是法王路易十四的一位情婦說的。但有件事保證沒錯：瑪麗・安托瓦內特在走上斷頭台時不小心踩了劊子手一腳，她立刻謙和有禮的道歉。

2.「我們平常只用了十分之一的大腦。」這根本是胡說八道，影像分析早就推翻這種說法。大腦在活動時，各區域會根據需要而非常活躍或較不活躍。

3.「香檳是法國修士唐．培里儂（Dom Pérignon, 1638-1715）發明的。」錯！在培里儂的時代，人們早就知道發酵能讓酒產生氣泡。英國人早在十六世紀中葉就開始應用「香檳製造法」了。法國本篤會修士的功勞在於，他們發現混合不同品種的葡萄有助於大幅提升酒的品質。

4. 希特勒是素食者。錯！所有傳記作家都提到過希特勒愛吃香腸，但他有段時間因消化問題，被醫生規定只能吃素。要說吃素，曾被《明鏡》週刊評為「史上最狠劊子手」的另一位納粹統領希姆萊（Himmler）才是真正的素食者。

5. 詹姆士．龐德最愛喝的調酒是Dry Martini（乾馬丁尼）。錯！詹姆士．龐德在佛萊明的原著小說裡一共喝了一〇一杯蘇格蘭威士忌，只喝了十九杯馬丁尼。

6. 從前小提琴的弦是用貓腸做的。亂講。這其實是小提琴手故意放出來的謠言，為的是避免人家偷他們的琴（從前的人很忌諱死貓，認為沾上死貓會招來不幸）。

7. 生蠔具有壯陽的效果。可惜沒有，至少沒有直接的效果。但是生蠔的確富含鉀、磷、鈉、鈣、鎂、鐵、銅等礦物質和維他命A、B、D、E。此外，生蠔的鋅含量也很高，鋅確實有助於身體分泌睪固酮，但要發揮這樣的效用必須經常食用生蠔。據說義大利情聖卡薩諾瓦（Casanova）每天要吃二打生蠔。

在這些地方最好別聊天：

- 德意志銀行瓦杜茲（Vaduz，列支敦士登首都）分行大廳。
- 救護車上。
- 美國中情局的審問室。
- 拘留所或監獄。
- 廁所。
- 直升機上。
- 在威斯特法倫足球場座位區觀看足球賽時。
- 三溫暖裡（和休息區！）。
- 人力仲介公司的面試等候室。
- 漢堡著名的紅燈區赫爾伯特街（Herbertstrasse）。
- 雷雨交加的情況下在小教堂屋簷下避雨時。
- 電梯裡。

- 德國整形名醫維爾納・孟（Werner Mang）的候診室。

這些地方你可以隨時拿出來當聊天話題：

- 紐約布魯克林的百年牛排館Peter Luger's Steakhouse。
- 曼谷的爵士酒吧Brown Sugar。
- 從義大利都靈到法國尼斯的鐵路路線。
- 柏林日本大使館的庭院。
- 舊金山文華東方酒店的露天早餐餐廳。
- 號稱歐洲最美的書店：漢堡Felix Jud書店。
- 聖莫里茨的知名餐廳Chesa Veglia。
- 敘爾特島的地標建物：傳統農舍Klenderhof。
- 號稱擁有全球最豪華航站大樓和貴賓室的伊斯坦堡機場。
- 滑雪勝地格施塔德。
- 上海「Richbaby」酒吧（地址：淮海中路一三八號）。

想成為社交場上最受歡迎的人：

- 付錢就對了；請買單。

社交時最好別點這些飲料：

- 金巴利橙汁。
- 美國的百威（Budweiser）啤酒。
- 氣泡酒。
- 玫瑰香檳。
- 豆漿拿鐵。
- 絕對不能點的是豆漿。（如果你非點這類飲料不可，那就點杏仁豆奶吧。）

社交時適合點的飲料：

- 濃郁的Ristretto咖啡。
- Double Espresso（雙份濃縮咖啡）。
- 一九七八年的伯蘭爵香檳（Bollinger）。
- 調酒Queens Park Swizzle（皇后公園甜酒；如果你不在乎隔天宿醉頭痛的話）。
- 調酒Old Fashioned（古典雞尾酒；如果想避免宿醉頭痛的話）。

- 調酒Bloody Mary（血腥瑪麗；隔天會稍微有點宿醉感）。
- 調酒Prairie Oyster（牡蠣雞尾酒；隔天會有嚴重的宿醉感）。

酒醉三大原則：

1. 如果喝醉的話，一定是故意喝醉的。
2. 喝酒中間一定要穿插著喝水。
3. 不管酒醉當晚說過什麼話，隔天一早一定要忘光，徹底忘光。絕不要去找當晚的酒伴問昨晚的事。永遠別問，別提。

參加晚宴務必遵守的三大原則：

1. 遲到十五分鐘。
2. 千萬別留到最後才走。
3. 不要談論當晚的食物。

話說「乾杯」：

有人問德語老作家格雷戈爾・馮・雷佐利（Gregor von Rezzori, 1914-1998），派對上有沒有什麼事是「大家都做，但他絕對不做的」。老人家想了一下回答：「我絕不會說『乾杯』，也不會跟人敬酒。」但如果有人跟他敬酒，並且跟他說乾杯，那怎麼辦？「我會輕輕的跟對方點點頭。真的非回話不可的話，我就學北歐人說『Skal』，或學俄國人說『na sdorowje』，二者都帶有祝人家健康的意思，但『乾杯』這種話我說不出口。每個人都有權利安安靜靜喝自己的飲料，無須動不動就被人打擾。」

身為主人，派對上別忘了準備：

- 冰塊。
- 止痛藥。
- 大聲公（擴音器）。
- 浸蛇藥酒。
- 當紅的養生草。（小麥草飲料！當然，最好是小麥草冰沙！）
- 計程車行的電話。
- 復健師的電話。

派對或晚宴上最好別提供這些食物：

- 鮮蝦酪梨沙拉。
- 舒芙蕾。
- 新鮮海膽。
- 蒜味橄欖油義大利麵。
- 牛肝。
- 醉蝦。
- 蘆筍。

務必提供的美食：

- 鵝肝醬。（除非德國公關女王亞莉珊德拉・馮・瑞林根〔Alexandra von Rehlingen〕在場就另當別論。）
- 素食點心。
- 伏特加。
- 雪酪。

話說「伴手禮」：

參加派對或宴會，該帶禮物送給主人嗎？不必。禮物不必，送花就好！而且要在主人向你表達邀請之意的「隔天」就送花給女主人，上面還要附上親手寫的感謝卡。其實從前的習慣是：宴會當天主人會送小禮物給客人。用餐時，你會發現每個人桌上都擺著一份小禮物或紀念品，例如專為那場晚宴訂製的煙灰缸或小首飾。過去的皇室甚至會在節日或慶典時，鑄造珍貴的紀念幣來餽贈晚宴嘉賓。如今則只有在孩子的慶生會上，主人會準備「禮物袋」（或「糖果袋」）送給參加的小朋友，或企業舉行重大活動時會準備禮物送給員工。

社交場合遇到這些人應該避開：

- 政治家。
- 德國聯邦情報局（BND）工作人員。
- 德國自由民主黨（FDP）黨員。
- 伊斯蘭政治、宗教領袖哈里發（Kalifa）的追隨者。
- 法國八卦雜誌《Closer》的編輯。
- 應召女郎。
- 閨密的前男友。

- 從前是銀行家，現在改當藝品收藏家的人。

一場傑出的婚禮應該具備：

- 在鄉村舉辦。
- 風趣幽默（但不下流！）的談話。
- 新娘的單身告別派對必須在婚禮前一晚舉行。
- 玩瘋了之後不小心跟某個婚禮嘉賓睡在同一張床上。
- 昏昏欲睡且全身無力的到達婚禮現場。昨晚只睡了一、二個小時，婚禮當天又得爬起來去教堂，在衣服上別上花，睡眼惺忪的端坐在那裡。
- 女士全數戴帽。
- 男士一律穿燕尾服（裡面請勿搭配愚蠢的亮色背心）。
- 天氣要很熱。
- 現場要提供冰涼的香檳。
- 一星期後就在德國《多采多姿》雜誌（*Bunten*）或法國《觀點》雜誌（*Point de Vue*）上讀到這場婚禮的報導。

一場失敗的婚禮一定包括：

- 在大都市舉行。
- 租了輛勞斯萊斯。
- 婚禮就在戶政事務所的禮堂舉辦。
- 婚禮完灑彩紙。
- 大白天男士穿黑色禮服。
- 新娘的哥哥從事跟進出口貿易有關的行業。

做點功課，社交時聊到這些人最好能跟著聊：

- 在柏林：Boris Radczun。
- 在杜塞爾多夫：Alexander Gorkow。
- 在漢堡：Julia Jenisch。
- 在倫敦：Konstantin Bismarck。
- 在慕尼黑：Jacob Burda。
- 在莫斯科：Dasha Shukova。
- 在巴黎：Ondine Rothschild。

- 在薩爾斯堡：Thaddaeus Ropac。
- 在維也納：Christopher Wentworth-Stanley。
- 在蘇黎世：Dieter Meyer。

社交時聊到這些人，最好別發表意見：

- 在柏林：Nicolas Berggruen。
- 在杜塞爾多夫：Helge Achenbach。
- 在漢堡：Jürgen Harksen。
- 在倫敦：Goga Ashkenazi。
- 在慕尼黑：Fincki。
- 在莫斯科：German Khan。
- 在巴黎：Bernd Runge。
- 在薩爾斯堡：Helmut Berger。
- 在維也納：die Stronachs。
- 在蘇黎世：Stephan Schmidheiny。

應該要出席的社交活動：

- 薩爾斯堡音樂節。
- 拜羅伊特音樂節。
- 慕尼黑啤酒節開幕典禮。
- 威尼斯雙年展藝術節。
- 聖莫里茨的科爾維利亞（Corviglia）小姐選拔。
- 巴登巴登賽馬節。
- 巴伐利亞電影節頒獎典禮。
- 歐洲食品大亨厄特克家族舉辦的婚禮。

盡量別去的社交場合：

- 維也納愛滋慈善舞會Life Ball。
- 摩納哥的玫瑰舞會。
- 馬約卡島馬蓋魯夫市（Mallorca, Magaluf）的陽光小姐選拔。
- 任何莫斯科夜店的開幕典禮。
- 柏林國際影展。

- 歐洲成衣大亨布倫寧克梅耶爾家族（Brenninkmeijers）舉辦的婚禮。

世上最粗魯的三句髒話：

下面這三句堪稱世上最粗魯的髒話，它們不堪入耳到令聞者羞於將它們譯成本國語言。建議你，當你憤怒到不行、非罵髒話不可，又不想讓人聽懂或知道你正在罵髒話，不妨優雅的吐出這些話（由於不堪入耳，我也不打算譯出，請各位照著發音背起來即可）：

1. 「Glirit mortin hed sarma shinem.」（亞美尼亞語）
2. 「Afatottari.」（冰島語）
3. 「Sa-mi bagi mana în cur i sa-mi faci laba la cacat!」（羅馬尼亞語）

這些人千萬別開他們的玩笑：

- 德東人。
- 維也納人。
- 跨性別者。
- 愛滋病患。
- 記者。

● 助產士。

這些人開開他們的玩笑也無妨：

● 銀行家。
● 男扮女裝的人。
● 伯恩高地人（伯恩高地是瑞士首都伯恩附近的一個行政區）。
● 柏林人。
● 漢堡人。
● 納稅義務人。

就這樣，全部結束。想玩三C的年輕人可以回去玩你們的手機和平板啦！至於充滿耐性、決定要把我的書從頭到尾看完的讀者，為答謝你們的耐性，讓我告訴你們一個無與倫比的珍貴祕密。一般的勵志書不會開宗明義的告訴你這項祕密，就像我這本書也沒有這麼做。

這個祕密是：「你不需要改變自己！」如你所是——這樣的你就已經是最棒的了！只要牢記這點就犯不著再買勵志書了。你若一味想改變自己，通常效果只會適得其反，換言之根本無濟於事。一個人想改變自己，不管立意多良善，其實都基於一項（不當的）前提：想變得跟現在的自己不一樣。沒錯，我們的確常需要修正自己的某些行為，但這樣的改變不難，真正既難又具挑戰的是：怎麼跟自己的本性和解。唯有願意正視自己，願意讓自己如已所是，願意接受自己的人——雖然這話聽起來很矛盾——才有機會真正的改變自己。總而言之一句話：放輕鬆！

其實，基本上我們都對自己太嚴苛。我們都太不懂得欣賞自己，所以市面上才會出現這麼多（像我這本書一樣的）勵志書。追根究柢，導致這種現象的元凶是：歐洲傳統。整個基督教文化（其實回教文化也是）都奠基於一項要求：你必須改變自己！你不能是這樣！此傳統可追溯至摩西。猶太教是一個敬奉偉大先知的宗教，先知的任務就是不斷的告誡世人，最終造就的便是「自我懷疑」。影響所及，這樣的觀念如今在非宗教領域一樣根深蒂固。但你必須擺脫這種自我質疑，才能有機會追求真正嚮往的目標：自我優化。

言歸正傳，讓我們回到社交這個主題：生活中能讓大家覺得舒服的人，通常是能夠自我欣賞的人。唯有能跟自己和平相處、能喜歡自己（或至少願意試著喜歡自己）的人，才有能力喜歡別人，並在社交場合中散發迷人魅力。一個人只要願意真實的呈現自己，不矯揉造作、不肆意批評別人，就能成為一個受歡迎的人。相反的，刻意努力、汲汲營營、裝模作樣的人反而讓人退避三舍。你是不是繫對了領帶，說話有沒有句句得體，形象有沒有維持完美，其實都不重要。別人光是看著你步步為營、小心翼翼就是一種折磨。換言之，你會不會演、演得好不好不重要，重要的是：無論在職場、在彈奏樂器時、在社交場合裡，你都要讓自己看起來氣定神閒、一派輕鬆、非常自在。如果你真的做不到，也要朝這個方向去演。

讓自己顯得一派輕鬆吧！只要開始去做，有一天你就能真的輕鬆自在！所謂的文明與教化，其實關鍵就在：馴服人性中的野蠻粗魯，獲致更舒適愉快的人生，創造更和諧美好的環境，而且是在毫不勉強的情況下自發的想要這麼做。其實當前社會已經算相當美好了，但這種生活仍將是我們持續追求的目標。因為這樣的生活對我們而言充滿魅力，並允諾著人生的品質、幸福與快樂。我寫這本書的目的，也是希望為此貢獻一己之力。

附錄2
另類參考書目

其實，我寫這本書的目的，是為了幫你省掉看一大堆書的麻煩。在專注力嚴重萎縮的時代裡，誰還願意專心看完一本三百頁的足球書，或一本評論美國影集的讀物？但萬一你真的對這本書的某個主題深感興趣，想擴充相關的知識，那我非常樂意提供你資訊，告訴你我到底參考了哪些書，才能從一個半吊子晉升為足以充當行家。

如果你希望自己的行為得體大方、彬彬有禮，換言之，隨時隨地顯得舉止合宜，光靠看書其實沒多大用處。原諒我不得不實話實說，但真的是這樣。不過，我還是很願意推薦二本我自己受益良多，且真的覺得很棒的書給各位：一本是阿斯法－沃森·阿瑟拉特（Asfa-Wossen Asserate）的《禮儀》（*Manieren*，二〇〇三年由Eichborn出版社出版）。這本書常被我拿來引用、查閱，或當作閒暇讀物，總之頻率之高已經快被我翻爛了，所以我又去買了一本全新的，純粹當作收藏。另一本則是《舉止得宜》（*Good Behaviour, being a Study of Certain*

Types of Civility, 1955），這本傑作出自英國外交官哈羅德・尼柯爾遜（Harold Nicolson）之手，是一本介紹美好風俗的文化史，內容豐富、橫跨東西、涵蓋全球，縱深三千年。如果想找這本書，古董書店可能比較容易見到。

若你感興趣的是貴族和皇室，由衷推薦你Rowohlt出版社於二〇〇八年在柏林印刊的《你想知卻不敢問的國王大小事》，作者亞歷山大・封・笙堡。這本書絕對是此類書籍的經典之作——哈，以上純屬玩笑，這本是小弟我的拙作啦！坦白說，坊間「有關」貴族的書實在令人敬謝不敏，因為內容大多與事實出入頗大（當然，我的那本例外！）。但少數的佳作包括：二〇〇四年DuMont出版社的《貴族速成班》（*Schnellkurs*），作者是威弗瑞德・羅加敘（Wilfried Rogasch），此書內容簡單扼要又中肯。另外，吉斯蘭・德・迪斯巴赫（Ghislain de Diesbach）所寫的《哥達年鑑的祕密》（*Les Secrets du Gotha*）雖然內容不是那麼嚴謹，卻非常有趣（這是一本法文書，原版由巴黎Rene Julliard出版社出版）。

如果你想研究的是德語地區的貴族，那麼我推薦你看海因茲・高爾維茨（Heinz Gollwitzer）於一九六四年所寫的《貴族們》（*Die Standesherren*）。如果你想了解歐洲貴族在後封建時代的處境與遭遇，那麼我推薦你看多明尼克・李文（Dominic Lieven）的《歐洲貴族一八一五～一九一四》（*The Aristocracy in Europe 1815-1914*）。如果你想了解（不想被同化的）貴族該怎麼修身、怎麼生活，那麼一定要讀教宗庇護十二世（Papst Pius XII, 1876-1958）

對羅馬貴族的演講和談話稿。這批珍貴的史料經奧地利傳統文化、家庭暨私有財產保護協會（Die Österreichische Gesellschaft zum Schutz von Tradition, Familie und Privateigentum; TFP）整理後，於一九九三年以合集的形式出版，並翻譯成多國語言。但就我所知這本書一般書店買不到，如果真想讀可能得上該協會網站詢問取得方法。

至於談美國外交政策的書，坦白講我都不推薦。要了解美國人的人格特質，並相信他們到了遙遠異鄉也不會變成踐踏人道主義的施暴者，與其看書不如去看《搶救雷恩大兵》（*Saving Private Ryan*）或《黑鷹計劃》（*Black Hawk Down*）這類電影。如果你真想研究這方面的議題，並想知道歷史緣由和來龍去脈，那麼英國歷史學家尼爾．弗格森（Niall Ferguson）的《巨人：美利堅帝國的興盛與衰落》（*Colossus: The Rise and Fall of the American Empire*）是非常好的入門書。他在書中嚴正指出，一個沒有世界警察的世界很快會淪為人道主義的災難現場。弗格森認為，美國不願意肩負起世界警察的責任，才是真正的世界悲劇；一旦那樣，世界秩序就會出現缺乏防禦力的真空地帶。

但美國也有可能變成大家最害怕的「世界主宰」，不是嗎？對於關心世界末日的人而言，這樣的擔憂肯定也是揮之不去，所以不容錯過的還有一九〇七年出版的《世界之主》（*Lord of the World*），這本書的作者是英國神職人員羅伯特．休．本森（Robert H. Benson），主要闡述在民主自由的體制下，社會如何變成一個恐怖的世界。這本書深深的影響了喬治．歐威爾和他的巨作《一九八四》。《世界之主》描述了一個（美國的！）政治家成功的促進了世界和平，在這樣的偉大成就和個人魅力下，他漸漸成了深受全球信賴的世界權威。他個人信奉的是徹底的人道主義，並且認為這才是普遍有效、科學的、理性的世界願景，其他任何的思想只要牴觸了他的理念，就會被他斥為反民主、反自由。於是，在他高舉的「包容」旗幟下，世界再也容不下那些不認同民主與自由的人。

另一本同樣讓人看了會膽戰心驚的傑作，是天主教熙篤會修士多明尼庫斯．特羅揚（Dominicus Trojahn）的《反基督》（*Der Antichrist*）。不同於《世界之主》（世界強權的形成是在眾目睽睽下熱鬧登場），多明尼庫斯神父在他這本睿智而清醒的書裡要提醒我們的是：某些巨大的改變，可能正靜悄悄、潛移默化的在發生中；換言之，末日的來臨也許是我們根本察覺不到的，但其實我們早就置身其中。特羅揚神父的這本書於二〇一〇年由奧格斯堡的Sankt Ulrich出版社出版，是一本關心此議題的人都該細讀的好書。

但如果你想找一本網羅所有世界末日相關問題的書，那麼我推薦德國神學家克勞斯．貝爾格爾（Klaus Berger）的《世界末日會怎麼來？》（*Wie kommt das Ende der Welt?*，二〇〇二年由Gütersloher Taschenbuch出版社出版）。另一本以神學出發，立場比較侷限，但內容既有趣又富科普精神的書是西蒙．皮爾森（Simon Pearson）的《世界末日》（*The End of the World*，二〇〇六年由英國Robinson出版社出版）。此外，另一本比較具文學性，從文化史角度切入的書是格哈德・亨舍爾（Gerhard Henschel）的《凶兆——西方三千年的沒落》（*Menetekel-3000 Jahre Untergang des Abendlandes*），這本書於二〇一〇年由Elchborn出版社出版。

至於佛教的參考書就比較不好推薦。讓我受益良多的是奧根・海瑞格（Eugen Herrigel）的《箭術與禪心》（*Zen in der Kunst des Bogenschiessens*, 1929）[1]。海瑞格是歐洲最早研究禪學的專家之一，這本書算是經典之作。至於佛教學說和佛陀生平，我參考的是漢斯・沃夫岡・舒曼（Hans Wolfgang Schumann）的多本巨著；數十年來，無論是為了學術研究或外交任務，舒曼先生常走訪印度、緬甸，和錫蘭，佛學知識浸淫極深。但這類書中最有趣又寓教於樂的，當屬李奧納・雪夫（Leonard Scheff）和蘇珊・艾德密斯頓（Susan Edmiston）的《當母牛占據了停車格：運用禪的方式克服憤怒》（二〇一一年）。

滿嘴食物還講話真是不禮貌，但如果是邊吃邊看書呢？那要看你看的什麼書囉，如果是湯姆・斯丹迪奇（Tom Standage）的《歷史大口吃：食物如何推動世界文明發展》（*An Edible History of Humanity*）[2]就沒問題。這本無與倫比的好書二〇〇九年由Walker & Company出版

1 繁體中文版由心靈工坊於二〇〇四年出版。

2 繁體中文版由行人出版社於二〇一〇年出版。

社出版，德文版則是二〇一一年由Artemis & Winkler出版，書名轉譯為《吃什麼就會變成什麼樣的人》（*Der Mensch ist, was er isst*）。拜這本書之賜，我才真正了解到飲食對歷史、對經濟、對思想，甚至對智人的出現有多大的影響。這真是一本魅力無窮的傑作！同樣推薦的還有二〇〇九年Beck'sche Reihe出版社出版的《飲食小史》（*Kleine Geschichte des Essens und Trinkens*），作者是克勞斯．米勒（Klaus E. Müller）。

邊吃東西邊看書——難怪法國人會瞧不起你！如果你想了解法國人和法國，其實單看弗里德里希．希堡的經典之作《上帝在法國》裡的〈聖女貞德〉這一章就夠了。聖女貞德是法國女人中的法國女人，希堡在這一章裡把他所有有關法國的思想精髓全寫進去了。總而言之，這本一九二九年出版的書可說把所有有關法國的事全道盡了。至於喜歡學術一點的人，建議你看法國歷史學家費爾南．布勞岱爾（Fernand Braudel）的巨著《法蘭西人的特性》（*L'identite de la France*, 1986）。但如果你想找幽默風趣又詳盡介紹法國風土民情的書，那就要看英國的「法國通」史帝芬．克拉克（Stephen Clark）所寫的書，例如《千年亂源法國人》（*1000 Years of Annoying the French*），或更早的《跟蝸牛說話》（*Talk to the Snail*）。

以足球為主題的好書真是不勝枚舉，但我個人認為最棒且最充滿文學性的當屬《出賽日》（*Spieltage*），作者是體育記者兼作家羅納德．倫（Ronald Reng），由Piper出版社於二〇一三年出版。如果有一天我流落荒島，身邊只能帶十本書，那一定得包括這本。本書從一位足球教練的視角出發，描寫其心路經歷，描寫足球聯賽、魯爾區、德國，甚至是人性。

但如果你想研究足球戰術和足球哲學，甚至是現代化經營的足球業，那麼市面上有另一本不可多得的好書：《數字遊戲：為什麼你所知道有關足球的一切都是錯的》（*The Numbers Game: Why Everything You Know About Soccer Is Wrong*），作者是克里斯・安德森（Chris Anderson）和大衛・薩利（David Sally）。

但如果你想從文化史的角度去了解足球，那麼我建議你看歷史學家尼爾斯・哈弗曼（Nils Havemann）所寫的《星期六三點半：德國足球甲級聯賽史》（*Die Geschichte der Fussballbundesliga*）。此外還有一本非常重要、不可不提的書，那就是一九八二年出版的《追求刺激：文明進程中的運動與休閒》（*Quest for Excitement – Sports and Leisure in the Civilizing Process*），本書的作者是一九九〇年過世的社會學大師諾伯特・愛里亞斯（Norbert Elias）和他的同事艾利克・杜寧（Eric Dunning）。為什麼我們會喜歡運動？運動能帶給我們哪些精神上的滿足？為什麼運動賽事的場邊老會發生打架的暴力衝突？以上這些問題，看完愛里亞斯的這本書後，包你豁然開朗。

看完連續劇再去找分析這齣劇的書來看？這會不會太誇張了？瑞士Diaphanes出版社曾找來當代最重要的流行文化評論家，針對當代最重要的連續劇撰寫專書。但看完影集《黑道家族》，你真的覺得自己還需要去找權威學者戴德里克森那本硬梆梆的《黑道家族》來讀？或看完影集《Lost檔案》（*Lost*）再去找大作家狄特馬・達斯（Dietmar Dath）的《Lost檔案》來讀？看完《六呎風雲》去找史蒂芬妮・迪克曼（Stefanie Diekmann）教授寫的《六呎風雲》？那你一定是異於常人。

有關連續劇和影集的書，或許只有阿蘭・塞平沃爾（Alan Sepinwall）於二〇一二年出版的《電視化革命》（*The Revolution Was Televised*）內容較豐富又不那麼學術。塞平沃爾在美國影視圈是非常具影響力的重量級劇評家，《黑道家族》製作人大衛・切斯唯一一次專訪就是由他採訪。塞平沃爾的這本書在二〇一二年曾被《紐約時報》評選為年度最佳書籍之一，堪稱是連續劇的文化史。書中他以《二十四小時反恐任務》和《絕命毒師》為例，闡述了連續劇在敘事方式上的改變與革命過程。雖然這是本好書，但看完連續劇你不一定要去讀它。

由於性別問題真的太具爭議，想推薦毫無爭議的參考書實在很困難。談「性別主流化運動」最重要的書籍之一，當然是正文中提到的茱莉絲・巴特勒寫的《性別麻煩》（*Gender Trouble*, 1990）[3]。如果想深入了解齊頭式性別所造成的問題，則可參考加布里耶・庫比（Gabriele Kuby）和羅伯特・史波曼（Robert Spaemann）所寫的《世界性革命》（*Die globale sexuelle Revolution*，由fe-Medienverlag出版社於二〇一二年出版）。

為了寫〈上帝粒子〉和〈時間〉這二個題目，我開始尋找參考資料，並發現自己把以前在學校裡學過的物理知識全忘光了。我拚命想找一本能把玄之又玄的物理學解釋得淺顯易懂的書，找了很久終於找到英國物理學家吉姆．艾爾—卡利里（Jim Al-Khalil），看了他的書才得以順利完成這二章。在此之前我真的什麼辦法都試了，連小孩子看的兒童科學節目《小老鼠告訴你》（*Sendung mit der Maus*）和《原來如此！》（*Wissen macht Ah!*），我都上網去下載來看了，但有些物理學的關鍵環節和知識我就是搞不懂，奇怪的是，我的小孩怎麼（看似）一下子就搞懂了？

無計可施之下，我甚至（帶著孩子一起）前往（我自以為不遠的）薩克羅（Sacrow）——愛因斯坦曾在這裡生活，他住過的房子如今被改建為博物館。我一心盼著能在那裡遇到「科學貴人」，並且幫我搞懂什麼是相對論。到了薩克羅我真的遇到貴人了，對方也親切友善的協助了我，只可惜——總而言之，後來我找到吉姆．艾爾—卡利里的書，終於得以一窺現代物理學的堂奧（至少絕對夠我在社交場合侃侃而談好幾分鐘）。吉姆．艾爾—卡利里自己也有小孩，所以他非常懂得怎麼把事情講得有重點又淺顯易懂。他的《悖論：破解科學史上最複雜的九大謎團》（*Paradox –The Nine Greatest Enigmas in Science*）[4]真是本無與倫比的好

---

3 桂冠出版社出版之繁體中文版書名為《性別惑亂：女性主義與身體顛覆》。

4 繁體中文版由三采出版社於二〇一三年出版。

書，另外他的《量子：釋疑指南》（*Quantum: A Guide for the Perplexed*）也讓我受益無窮。

但後來我發現，德國竟然也有能把高深的物理學講得清楚明白又簡單的作家，她就是：布里吉特．勒特萊因（Brigitte Röthlein）。她的《量子革命》（*Die Quantenrevolution*，dtv出版社於二〇〇四年出版）甚至比前面提到過的吉姆．艾爾—卡利里的量子著作還要更棒。布里吉特．勒特萊因真不愧是當過科學記者的人，她化繁為簡、把複雜問題解釋得淺顯易懂的功力，真是令人佩服。

你想研究「赫爾穆特．施密特」現象？我唯一推薦的是這本書：約斯特．凱瑟（Jost Kaiser）的《赫爾穆特曾經……大人物的小故事》（*Als Helmut Schmidt einmal...Kleine Geschichten über einen grossen Mann*，Heyne出版社於二〇一二年出版）。這是我個人認為講老總理的書中，最有趣又最具啟發性的一本。

至於同性戀的問題，古斯塔夫．塞普特（Gustav Seibt）於二〇〇四年一月十一日發表在《南德日報》（*Süddeutsche Zeitung*）上的文章〈那些人〉（Jene Menschen）令我受益良多。看過他的文章之後不管我讀什麼相關書籍，因為有他的啟發，我都得以有新的觀點和認知。大學時代歷史教授推薦我們讀約翰．溫克勒（John J. Winkler）的《情慾的壓抑》（*The Constraints of Desire*，Routledge出版社於一九八九年出版），當時我覺得收穫不大，但看了塞普特的文章後再去重讀這本書，感受竟完全不同了。我在正文中提到過的漢斯．馮．特雷斯寇一九二二年出版的回憶錄《關於那些貴族和平民》（*Von Fürsten und anderen Sterblichen*），從前我只把那些內容當閒聊時的素材，從未深思過惡名昭彰的刑法第一百七十五條原來曾在德國掀起過一波影響深遠的密告文化。

至於飯店業，要了解這個行業的歷史背景與發展，其實讀小說比讀實用書來得有用。真正熟悉飯店內幕的清潔婦和門房，根本不會去寫那種大爆內幕的書。想了解飯店的古典風情，可以去看托馬斯・曼的小說《騙子菲利克斯・克魯爾的自白》（*Felix Krull*），或維琪・鮑姆（Vicky Baum）的經典之作《飯店裡的人們》（*Menschen im Hotel*）。至於近作則可選擇影集《星級酒店》（*Hotel Babylon*）的原著小說：英國記者兼作家伊茉琴・愛德華茲・瓊斯（Imogen Edwards Jones）寫的《巴比倫酒店》（*Hotel Babylon*）。

如果想從飯店業者的角度來看歐洲豪華飯店的興衰史，則可以選擇馬克思・凱勒爾（Max Keller）的回憶錄《經聖莫里茨到香港再回來》（*Via St. Moritz nach Hongkong und zurück*）。凱勒爾實際管理過香港、聖莫里茨，和維也納的大飯店，工作經驗遍布全球，對世界各地的大飯店經營內幕知之甚詳，他的這本回憶錄於二〇〇七年由NZZ Libro出版社出版。另一本以飯店為核心的精采小說是緹拉・瑪潔歐（Tilar J. Mazzei）的《烽火巴黎眾生相——麗池酒店內上演的諜報密謀和生死愛欲》（*The Hotel on Place Vendome: Life, Death, and Betrayal at the Hotel Ritz in Paris*）[5]。緹拉・瑪潔歐先前曾以香檳的發明為背景寫過《凱歌香檳的櫥窗》（*The Widow Clicquot*），和以香水世界為題寫過《香奈兒五號香水的祕密》（*The Secret of Chanel No. 5*）。這兩本小說同樣都是佳作，但這本以麗池酒店為題的作品絕對是她的顛峰之作；此書以巴黎芳登廣場上流社會的視角描述德國占領巴黎的那段歷史，精采而動人。

〈狗〉這一章能順利完成則要感謝我的愛犬德波（Beppo），牠是一隻傑克羅素㹴犬（Jack Russell Terrier）。另外我還參考了奧地利動物學家，同時也是諾貝爾獎得主的康拉德．勞倫茲（Konrad Lorenz）的《因為這樣，人跟狗才建立了關係》（*So kam der Mensch auf den Hund*，一九五〇年初版，日前由ｄｔｖ重新出版），雖然這本書的某些內容，根據目前最新的研究已經不正確，但仍非常具閱讀價值。另外，當然還有正文中提到的艾哈德．厄澤爾所寫的《狗與人》（二〇〇九年由Die Wissenschaftliche Buchgesellschaft出版社出版）。至於尤爾根．克里斯騰（Jürgen Christen）的那本《作家和他們的狗》（*Schrifsteller und ihre Hunde*，Autorenhaus 出版社於二〇〇八年出版），則收錄了多位作家描述他們和愛狗之間的故事，真是美好而感人。

此外值得一提的是，我父親也養了一條狗，那條狗的全名叫「哈德敘．哈勒夫．歐瑪爾．本恩．哈德敘．阿布爾．阿巴斯．伊本．哈德敘．達悟特．阿爾．勾薩拉」（Hadschi Halef Omar Ben Hadschi Abul Abbas Ibn Hadschi Dawuhd al Gossarah），是一條短毛臘腸狗，我們通常只叫牠「哈德敘」。牠是父親的獵犬——說到這兒剛好接下一個主題狩獵。

首先，建議各位一定要去一趟慕尼黑市中心的狩獵博物館參觀。其次，西班牙當代哲人荷西・奧德嘉・賈塞特於一九四三年出版的《沉思冥想話狩獵》實在非常值得推薦。另外，弗洛里安・阿舍（Florian Asche）的《狩獵，性愛，吃野味》（*Jagen, Sex und Tiere essen*，Neumann-Neudamm出版社於二〇一二年出版）則是一本趣味橫生、反現代且充滿懷舊風情的有趣讀物。

至於資本主義，前面提到過的英國歷史學家尼爾・弗格森所寫的《貨幣的崛起》（*The Ascent of Money*）[6]是想研究這個領域的人很棒的入門書，因為它就像經濟史的基本教材。但如果你想見識投資銀行家的賭徒性格，就一定要讀讀前華爾街交易員麥克・路易士（Michael Lewis）的暢銷書，其中最有名的就是一九八九年出版的《老千騙局》（*Liar's Poker*）。另一本《大賣空：預見史上最大金融浩劫之投資英雄傳》（*The Big Short: Inside the Doomsday Machine*）[7]主要描述二〇〇七年因雷曼兄弟倒閉所引起的次級房貸危機和其背景，以及一連串的全球性骨牌效應。如果你也看了他二〇一四年出版的《快閃大對決：一場華爾街起義》

5 繁體中文版由八旗文化出版社於二〇一六年出版。

6 繁體中文版由麥田出版社於二〇〇九年出版。

7 《老千騙局》和《大賣空》之繁體中文版皆由財信出版社出版。

（*Flash Boys: A Wall Street Revolt*）[8]，那麼你可能會像我一樣開始懷念起他早期作品裡的那些華爾街「老千」交易員，因為如今那些貪婪的投機客已經被程式、電腦取代了；這本書裡描述高盛集團引進微波網路技術，利用高頻交易軟體在速度上取得大幅競爭優勢。換言之，引爆下一波金融危機的將是電腦，並將導致所有人無一倖免且損失慘重——這比從前的問題更令人憂心忡忡。

因上述幾本書而寢食難安的讀者，讓我介紹另一本反其道而論的傑作給各位壓壓驚，此書是一九九八年出版的《逆神——人類戰勝風險的傳奇故事》（*Against the Gods – The Remarkable Story of Risk*）[9]，作者是投資大師彼得．伯恩斯坦（Peter L. Bernstein）。伯恩斯坦認為，任何經濟行為都是以風險為基礎，渴望「建立無風險的經濟體」不但不切實際，也非常危險。風險（尤其是坐實了的風暴）甚至是推動經濟發展的核心動能。喜歡在咖啡廳裡開講的沙龍派布爾什維克主義者熊彼得也是這麼認為的。

若想進一步了解熊彼得和當代其他偉大經濟學家及其學說，有本書你一定要看，那就是《史密斯先生和天堂——財富的創造》（*Mr. Smith und das Paradies – Die Erfindung des Wohlstands*，由Berenberg出版社於二〇一三年出版）。本書的作者是慕尼黑金融思想大師和財經專家喬治．馮．瓦維茨（Georg von Wallwitz）。我能順利修完倫敦大學六學期的經濟史，全靠他的這本書和其他著作。此外，瓦維茨也定期在《知識分子的股市新聞》（*Börsenblatt für die gebildeten Stände*）上撰寫專文，每一篇都是不容錯過的傑作。瓦維茨的書不但是我寫〈資本主義〉的重要參考資料，在寫〈社會正義〉和〈納稅義務〉時也幫了我很多的忙。

對〈恐怖懸案〉這一章最有幫助的一本書，是奧地利精神科醫師賴哈德·哈勒（Reinhard Haller）的《與一般人無異的凶手——他為什麼要殺人？》（*Das ganz normal Böse – Warum Menschen morden*，Rowohlt出版社於二〇一一年出版）。身為法醫的作者在這本書裡藉奧地利連續殺人犯傑克·恩特維格（Jack Unterweger）和德國溫嫩登（Winnenden）校園槍擊案為例，詳細剖析了殺人犯的心理。他的第二本書於二〇一二年同樣由Rowohlt出版社出版，書名為《罪犯心理——他為什麼會變成殺人犯？》（*Die Seele des Verbrechers – Wie Menschen zu Mördern warden*），同樣值得推薦。一般人總以為殺人凶手是「瘋子」、「異於常人」，哈勒的書最棒的地方就在於，他讓讀者有機會看清楚這並非事實。

〈現代藝術〉要看哪些書？推薦你歷史學家恩斯特·宮布利希（Ernst Gombrich）的《藝術史》（*Die Geschichte der Kunst*，一九五〇年出版至今已刷了上百刷），看完這本書相當於

---

8 繁體中文版由早安財經於二〇一四年出版。

9 繁體中文版名稱為《馴服風險》，二〇〇六年由商周出版社出版。

修完一個藝術史學位。宮布利希生前雖在英國生活，但他其實是在一九三〇年代由維也納流亡至英國的。

如果你想一窺荒謬的「藝術—上流社會」，那麼莎菈．圖恩托（Sarah Thornton）的《在藝術世界裡待七天》（*Sieben Tage in der Kunstwelt*，S. Fischer出版社於二〇〇九年出版）是本不可多得的好書，因為她把內容寫得毫不挑釁、毫無火藥味。身為女記者的作家實地走訪了全球最重要的拍賣商和藝術展場，並親自採訪了多位藝術品交易商和藝術創作者。她不卑不亢的將藝術世界呈現在讀者面前，既不過於神聖的賦予藝術宗教意味，也不膚淺的用「這我也會做」來藐視藝術。它真的是一本資訊豐富又寓教於樂的好書。

對藝術市場的操作方式有興趣的讀者，則可以去看二〇一四年六月倫敦Palgrave Macmillam出版社出版的《超模和布里洛盒子》（*The Supermodel and the Brillo Box*），它是英國暢銷書作家兼商學教授唐．湯普森（Don Thompson）的新作。這本書還解答了為什麼人類會想收集藝術品，並讓我們得以一窺收藏家的世界，例如，敘利亞猶太藝術收藏家穆格拉比家族（Mugrabi）光是安迪．沃荷的藝術品就收藏了八百多件，家族勢力大到足以左右藝術市場的交易情況。其實書裡還提供了一份全球最重要的藝術收藏家和畫廊的名單。有趣的是，作者比較了二〇一三、一四年和二〇〇八年交易價格最高的藝術家後發現，幾乎沒有重複。

如果你對藝術市場和交易沒興趣，單純只想研究藝術創作，且偏愛看討論爭議的書，那麼看漢納・席德邁爾（Hana Sedlmayr）反現代主義的經典之作《失去中心》（*Verlust der Mitte*，一九四八年出版）就對了；如果你**真的**很看不起現代藝術，去圖書館時千萬不要錯過這本書。順便一提，席德邁爾還為Rowohlts德國百科全書出版社（Rowohlts deutsche Enzyklopädie）寫過一本精簡扼要的小書，名叫《現代藝術的革命》（*Die Revolution der Modernen Kunst*, 1955）。

〈紐約〉那章我的重點基本上不是紐約，而是桃樂絲・帕克。《再來一杯馬丁尼，我就醉倒在主人的懷裡》（*Noch ein Maetini und ich lieg unterm Gastgeber*，Risidenz出版社於二〇一一年出版）是一本超級棒的帕克傳記，如果沒有這本書我可能寫不出這篇文章。這本書的作者是德國女記者米夏埃菈・卡爾（Michaela Karl）。

其實有關賽馬的參考資料，我大多是「聽來的」。這方面的知識絕大多數是好友克里斯多夫・史丹利（Christopher Wentworth-Stanley）教我的。但為了複習這些知識，我找了一本書來看：湯姆・康布斯（Tom Coombs）的《賽馬——由人服侍馬》（*Horsemanship – The Horse in the Service of Man*，Crowood Press出版社於一九九一年出版）。我之所以會注意到這本書，是因為它出現在溫莎城堡（Windsor Castle）的沙龍中，但會去那裡的人大多是對種馬一竅不通的外行人，所以我想這本書一定非常適合初學者。作者湯姆・康布斯在二〇年代曾服役於女王的皇家近衛騎兵隊（Household Cavalry），後來又任職於英國萊茵軍團（British Army of the Rhine）的馬術學校，對馬可謂經驗豐富。另一本同樣可讀性非常高的賽馬書，是瑪姬．艾斯特波（Maggie Estep）的《血統》（*Bloodlines*，Vintage Books出版社於二〇〇六年出版），這本文集裡收錄了多則亦真亦假的賽馬故事。

〈名人〉大概是少數幾個我不會羞於承認自己不太需要參考書的主題之一。寫這章時，我其實參考了很多自己以前的文章。如果你覺得我那一章的內容不夠讀，還想找更多書來看，那我除了同情之外，還非常佩服你，因為你不只有超強的求知欲，時間還多得嚇人。我提出的參考書依重要性排序如下：由《浮華世界》專欄作家莫琳．奧爾特（Maureen Orth）所寫的《成名的重要性》（*The Importance of Being Famous*，Henry Holt & Company出版社於二〇〇四年出版）；艾諾．帕塔拉斯（Enno Patalas）寫的《明星的社會史》（*Sozialgeschichte der Stars*，Schröder出版社於一九六三年出版）；克里斯．羅傑克（Chris Rojek）寫的《名聲來襲──名流之過度膨脹與下場》（*Fame Attack –The Inflation of Celebrity and its Consequences*，Bloomsbury出版社於二〇一二年出版）；另外就是美國五〇年代最有名的八卦專欄作家的自傳《請回覆──艾爾莎．麥斯威爾的故事》（*R.S.V.P. – Elsa Maxwell's Own Story*）。以上，就這些，全部介紹完了。（希望你也覺得這樣就夠了！）

市面上談昆汀．塔倫提諾的書不多。對影劇學院的學生來講，研究一個創作尚未達到巔峰（希望尚未達到！）的導演可能充滿意義，但一般人應該興趣不大。在〈名導演昆汀．塔倫提諾〉這一章裡，我對塔倫提諾的許多了解都要感謝任編劇的表弟賽巴斯提昂・亨克爾・馮・杜能斯馬克（Sebastian Henckel von Donnersmarck）提供協助和資料。不過有**一本書**倒是真的可以推薦，這本書其實不是在講塔倫提諾，而是在分析塔倫提諾電影裡的倫理學和美學概念：《昆汀・塔倫提諾與哲學》（*Quentin Tarantino and Philosophy*，Open Court出版社於二〇〇七年出版），作者是理查・葛林（Richard V. Greene）和席隆・穆罕默德（K. Silem Mohammad）。

說到「性」，眾所周知這是個範圍很廣的主題，但請勿期待我會提供汗牛充棟的推薦書單。如果有人想把時間全花在看討論性的書籍上，那我就真的不得不懷疑他有問題。正文中提到的那本牛津大學歷史學家法拉梅茲・達伯霍瓦拉的《性的起源》，雖然貌似有口皆碑，但老實講我沒看過。那本書開宗明義在前言裡就說：即便不受宗教道德約束，性的目的也應該只是為了延續後代，若單為歡愉或滿足欲望而從事性愛應該被禁止，說真的這樣的觀點令我毛骨悚然。

就我個人的看法，我覺得把性闡述得最好的作者是教宗若望・保祿二世（Johannes Paul II），他是唯一能立論清楚的告訴我們為什麼不能將性和愛分開的作者。他說，不僅就倫理學的觀點而言把性跟愛分開行不通，就享受的觀點也行不通。二〇〇五年過世，二〇一四年受封為聖人的這位教宗針對「愛欲」（Eros）所發表過的所有論述，經ＥＯＳ出版社集結成冊後於二〇一四年出版，書名為《身體的神學》（*Theology of the Body*），這本書當然沒有插圖，或許這就是它沒能像講印度性愛靈修「譚崔」（Tantra）那類書籍如此受歡迎的原因吧。

另一本我真心想推薦的書是丹尼爾・貝爾格納的《女性想要什麼？》（Ecco出版社，二〇一三年出版），這本書在我寫這一章時幫助很大，它最大的優點是推翻了許多性學上的既定成見。如果你對談性的書興趣不大，但對偉大情聖很感興趣，我推薦你去看我過世的好友維弗瑞德・羅特（Wilfried Rott）所寫的《花花公子的甜美人生——一位偶像的故事》（*Das süsse Leben der Playboys – Geschichte einer Kultfigur*）。

對於我寫〈笑話〉這一章極有幫助的第一本書，是吉姆・霍爾特（Jim Holt）的《聽過就喊停——笑話的歷史與哲學》（*Stop Me If You Heard This – A History and Philosophy of Jokes*，Profile Books出版社於二〇〇八年出版），沒有這本書我大概寫不出〈笑話〉這一章。另一本（這本比上一本更好笑！）是我在〈笑話〉這一章裡提到過的赫爾穆特・卡拉塞克的《這是笑話嗎？》（Quadriga出版社，二〇一一年出版）。

讓我深刻的了解到談吉普賽人應該要用「吉普賽」這個詞的，是德國攝影師兼作家羅夫・鮑爾迪克（Rolf Bauerdick）。在前往羅馬尼亞進行採訪前，我曾就相關事宜去請教過他，並讀了他寫的文章和專書，他的那本書名叫《吉普賽人——與不受歡迎的民族相遇》（*Zigeuner: Begegnung mit einem ungeliebten Volk*，DVA出版社，二〇一三年出版）。除了這本書之外，我特別要推薦的是一部電影《流浪者之歌》（*Time of the Gypsies*）[10]，這部片子是塞爾維亞導演艾米爾．庫斯杜利卡（Emir Kusturica）的作品，講的是一個淪為小偷的少年的故事，故事雖是虛構的，但就我看來卻比無數紀錄片更為真實。如果你對神祕的民族羅姆人感興趣，並想深入了解他們的歷史，那麼我推薦你看羅傑．摩諾（Roger Moreau）的《風之子》（*Kinder des Windes*，Scherz出版社於一九九九年出版）。

探討「未來」的書通常很快就會過時。如果你想知道矽谷的世界領導者正在如何打造你我的未來，那麼我建議你看埃里克．施密特（Eric Schmidt）和杰瑞德．科恩（Jared Cohen）合著的《數位新時代》（*The New Digital Age*）[11]。雖然這本書二〇一三年才出版，但就此領域而言已經算是「年代久遠」了；話雖如此，這本書仍充滿閱讀價值。書中嚴正指出，科技界和網路界的奇才正在藉願景和承諾出賣我們；他們給我們的承諾是：全面的網路連結和資訊連結，將為人類帶來無比便利的生活。埃里克．施密特將未來的願景濃縮成三句話：「我們知道你現在在哪裡／我們知道你過去在哪裡／我們多多少少能知道你現在正在想什麼」。

10 此片曾榮獲一九八九年坎城最佳導演獎。
11 繁體中文版由遠流出版社於二〇一三年出版。

這三句話道盡了你我的未來處境，所以只怕那句大家耳熟能詳的金句「我有一個夢想」（I have a dream），未來將變調成你我的恐怖噩夢。

另一本堪稱是樂觀愉快版的《數位新時代》的書，是派區克・塔克（Patrick Tucker）的《遙測個人時代：如何運用大數據算出未來，全面改變你的人生》（*The Naked Future – What Happens in A World that Anticipates Your Every Move?*，Penguin Current出版社於二〇一四年出版）[12]。科技媒體人派區克・塔克目前任職於對安全政策議題極為關心的《Defense One》雜誌，如果你對新科技以及科技對政治和經濟之影響相當感興趣，建議你可以常上他的部落格www.wfs.org/blog/91。

至於談網路爭議最重要的三本書則是：傑容・藍尼爾（Jaron Lanier）所寫的《未來屬於誰？》（*Who Owns the Future*）、耶夫根尼・莫洛佐夫（Evgeny Morozov）的《按這裡，都存起來》（*To Save Everything, Click Here*），還有就是法蘭克・旬馬赫的《代價》（Karl Blessing出版社於二〇〇九年出版）。

但如果你想了解機器人和人工智慧的最新發展，那麼我建議你看克雷頓・羅林斯（Clayton R. Rawlings）、詹姆斯・朗道爾・史密斯（James Randall Smith）和羅伯・本希尼（Rob Bencini）合著的《抱歉，全毀了：你所無法預見的未來》（*Pardon the Disruption: The Future You Never Saw Coming*，Wasteland Press出版社於二〇一三年出版）。但其實我有更好的建議，你也可以定期上網收看斯圖亞特・羅素（Stuart Russell）和喬藤德拉・馬利克（Jitendra Malik）兩位教授的影片。他們二人任教於加州大學柏克萊分校，教的是計算機，學校會定期將他們的教學影片上傳至網路。

最後還有一本書，光讀它就可以代替上面提到的絕大部分的書。這本書是耶路撒冷歷史學家烏瓦爾・哈拉瑞的《人類大歷史：從野獸到扮演上帝》[13]。這本書的主角是智人，作者洋洋灑灑從遠古的石器時代，一路講到未來的科技改造人賽博格（Cyborg），是一本非常有趣卻又叫人頭腦打結的書。即便你努力把哈這本書看完後只記得小小一部分，也已經夠你有充足的材料聊各式各樣的話題了。

以上這些書全都幫了我很大的忙。但除了書之外，我最要感謝的是人。首先我要感謝的是《週日畫報》（*Bild am Sonntag*）的總編瑪莉詠・霍恩（Marion Horn），如果沒有她的鼓

12 繁體中文版由遠流出版社於二〇一四年出版。
13 繁體中文版由天下文化於二〇一四年出版。

勵，我不會有勇氣在《畫報》上開設這個〈聊天〉專欄，並以記者的觀點野人獻曝個人的粗淺知識。這些半吊子的文章此刻能集結成書並出版，最要感謝的也是她。接著循慣例我應該要感謝我親愛的同事、妻子，和孩子，謝謝他們恆久的包容；他們總是被迫聽我沒完沒了的敘述新文章的內容。

此外，我還要感謝那些付出無數心力為我核對、校正文章內容，並提供我許多珍貴建議的出版社工作人員，尤其是我的編輯漢娜・舒勒（Hanna Schuler）。另外我特別要感謝弗里茲卡爾・史敦普（Fritzkarl Stumpf），雖然我只是湊巧接受了他幫忙，但那樣的契合絕非偶然，如果他沒有驟然辭世，我們一定能成為好友。還有柏林洪堡大學的克里斯提昂・卡松（Christian Kassung）教授，感謝他在物理學方面對我的諸多協助。還有我的同事康斯坦丁・薩卡斯（Konstantin Sakkas），感謝他在施密特老總理那一章給我的很多幫忙。至於電影方面的問題，我大多請教表弟賽巴斯提昂・亨克爾・馮・杜能斯馬克，在此一併致謝。另外就是我的好友兼老同事丹尼爾・哈斯（Daniel Haas），謝謝他在這本書從無到有的過程中一路相挺。許多我在書中拿來說嘴和吹噓的人生經驗與際遇，全拜二位姊姊馬雅（Maya）和葛羅莉亞（Gloria），以及過世的姊夫約翰納斯和同樣已過世的好友卡爾・拉斯婁（Carl Laszlo）之賜，是他們為我打開了通往世界之門，開啟了我的眼界，在此讓我由衷的感謝他們！

另外要提醒各位讀者的是：我會不定期的在部落格和推特上公告我最近從事的活動與行程。歡迎大家上網查詢！

部落格網址www.OnAlexandersMind.blogspot.de

推特網址：Twitter@AlecSchoenburg

國家圖書館出版品預行編目（CIP）資料

聊得有品味 / 亞歷山大・封・笙堡 (Alexander von Schönburg) 著 ; 闕旭玲譯 . -- 臺北市 : 商周出版 : 家庭傳媒城邦分公司發行 , 2016.03
面； 公分 . -- (ViewPoint ; 83)
譯自 : Smalltalk : Die Kunst des stilvollen Mitredens
ISBN 978-986-272-973-1(平裝)

192.32 105000716

「線上問卷回函」

ViewPoint 86

聊得有品味

作　　者／亞歷山大・封・笙堡（Alexander von Schönburg）
譯　　者／闕旭玲
企畫選書／余筱嵐
責任編輯／羅珮芳
編輯協力／尤斯蓓

版　　權／黃淑敏、吳亭儀、江欣瑜
行銷業務／周佑潔、黃崇華、張媖茜
總 編 輯／黃靖卉
總 經 理／彭之琬
事業群總經理／黃淑貞
發 行 人／何飛鵬
法律顧問／元禾事務所 王子文律師
出　　版／商周出版
台北市 104 民生東路二段 141 號 9 樓
電話：（02）25007008 傳真：（02）25007759
E-mail：bwp.service@cite.com.tw
發　　行／英屬蓋曼群島商家庭傳媒股份有限公司城邦分公司
台北市中山區民生東路二段 141 號 2 樓
書虫客服服務專線：02-25007718；25007719
服務時間：週一至週五上午 09:30-12:00；下午 13:30-17:00
24 小時傳真專線：02-25001990；25001991
畫撥帳號：19863813；戶名：書虫股份有限公司
讀者服務信箱：service@readingclub.com.tw
城邦讀書花園：www.cite.com.tw
香港發行所／城邦（香港）出版集團
香港灣仔駱克道 193 號東超商業中心 1F E-mail: hkcite@biznetvigator.com
電話：（852）25086231 傳真：（852）25789337
馬新發行所／城邦（馬新）出版集團【Cite（M）Sdn Bhd】
41, Jalan Radin Anum, Bandar Baru Sri Petaling,
57000 Kuala Lumpur, Malaysia.
電話：（603）90578822 傳真：（603）90576622
Email: cite@cite.com.my

封面設計／廖韡
版面設計／陳健美
印　　刷／韋懋實業有限公司
總 經 銷／聯合發行股份有限公司
地址：新北市 231 新店區寶橋路 235 巷 6 弄 6 號 2 樓
電話：（02）2917-8022 傳真：（02）2911-0053

■ 2016 年 7 月 7 日初版
■ 2022 年 1 月 11 日初版 4 刷
定價 350 元

Printed in Taiwan

Author: Alexander von Schönburg
Title: SMALLTALK
Copyright © 2015 by Rowohlt Berlin Verlag GmbH, Berlin, Germany
Complex Chinese translation copyright © 2016 by Business Weekly Publications, a division of Cité Publishing Ltd.
Published by arrangement with Rowohlt Verlag GmbH, through Bardon-Chinese Media Agency.
All Rights Reserved.

城邦讀書花園
www.cite.com.tw

著作權所有，翻印必究 ISBN 978-986-272-973-1